电子信息类专业"十四五"系列教材

网络营销与实践

（第四版）

主　编　李红新　李　静

副主编　孙　晶　陈唯静　朱德军

E-Marketing

SUCCESS

西安交通大学出版社

XI'AN JIAOTONG UNIVERSITY PRESS

内容简介

本书围绕网络营销理论展开，依托理论知识体系进行网络营销的相应策划，最后再通过实训强化营销理论和效果。全书由六部分组成：第一部分是基础篇，包括网络营销概述、网络营销环境等内容，使学生学会构建网络营销基础；第二部分是策略篇，包括网络目标市场营销策略、网络营销品牌策略、网络营销组合策略等内容，使学生掌握网络营销的主要策略和内容；第三部分是方法篇，包括微信营销、微博营销、二维码营销、E-mail营销、SNS营销、App营销、软文营销、事件营销、搜索引擎营销、直播营销等内容，使学生了解网络营销的常用工具和方法，掌握如何运用工具和方法开展营销；第四部分是整合篇，包括网络推广整合、网络整合营销、网络营销策划等内容，教会学生从全局来整合资源，策划营销活动；第五部分是策划篇，通过对 5 个网络营销策划案的剖析，再现了网络营销活动从策划到实施的过程，使学生将理论知识充分运用到实践中去，从而提升学生的网络营销理论运用能力；第六部分是实训篇，共设置了 8 个网络营销实训，促进学生形成依托网络开展营销实战的战略思维，并掌握操作过程，旨在提高学生网络营销的实战能力。

本书可作为电子商务、营销管理、物流管理、国际贸易及相关专业的教学用书，也可作为信息咨询、策划等行业从业人员的业务培训教材，还可供电子商务系统开发的科技人员和网络创业人员参考。

图书在版编目(CIP)数据

网络营销与实践 / 李红新,李静主编 . —4 版 . — 西安 : 西安交通大学出版社,2020.8
ISBN 978 - 7 - 5605 - 8528 - 4

Ⅰ.①网… Ⅱ.①李… ②李… Ⅲ.①网络营销-教材
Ⅳ.①F713.365.2

中国版本图书馆 CIP 数据核字(2020)第 068986 号

书　　名	网络营销与实践(第四版)
主　　编	李红新　李　静
策划编辑	曹　昳
责任编辑	陈　昕
责任校对	唐永利
数字编辑	宋庆庆

出版发行	西安交通大学出版社
	(西安市兴庆南路 1 号　邮政编码 710048)
网　　址	http://www.xjtupress.com
电　　话	(029)82668357　82667874(发行中心)
	(029)82668315(总编办)
传　　真	(029)82668280
印　　刷	陕西金德佳印务有限公司

开　　本	787 mm×1092 mm　1/16　**印张** 15.75　**字数** 391 千字
版次印次	2011 年 3 月第 1 版　2020 年 8 月第 4 版　2020 年 8 月第 9 次印刷
书　　号	ISBN 978 - 7 - 5605 - 8528 - 4
定　　价	39.80 元

发现印装质量问题,请与本社发行中心联系、调换。
订购热线:(029)82665248　(029)82665249
投稿热线:(029)82669097　QQ:8377981
读者信箱:lg_book@163.com

前　言

随着网络的不断发展,网络营销必然成为营销的主流方式。"互联网十"被写入政府工作报告,一时间"互联网十"的概念引起了业界广泛热议。如何应对电子商务方式,适应数字化生存并参与电子商务时代的国际竞争,是政府、企业、个人生存与发展的重大问题。我们必须紧跟时代的发展步伐,充分了解电子商务与网络营销的理论和方法,有效地利用现代网络技术,积极地进行电子商务及网络营销技术的应用,增强企业在电子商务时代的竞争优势,推动我国电子商务事业的顺利发展。

网络营销已成为电子商务的重要组成部分,不少知名的电子商务服务商都在强调网络营销在其服务过程中的重要性,并且陆续推出了配套的网络营销产品和服务。从当前国内企业的需求来看,网络营销仍然是最基础、最广泛的。以往那种将网络营销与电子商务割裂开来的认识与做法逐渐被意识到是错误的。离开了网络营销,电子商务将成为空中楼阁。网络营销是创新的经济运行方式,大量的企业发展都要以效益为中心,加大网络营销投入。企业可以灵活掌握产品品质、价格,采购、销售地点,并通过信息的更新缩短库存周期和节省成本。提升每一分营销开销的效率,成为企业制定策略的第一要务,网络营销因其高性价比而进入更多企业的视野。不可否认,网络营销的前景被业内人士普遍看好,网络能为企业提供一个良好的营销传播平台,为品牌策划和与消费者的互动提供良好的互动空间。

网络营销是一个长期积累的过程,讲究的是厚积薄发,营销者需要不断实践总结,才能将其熟练运用。越来越多的企业已经充分认识到,要在电子商务时代参与市场竞争,就必须调整企业发展战略,整合企业的各种资源,充分利用现代网络技术,实施网络营销,最大化地提升企业的竞争力和服务质量。网络营销既需要传统营销理论的支撑,又需要现代信息技术以及新技术所带来的新的营销手段的支持。网络营销能为企业开拓新的市场空间,提供新的企业运营模式。网络营销技术是实施网络营销的基础,是网络营销最基本的方法和手段。

本书与其他同类教材的不同之处在于,它从网络营销的实战应用角度出发,分为理论基础、策略组合、工具方法、资源整合、方案策划、实训训练六个阶段。根据编者多年教学经验,本书全面构建了网络营销的基本理论体系,系统地介绍了实施网络营销的相关知识与方法;吸收了当前网络营销的理论及实践研究成果、教学改革成果及实践经验,将教学与企业实践相结合,精心设计了实训练习,有效地将理论与实际相联系,增强了实用性和可操作性。全书由浅入深、循序渐进,易看懂、易操作,易被广大读者所接受。

本书由李红新、李静拟定写作提纲并具体负责编审,基础篇、策略篇、方法篇、整合篇的参与者有李静、孙晶、陈唯静、朱德军,策划篇和实训篇由李红新独立完成。由于作者水平有限,书中难免存在一些不足和疏漏之处,敬请广大读者不吝赐教。

在编写的过程中,编者参考并引用了许多网站资料和国内外的图书资料,并得到许多专家和同行的指导与帮助,在此一并表示感谢。

李红新

2020 年 6 月

目 录

第 3 篇　方法篇

第 6 篇　实训篇

第 1 篇

基础篇

- ➡ 第 1 章　网络营销概述
- ➡ 第 2 章　网络营销环境

第 1 章

网络营销概述

本章概要

本章从网络营销的演变进程开始,介绍了网络营销的概念、特点、功能,总结了网络营销的内容体系,重点探讨了网络营销与传统营销的关系。

学习目标

- 理解网络营销的概念。
- 了解网络营销的深层含义。
- 了解网络营销的起源与产生原因。
- 理解网络营销的特点、功能。
- 掌握网络营销的内容体系。

网络营销产生于 20 世纪 90 年代,它是利用网络媒体以新的方式、方法和理念,通过一系列营销活动有效促成交易的新型营销模式。简单地说,网络营销就是以网络为主要手段,为达到一定的营销目的而进行的营销活动。

网络营销不单单是一种营销手段,更是一种文化,是信息化社会的新文化,它引导媒体进入一个新的模式。

1.1 网络营销的概念

网络营销(cyber marketing)是一个全新的营销概念,它是在市场营销(marketing)的基础上发展起来的。"cyber"一词在字典中的解释是"控制复杂系统的科学",在实际应用中其含义演化为实现计算机通信的无形"空间"。因此,网络营销就是以网络为基础,利用数字化的信息和网络媒体的交互性来实现营销目标的一种新型的市场营销方式。它能更有效地促进个人和组织交易活动的实现。按照这个定义,网络营销包括新时代的网络传播媒体、未来的信息高速公路、数字电视网、电子货币支付方式等。网络营销贯穿在企业经营的整个过程中,包括市场调查、客户分析、产品开发、生产流程、销售策略、售后服务、反馈改进等环节。

网络营销的本质是营销,但它不同于传统的营销方式,不是简单的营销网络化。它的存在和运作并未完全抛开传统的营销理论,而是网络与传统营销的整合。网络营销是通过信息技术、网络技术等,引导商品或服务

互联网营销与传统营销的关系

从生产者转移到消费者的过程。一种商品或服务从设计生产到实现消费是一个包括信息传递与沟通、商品与货币价值交换的复杂过程。在这个过程中,存在着种种时间与空间、意识与技术上的障碍。通过网络营销,可以排除这些障碍,使得企业生产的产品顺利到达消费者手中,从而实现竞争优势,提高企业效益。

网络营销是企业整体营销战略的一个组成部分,是建立在网络的基础之上、借助网络来实现一定营销目标的一种营销手段。它是一种新生的营销方式,因此对网络营销一定要做到正确理解,不失偏颇。

1.1.1　网络营销不是网上销售

网络营销是为最终实现产品销售、提升品牌形象而进行的活动,网上销售是网络营销发展到一定阶段产生的结果,因此网络营销本身并不等于网上销售。这可以从三个方面来说明。

第一,网络营销的目的并不仅仅是为了促进网上销售,很多情况下,网络营销活动不一定能直接实现网上销售的目的,但是可能促进网上销售的增加,并且增加顾客的忠诚度。

第二,网络营销的效果可以表现在多个方面,例如,企业品牌价值的提升、与客户之间沟通的加强、对外信息发布渠道的拓展、对顾客服务的改善等。

第三,网上销售的推广手段也不仅仅靠网络营销,往往还要采取许多传统的方式,如传统媒体广告、新闻发布、宣传册等。

1.1.2　网络营销不等于网站推广

网站推广是网络营销中的一项重要内容,但网站推广并不等于网络营销,它只是网络营销的基础性内容而已。当前,许多网络应用服务企业大举网络营销的旗帜,而推行的服务却仅仅是一些网站推广的服务,这给传统企业造成了网站推广就是网络营销的误解,对企业科学开展网络营销活动产生了诸多不利的影响。

首先它使企业缺乏对网络营销的全面认识,不能科学制定网络营销目标与计划;其次,单纯的网站推广的营销效果大打折扣。企业往往发现,虽然访问量上去了,却没有带来多少客户和订单,这是因为相关配套的网络营销措施不到位。就像企业针对地方市场投放大量电视广告,却在商场和街头难觅企业和产品的身影。所以在开展网络营销的时候,首先要认识到网站推广不等于网络营销,要制定包括网站推广在内的系统、周密的网络营销计划,才能切实看到效果。

1.1.3　网络营销是手段而不是目的

网络营销具有明确的目的和手段,但网络营销本身不是目的。网络营销是营造网上经营环境的过程,也就是综合利用各种网络营销方法、工具、条件,并协调其相互关系,从而更加有效地实现企业营销的目的。

1.1.4　网络营销不是孤立存在的

许多企业开展网络营销的随意性很大,往往是根据网络公司的建议方案开展网络营销,而企业营销部门几乎不参与,网络营销成了网络公司的表演秀。事实上,网络营销应被纳入企业整体营销战略规划。网络营销活动不能脱离一般营销环境而独立存在,网络营销应被看作是传统营销理论在网络环境中的应用和发展。网络营销与传统市场营销策略之间并没有冲突,但由于网络营销依赖网络应用环境而具有自身的特点,它有相对独立的理论和方法体系。在企业营销实践中,往往是传统营销和网络营销并存。

1.1.5　网络营销不仅限于线上

由于种种因素的限制,在网络上通过一些常规的检索办法不一定能顺利找到所需信息。另外,对于许多初级用户来说,可能根本不知道如何去查询信息。因此,一个完整的网络营销方案,除了要在线上做推广之外,还有必要利用传统营销方法进行线下推广,这可以理解为关于网络营销本身的营销,正如关于广告的广告。

1.1.6　网络营销不等于电子商务

许多企业往往将电子商务与网络营销等同起来,但二者并不完全一样。它们有共同点,但更多的是不同点。网络营销和电子商务是一对紧密相关又具有明显区别的概念。电子商务是利用网络进行的各种商务活动的总和,其核心是电子化交易。电子商务强调的是交易方式和交易过程的各个环节。网络营销是企业整体营销战略的一个组成部分,无论传统企业还是基于网络开展业务的企业,也无论是否有电子化交易的发生,都需要网络营销。但网络营销本身并不是一个完整的商业交易过程,而只是促成商业交易的一种手段。它是电子商务中的一个重要环节,尤其在交易发生之前,网络营销发挥着主要的信息传递作用。可以说网络营销是电子商务的基础,开展电子商务离不开网络营销,但网络营销并不等于电子商务。二者的分界线就在于是否有交易行为的发生。

1.1.7　网络营销不是"虚拟营销"

网络营销不是独立于现实世界的"虚拟营销",它只不过是传统营销的一种扩展,即向网络上的延伸。所有的网络营销活动都是实实在在的,而且比传统营销方法更容易跟踪了解消费者的行为。比如,借助网站访问统计软件,可以确切知道网站的访问者来自什么地方,在多长的时间内浏览了哪些网页;也可以知道企业发出的E-mail(电子邮件)有多少用户打开,有多少用户点击了其中的链接;可以确切地知道下订单的用户的详细资料,还能利用专用的顾客服务工具同用户进行实时交流。网络营销的手段也不仅限于线上,而是注重线上线下相结合。线上营销与线下营销并不是相互独立的,而是一个相辅相成、互相促进的营销体系。

1.1.8　网络营销不是万能的

网络营销是现代企业的重要营销手段,但就目前而言,网络营销还不能完全代替企业的所有营销形式。网络营销还必须结合企业整体营销战略规划,同各种营销形式协同作战,才能更好地发挥作用。

网络营销的优势

1.2　网络营销的起源与产生原因

1.2.1　网络营销的起源

从全球范围来看,1993 年出现了搜索引擎,1994 年 10 月网络广告诞生,1995 年全球最大的网上商店亚马逊成立。另外,美国亚利桑那州两位从事移民签证咨询服务的律师坎特(Canter)和西格尔(Siegel)通过网络发布 E-mail 广告,只花费了 20 美元的上网通信费用就吸引来 25000 名客户,赚了 10 万美元。由于这次事件所产生的影响,人们开始认真思考和研究网络营销的有关问题,网络营销的概念也逐渐形成。综上可认为网络营销诞生于 1994 年。

而中国的网络营销则要从山东农民李鸿儒在网上开办花店的著名网络营销案例说起。1997 年初,新华社播报了这条令人震惊的消息:55 岁的中国山东省青州市黄楼镇的农民李鸿儒,在自家小院创办万红花卉公司,利用网络进行花卉营销,年收入达 900 多万元。

当我国许多网络工作者还在思考和研究网络的功能和运用时,一个中国农民已经用实际行动证明了网络营销的成功,展现了网络营销的巨大商业价值。自此,可以说中国商品逐渐进入了网络营销的时代。随着网络影响的扩大,人们对网络营销的理解进一步加深,出现了越来越多的网络营销推广的成功案例。人们已经开始意识到网络营销的诸多优点,并越来越多地通过网络进行市场营销。

1.2.2　网络营销产生的原因

1994 年至今,全球电子商务在互动支持中获得大爆炸式的发展,信息的爆炸与网络的交互使得企业传统的经营管理模式面临当今世界互动化与信息化的双重冲击。网络营销应运而生,它的产生是科技发展、消费价值观变革、商业竞争等综合因素促成的。

1. 现代电子技术和通信技术的应用与发展

现代电子技术和通信技术的应用与发展是网络营销产生的技术基础。网络是一种集通信技术、信息技术和计算机技术为一体的系统,它是众多计算机通过电话线、光缆、通信卫星等连接而成的一个计算机网。它将入网的不同类型的计算机联结起来,构成一个整体,从而实现网上资源和信息的共享。互联网是目前计算机之间进行信息交流和资源共享的最佳方式。

信息技术的革命经历了启动、统一和发展三个阶段。启动是指 20 世纪 60 年代末至整个 70 年代,主要表现为美国军事化需求的增长。80 年代到 1994 年,欧美科研与教育领域的全球互动发展完成了全球互联网的三个关键性统一,即互联网的全球传输标准(TCP/IP)、个人网络浏览全球化标准(HTTP)、网上多媒体压缩存放的全球标准(WWW)。1990 年,WWW 系统软件开发成功,WWW 即 World Wide Web,简称 Web,即万维网,是覆盖全球的服务器网络。WWW 技术的应用有力地推动了互联网的商业化进程。

2. 消费价值观的变革

消费价值观的变革是网络营销产生的观念基础。当今的市场由卖方市场演变为买方市场,消费者主导的营销时代已经来临。面对纷繁复杂的商品和品牌,消费者心理已呈现出一些新的特点和趋势。网络营销的产生则适应了消费者新的价值观,主要表现在以下几方面。

（1）强调个性化的营销方式

网络营销的最大特点在于以消费者为导向，消费者拥有比过去更大的选择自由。他们可以根据自己的个性特点和需求，不受地域限制地在全球范围内寻找满足品。消费者通过进入感兴趣的企业网站或虚拟商店就可以获取有关产品的信息。消费者可以利用自家的计算机和网络自行设计、修改产品，使购物更显个性。

（2）具有极强的互动性

传统的营销管理强调 4P，即产品（product）、价格（price）、渠道（place）和促销（promotion）；现代营销管理追求 4C，即顾客（customer）、成本（cost）、方便（convenience）和沟通（communication）。4C 理论如图 1-1 所示。

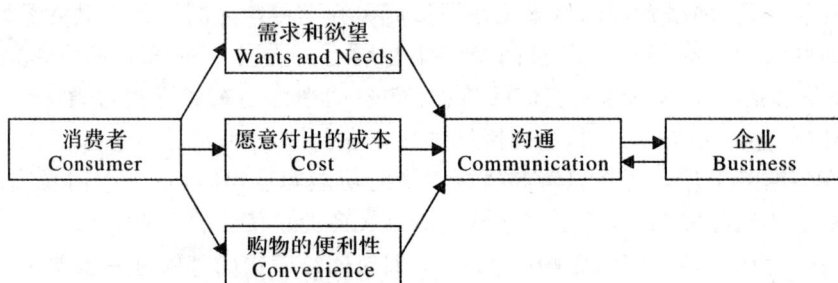

图 1-1　现代营销管理 4C 理论

无论哪一种观念都必须实行全程营销，即必须在产品的设计阶段就充分考虑消费者的需求和意愿。但是在实际操作中往往难以做到，因为消费者与企业之间缺乏合适的沟通渠道或沟通成本过高。

在网络环境下，这一状况将有所改观，即使是中小企业也可通过微信、微博等方式与消费者进行沟通。这种双向互动的沟通方式可以提高消费者的参与积极性。更为重要的是，它将使企业的营销决策有的放矢，从根本上提高消费者的满意度。

（3）提高消费者的购物效率

现代化的生活节奏已使消费者户外购物的时间越来越有限，而网络营销给人们描绘了一个诱人的场景，使购物的过程不再是一种沉重的负担，甚至有时还是一种休闲、一种娱乐。让我们看一看网络营销是怎样简化消费者的购买过程的。

售前：向消费者提供丰富生动的产品信息及相关资料，如质量认证、专家品评等，网络的界面清晰、友善，便于操作执行，消费者通过比较后，就可做出购买决定。

售中：消费者只要坐在家中即可逛虚拟商店，用电子货币结算，省去了许多麻烦，在网上一切都变得那么简单。

售后：在使用产品的过程中，如果消费者发现问题可以随时与厂家联系，获取及时的技术支持和服务。

（4）满足偏价型消费者的需求

网络营销能为企业节省巨额的促销和流通费用，从而使企业产品的成本和价格降低成为可能。消费者则可在全球范围内寻找最优惠的价格，甚至可以绕过中间商直接订货，从而获得低价。

消费者迫切需要新的快速方便的购物方式和服务，这种价值观的变革呼唤着网络营销的产生,网络营销也在一定程度上满足消费者的这种需求。通过网络购物,消费者便可"闭门家中坐,货从网上来"。

3.商业竞争的日益激烈

商业竞争的日益激烈是网络营销产生的现实基础。为了在竞争中取得优势,各个企业都使出了浑身解数来招徕顾客。一些营销手段即使在一段时间内吸引顾客,也不一定能确保企业的利润增加。企业之间的市场竞争已不再是依靠表层的营销手段来竞争,而是更多地依靠深层次的经营组织形式的竞争。

对企业经营者求变的要求而言,网络营销可谓是一举多得。企业开展网络营销可以节约大量昂贵的店面租金,减少库存商品资金的占用,使经营规模不受场地限制,同时便于收集用户信息。这些使企业的经营成本和费用降低,动作周期变短,从根本上增强了企业的竞争优势,有利于增加利润。

4.网络营销能够提高营销效率

想想看,只要轻轻一点鼠标,任何一个商人都可以与一个拥有无数潜在用户的惊人市场联系在一起,这是多么诱人的景象! 网络营销所绘制的正是这样的一幅蓝图。网络营销具有任何一种传统营销方式所不可比拟的优势,商家面对的是全球的市场、全球的用户,这使传统营销在空间上得到了极大的拓展,大大提高了营销的效率。此外,网络是集声音、图像、文字于一体的互动的多媒体介质,网络营销基于网络,可以整合传统的各种单一的营销模式,对企业和产品进行全方位、立体式的宣传,起到事半功倍的效果。

1.3　网络营销的特点和功能

网络营销,顾名思义就是建立在网络基础之上,实现企业销售目标的一种销售手段。随着网络技术的日益成熟,低廉的运营成本让越来越多的商家、买家能够利用网络这一平台各取所需。网络营销是企业整体营销战略的一个重要组成部分,是手段而不是目的,它有别于实体营销,具有独特的优势。

1.3.1　网络营销的特点

1.时间和空间上的多维性

网络不受时间和空间的限制,信息能够更快速、准确地完成交换。企业、团体和个人能够全天候地为全世界的客户提供服务,既方便了消费者购买,又为销售者省去了繁琐的销售工作。网络技术的发展已完全突破了空间的束缚,从过去受地理位置限制的局部市场扩展为范围更加广阔的全球市场。基于网络带来的商机,我们可以积极地加入到网络营销大军中去,从而获得更为丰富的市场资源。

2.传播媒介资源的丰富性

拥有丰富传播媒介资源的网络可以传递多种信息,如文字、声音、图片和视频信息等。这些传播媒介能够让产品更加形象立体地呈现出来,使消费者对产品的了解更加详尽。从另一个角度来说,这些丰富的传播媒介还能够让企业和组织的营销人员充分地发挥其能动性和创造性,让营销变得更加有趣味性。

3. 营销者与消费者之间的交互性

消费者可以通过网络数据库查询商品信息,从而实现了与营销者之间的信息沟通。营销者可以通过网络进行客户满意度调查、客户需求调查等,为商品或服务的设计、改进及时提供意见。

4. 交易氛围的独特性

网络营销是一种以消费者为主导的交易方式,因此消费者可以理性地选择所需商品,避免强迫性的推销。供需双方可以通过信息交换、沟通建立起良好的合作关系。消费者可以体会到网络营销所带来的好处,如较低的价格、人性化的服务等。这是其他营销方式所无法比拟的。

5. 发展前景的稳步成长性

目前,网络被人们普遍使用,网络营销成为一种极具开发潜力的营销方式。它已不单单是一种营销手段,而逐渐成为了一种信息时代的新文化。

6. 售前、售中与售后的高度整合性

网络营销是一种包括售前商品介绍、售中交易、售后服务的全流程营销模式。它以统一的传播方式和不同的营销活动,向消费者传递商品信息,向商家反馈客户意见,避免了不同的传播方式造成的多因素影响,便于消费者及时表达意见,也便于商家及时掌控市场信息。

7. 营销的超前性

网络作为一种功能强大的营销工具,它的功能是全方位的,无论是渠道、促销、电子交易,还是互动、售后服务,都满足了营销的全部需要。网络营销具有超前性,如图1-2所示。

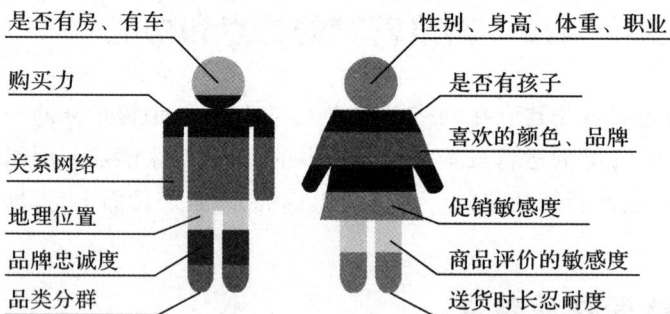

图1-2　网络营销的超前性

8. 平台服务的高效性

网络的高效性正深深地改变着人们的生活。可以存储和共享大量信息的计算机网络不但能够给消费者提供查询服务,还可以应市场的需求传送精准度极高的信息,及时有效地让商家理解并满足客户的需求,其高效性远超其他媒体。

9. 运营成本的经济性

网络发展日益成熟,网络营销的运营成本也在逐步降低,尤其是与之前的实物交换相比较,其经济性有明显的优势。网络以外的营销方式需要一定的店面租金、人工成本、水电费用等支出,投入的资金远比网络营销要高很多。所有企业都希望降低营销成本以求得利益的最大化,而网络营销具有明显的优势,其运营成本低廉、受众规模大,能够使企业提升竞争力、拓展销售渠道、增加用户规模,因此受到越来越多企业的关注。

10. 从硬件到软件的高技术性

开展网络营销除了需具备先进的计算机配套设施以外,还需要有一定的技术投入和技术支持,这就需要营销企业引进既精通营销又擅长计算机技术的复合型人才。要科学地制定系统和周密的网络营销目标与计划,还要改变传统的组织形态,大胆引进高新技术人才,从硬件到软件全面提高市场竞争力。

在传统营销时代,企业往往要通过专业的广告公司进行营销策划,根据自身产品的特点定位消费群体,寻找媒体投放广告,这不但繁琐且资本投入高。而网络营销让所有的环节都变得简单,企业可以跨越时间和空间的限制,直接将广告信息传递给消费者个人。再加上网络的高技术性、高整合性做强大的后盾,企业可以以最低的成本投入获得利益的最大化。

1.3.2　网络营销的功能

网络营销的功能不仅是网络营销工作的主要内容,也是网络营销所应实现的效果。对网络营销功能的认识有助于全面理解网络营销的价值和网络营销的内容体系。

1. 网络品牌

网络营销的重要任务之一就是在网络上建立并推广企业的品牌。知名企业的线下品牌可以在线上得以延伸,一般企业则可以通过网络快速树立品牌形象,并提升企业整体形象。网络品牌建设以企业网站建设为基础,通过一系列的推广措施,实现顾客和公众对企业的认知和认可。在一定程度上,网络品牌的价值甚至高于通过网络获得的直接收益。

2. 网站推广

这是网络营销最基本的功能之一。在几年以前,人们认为网络营销就是网站推广。相对于其他功能来说,网站推广显得更为迫切和重要,网站所有功能的发挥都要以一定的访问量为基础。所以,网站推广是网络营销的核心工作。

3. 信息发布

网站是一种信息载体,通过网站发布信息是网络营销的主要方法之一,信息发布也是网络营销的基本功能。所以可以这样理解,无论哪种网络营销方式,结果都是将一定的信息传递给目标人群,包括顾客、潜在顾客、合作伙伴、竞争对手等。

4. 顾客服务

网络提供了更加方便的在线顾客服务手段,包括从形式最简单的常见问题解答到各种即时信息服务等。顾客服务质量对于网络营销效果具有重要影响。

5. 顾客关系

良好的顾客关系是网络营销取得成效的必要条件。通过网站的交互性使顾客参与产品的设计与开发,在开展顾客服务的同时,也增进了商家与顾客的关系。

6. 销售促进

营销的基本目的是为增加销售提供帮助,网络营销也不例外。大部分网络营销方法都直接或间接促进销售,但促进销售并不限于促进网上销售。事实上,网络营销在很多情况下对于促进线下销售也十分有价值。

7. 销售渠道

一个具备网上交易功能的企业网站本身就是一个网上交易场所,网上销售是企业销售渠道在网络上的延伸。网上销售渠道建设也不限于网站本身,还包括建立在综合电子商务平台上的网上商店，以及与其他电子商务网站不同形式的合作等。

开展网络营销的意义就在于充分发挥它的各种功能，让企业经营的整体效益最大化。网络营销的功能是通过各种网络营销方法来实现的，各个功能之间并非相互独立，同一个功能的实现可能需要运用多种网络营销方法，而同一种网络营销方法也可能适用于多个网络营销功能。

1.4　网络营销的基本内容

网络营销作为新的实现企业营销目标的营销方式和营销手段，它的内容非常丰富。一方面，要及时了解和把握网上虚拟市场的消费者特征和消费者行为模式的变化，为企业在网上虚拟市场进行营销活动提供可靠的数据分析和营销依据；另一方面，网络具有传统渠道和媒体所不具备的特点，即信息交流自由、开放和平等，而且交流费用非常低廉，交流渠道既直接又高效。因此，在网络上开展营销活动，必须改变传统的营销手段和方式，实施和操作过程与传统方式有着很大区别。

1.4.1　网上市场调查

网上市场调查主要利用网络交互式的信息沟通渠道来实施调查活动。它包括直接在网上通过问卷进行调查，还可以通过网络来收集市场调查中需要的一些二手资料。利用网上调查工具，可以提高调查效率和加强调查效果。网络作为信息交流渠道，信息来源广泛、传播迅速，因此在进行市场调查时，重点是如何利用有效的工具和手段收集、整理资料，并分析出有用的信息。

网络市场与传统
市场的差异

1.4.2　网上消费者行为分析

网络用户作为一个特殊群体，有着与传统市场群体截然不同的特性。因此要开展有效的网络营销活动，必须深入了解网上用户群体的需求特征、购买动机和购买行为。网络作为信息沟通平台，正成为许多兴趣、爱好趋同的群体聚集交流的地方，并且形成了一个个特征鲜明的网上虚拟社区。了解这些虚拟社区的群体特征和偏好是网上消费者行为分析的关键。

1.4.3　网络营销策略制定

不同企业在市场中处于不同地位，在采取网络营销方式实现企业营销目标时，必须制定与企业相适应的营销策略。网络营销虽然是非常有效的营销工具，但企业实施网络营销时是需要有所投入并且伴有风险的。企业在制定网络营销策略时，还应该考虑产品周期对网络营销策略的影响。

案例分析

微信红包

微信红包在 2014 年中国马年春节期间发布，通过手机微信发红包和抢红包成为一项新鲜又好玩的趣事。只要将银行卡与微信绑定，就可以通过两种方式派发红包：一种是普通等额红包,一对一或者一对多发送;第二种则更富有趣味性,用户设定好红包总额和红包个数之后,就会生成不同金额的红包,大多从几分钱到几十元钱不等,从而为抢红包者带来更有趣的"拼人品"体验。不过,抢到了红包的人需要绑定银行卡才能够使用红包中的金额,而这也正是微信依靠红包发展支付用户的方法。可以看出,抢红包活动背后是腾讯对微信支付的营销推广。

微信支付、支付宝等都属于第三方支付平台,平台上的客户量是最宝贵的资源,然而争取更多客户并不是那么容易。支付宝的庞大用户群是阿里集团多年来用心维系的结果,其背后又有淘宝网上购物和线下生活服务等作为强大支撑。比起打拼多年的支付宝,微信支付出现的时间较短,但移动支付普及迅速,且微信自身有一定数量的用户。

微信红包营销的成功之处在于其短时间就绑定了数百万用户的银行卡。对于很多企业而言,想要让用户绑定银行卡可不是一件容易的事,有些企业甚至为此花费不菲成本,而腾讯几乎"零"成本就让用户自愿绑定了银行卡。

自2014年1月26日推出到2月初,微信红包在十几天内迅速风靡全国,无数网友在马年春节选择通过微信给亲朋好友发红包、送祝福。微信红包超低成本、迅速传播的营销方式刷新了多项纪录,成为网络病毒性营销的经典案例。

微信红包成功利用了"天时""地利"和"人和"。"天时"就是马年春节这一重要时机。根据中国的传统,发红包是春节非常重要的习俗,在这个时候推广微信红包再合适不过。"地利"就是微信这一拥有海量用户群的平台。在这样一个庞大用户群的基础上推出微信红包这一新应用,无疑更容易得到众多用户的反馈。"人和"则是微信红包具备的社交性和娱乐性的属性,提升了用户的参与度。而腾讯在此次抢红包活动中抢到了其中最大的红包——移动支付用户量的暴增。

案例思考题

1.春晚微信抢红包活动的真正目的是什么?

2.春晚微信抢红包活动的成功之处表现在哪些方面?

思考题

1.简述网络营销的起源与产生原因。

2.简述网络营销的概念及特点。

3.简述网络营销的基本内容。

第 2 章

网络营销环境

本章概要

网络营销环境是指对企业的生存和发展产生影响的各种外部条件。本章重点介绍网络营销技术环境、网络营销市场环境、移动网络的发展等。

学习目标

- 了解网络营销环境因素。
- 了解中国网络发展基础数据的变化。
- 理解移动网络营销环境的特点及其发展趋势。

2.1 网络营销技术环境

2019 年 8 月 30 日,中国互联网络信息中心(CNNIC)在北京发布第 44 次《中国互联网络发展状况统计报告》。截至 2019 年 6 月,我国网民规模达 8.54 亿,较 2018 年底增长 2598 万,网络普及率达 61.2%,较 2018 年底提升 1.6 个百分点。网络应用发展状况变化明显。

2.1.1 网络应用基础数据

截至 2019 年 6 月,我国网民规模达到 8.54 亿,普及率达 61.2%,较 2018 年底提升 1.6 个百分点;我国手机网民规模达到 8.47 亿,网民使用手机上网的比例达 99.1%。据《中国互联网络发展状况统计报告》显示,与五年前相比,移动宽带平均下载速率提升约 6 倍,手机上网流量资费水平降幅超 90%。"提速降费"推动移动网络流量大幅增长,用户每周平均上网时间为 27.9 小时,月均使用移动流量达 7.2 GB,为全球平均水平的 1.2 倍。

截至 2019 年 6 月,我国在线教育用户规模达 2.32 亿,较 2018 年底增长 3122 万,占网民整体的 27.2%;手机在线教育用户规模达 1.99 亿,较 2018 年底增长 530 万,占手机网民的 23.6%。

我国网络游戏用户规模达 4.94 亿,较 2018 年底增长 972 万,占网民整体的 57.8%;手机网络游戏用户规模达 4.68 亿,较 2018 年底增长 877 万,占手机网民的 55.2%。

我国网络视频用户规模达 7.59 亿,较 2018 年底增长 3391 万,占网民整体的 88.8%。其中长视频用户规模为 6.39 亿,占网民整体的 74.7%;短视频用户规模为 6.48 亿,占网民整体的 75.8%。

我国网络支付用户规模达 6.33 亿,较 2018 年底增长 3265 万,占网民整体的 74.1%;手机网络支付用户规模达 6.21 亿,较 2018 年底增长 3788 万,占手机网民的 73.4%。

我国搜索引擎用户规模达 6.95 亿,较 2018 年底增长 1338 万,占网民整体的 81.3%;手机搜索引擎用户规模达 6.62 亿,较 2018 年底增长 806 万,占手机网民的 78.2%。

我国在线旅行预订用户规模达 4.18 亿,较 2018 年底增长 814 万,占网民整体的 48.9%。

我国网络理财用户规模达 1.70 亿,较 2018 年底增长 1835 万,占网民整体的 19.9%。

我国网上外卖用户规模达 4.21 亿,较 2018 年底增长 1516 万,占网民整体的 49.3%;手机网上外卖用户规模达 4.17 亿,较 2018 年底增长 2037 万,占手机网民的 49.3%。

我国网络购物用户规模达 6.39 亿,较 2018 年底增长 2871 万,占网民整体的 74.8%;手机网络购物用户规模达 6.22 亿,较 2018 年底增长 2989 万,占手机网民的 73.4%。

2.1.2　中国互联网络发展的特点

中国互联网络发展迅速,呈现出以下六个特点。

1. IPv6 地址数量全球第一,".CN"域名数量持续增长

我国 IPv6(互联网协议第 6 版)地址数量为 50286 块/32,较 2018 年底增长 14.3%,已跃居全球第一位。我国 IPv6 规模部署不断加速,IPv6 活跃用户数达 1.3 亿,基础电信企业已分配 IPv6 地址用户数 12.07 亿;域名总数为 4800 万个,其中".CN"域名总数为 2185 万个,较 2018 年底增长 2.9%,占我国域名总数的 45.5%。

2. 网络普及率超过六成,移动网络使用持续深化

我国网民规模达 8.54 亿,较 2018 年底增长 2598 万,网络普及率达 61.2%,较 2018 年底提升 1.6 个百分点;我国手机网民规模达 8.47 亿,较 2018 年底增长 2984 万,网民使用手机上网的比例达 99.1%,较 2018 年底提升 0.5 个百分点。与五年前相比,移动宽带平均下载速率提升约 6 倍,手机上网流量资费水平降幅超 90%。"提速降费"推动移动网络流量大幅增长,用户月均使用移动流量达 7.2 GB,为全球平均水平的 1.2 倍;移动网络接入流量消费达 553.9 亿GB,同比增长 107.3%。

3. 下沉市场释放消费动能,跨境电商等领域持续发展

我国网络购物用户规模达 6.39 亿,较 2018 年底增长 2871 万,占网民整体的 74.8%。网络购物市场保持较快发展,下沉市场、跨境电商、模式创新为网络购物市场提供了新的增长动能:在地域方面,以中小城市及农村地区为代表的下沉市场拓展了网络消费增长空间,电商平台加速渠道下沉;在业态方面,跨境电商零售进口额持续增长,利好政策进一步推动行业发展;在模式方面,直播带货、工厂电商、社区零售等新模式蓬勃发展,成为网络消费增长新亮点。

4. 网络视频运营更加专业,娱乐内容生态逐步构建

我国网络视频用户规模达 7.59 亿,较 2018 年底增长 3391 万,占网民整体的 88.8%。各大视频平台进一步细分内容品类,并对其进行专业化生产和运营,行业的娱乐内容生态逐渐形成;各平台以电视剧、电影、综艺、动漫等核心产品类型为基础,不断向游戏、电竞、音乐等新兴产品类型拓展,以 IP(intellectual property,知识产权)为中心,通过整合平台内外资源实现联动,形成视频内容与音乐、文学、游戏、电商等领域协同的娱乐内容生态。

5. 在线教育应用稳中有进,弥补乡村教育短板

我国在线教育用户规模达 2.32 亿,较 2018 年底增长 3122 万,占网民整体的 27.2%。2019 年《政府工作报告》明确提出发展"互联网＋教育",促进优质资源共享。随着在线教育的发展,部分乡村地区视频会议室、直播录像室、多媒体教室等硬件设施不断完善,名校名师课堂下乡、家长课堂等形式逐渐普及,为乡村教育发展提供了新的解决方案。

6. 在线政务普及率近六成,服务水平持续向好

我国在线政务服务用户规模达 5.09 亿,占网民整体的 59.6%。在政务公开方面,2019 年上半年,各级政府着力提升政务公开质量,深化重点领域信息公开;在政务新媒体发展方面,我国 297 个地级行政区政府已开通了"两微一端"(微博、微信及新闻客户端)等新媒体传播渠道,总体覆盖率达 88.9%;在一体化在线政务服务平台建设方面,各级政府加快办事大厅线上线下融合发展,"一网通办""一站对外"等逐步实现;在新技术应用方面,各级政府以数据开放为支撑、新技术应用为手段,服务模式不断创新;在县级融媒体发展方面,各级政府坚持移动化、智能化、服务化的建设原则,积极开展县级融媒体中心建设工作,成效初显。

2.2　网络营销市场环境

网络营销环境是指对企业的生存和发展产生影响的各种外部条件,即与企业网络营销活动有关联的因素。营销环境是一个综合的概念,由多方面的因素组成。环境的变化是绝对的、永恒的。随着社会的发展,特别是网络技术在营销中的运用,使得环境更加变化多端。虽然对营销主体而言,环境及相关因素是不可控制的,但它也有一定的规律性,人们可以通过分析营销环境对其发展趋势和变化进行预测。企业的营销观念、消费者需求和购买行为,都是在一定的经济社会环境中形成并发生变化的。因此,对网络营销环境进行分析是十分必要的。

根据营销环境对企业网络营销活动影响的直接程度,网络营销环境可以分为网络营销宏观环境与网络营销微观环境两部分。网络营销微观环境是指与企业网络营销活动联系较为密切、作用比较直接的各种因素的总称,主要包括企业内部条件和供应商、营销中介、顾客、竞争者、合作者以及公众等企业开展电子商务、网络营销的上下游组织机构。不同行业企业的微观营销环境是不同的,因此,微观营销环境又称行业环境。网络营销宏观环境是指对企业网络营销活动影响较为间接的各种因素的总称,主要包括政治、法律、人口、经济、社会文化、科学技术、自然地理等环境因素。

2.2.1　宏观环境

宏观环境对企业短期的利益可能影响不大,但对企业长期的发展具有很大的影响。所以,企业一定要重视宏观环境的分析研究。宏观环境主要包括以下六个方面的因素。

1. 政治法律环境

政治法律环境包括国家政治体制、政治的稳定性、国际关系、法制体系等。在国家和国际政治法律体系中,相当一部分内容直接或间接地影响着经济发展和市场环境。所以,我们要进行认真的分析和研究。

2. 经济环境

经济环境是内部分类最多、具体因素最多,并对市场具有广泛和直接影响的环境内容。经济环境不仅包括经济体制、经济增长、经济周期与发展阶段以及经济政策体系等大的方面的内容,也包括收入水平、市场价格、利率、汇率、税收等经济参数和政府调节取向等内容。

3. 人文与社会环境

企业存在于一定的社会环境中,又是社会成员所组成的一个小的社会团体,不可避免地受到社会环境的影响和制约。人文与社会环境的内容很丰富,在不同的国家、地区、民族之间差别非常明显。在营销竞争手段向非价值型转变的今天,营销企业必须重视人文与社会环境的研究。

4. 科技与教育水平

科学技术对经济社会发展的作用日益显著。科技的基础是教育,因此,科技与教育是客观环境的基本组成部分。在当今世界,企业环境的变化与科学技术的发展有非常大的关系,特别是在网络营销时期,两者之间的联系更为密切。在信息等高新技术产业中,教育水平的差异是影响需求和用户规模的重要因素,已被提到企业营销分析的议事日程上来。

5. 自然环境

自然环境是一个国家或地区的客观环境因素,主要包括自然资源、气候、地形地质、地理位置等。虽然随着科技进步和社会生产力的提高,自然状况对经济发展和市场环境的影响整体上趋于下降,但其内容、形式则在不断变化。

6. 人口

人是企业营销活动的直接和最终对象,市场是由消费者构成的。所以在其他条件相同的情况下,人口的规模决定着市场容量和潜力;人口结构影响着消费结构和产品构成;人口组成、家庭类型及其变化,对消费品市场有明显的影响。

2.2.2　微观环境

微观环境由企业及其周围的活动者组成,直接影响着企业为顾客服务的能力。它包括企业内部环境、供应商、营销中介、顾客或用户、竞争者等因素。

1. 企业内部环境

企业内部环境主要是指企业内部各部门的关系及协调合作,包括市场营销部门之外的某些部门,如企业最高管理层、财务、研究与开发、采购、生产、销售等部门。这些部门与市场营销部门密切配合、协调,构成了企业市场营销的完整过程。市场营销部门根据企业的最高决策层制定的企业的任务、目标、战略,做出各项营销决策,并在得到上级领导的批准后执行。企业管理层建立考核和激励机制,协调营销部门与其他各部门的关系,以保证企业营销活动的顺利开展。

2. 供应商

供应商是指向企业及其竞争者提供生产经营所需原料、部件、能源、资金等生产资源的组织或个人。企业与供应商之间既有合作又有竞争,这种关系受宏观环境影响,制约着企业的营销活动,企业一定要注意与供应商搞好关系。供应商对企业的营销业务有实质性的影响。

3. 营销中介

营销中介是协调企业促销和分销其产品给最终购买者的组织。它主要包括商人中间商,即销售商品的企业,如批发商和零售商;代理中间商(经纪人);服务商,如运输公司、仓库、金融机构等;市场营销机构,如产品代理商、市场营销咨询企业等。

4. 顾客或用户

顾客或用户是企业产品销售的市场,是企业直接或最终的营销对象。网络技术的发展极大地消除了企业与顾客之间的地理位置的限制,创造了一个让双方更容易接近和交流信息的机制。网络真正实现了经济全球化、市场一体化。它不仅给企业提供了广阔的市场营销空间,同时增强了消费者选择商品的广泛性和可比性。顾客可以通过网络得到更多的产品信息,使购买行为更加理性化。虽然在营销活动中,企业不能控制顾客或用户的购买行为,但可以通过有效的营销活动给顾客留下良好的印象,处理好与顾客或用户的关系,最终促进产品的销售。

5. 竞争者

任何一个企业在市场上都会遇到许多竞争,只要存在商品生产和商品交换,竞争就是不可避免的。企业在目标市场进行营销活动的过程中,必须能比竞争者更有效地满足消费者的需求和欲望。研究对手,取长补短,是克敌制胜的好方法。

(1)竞争者的主要类型

①愿望竞争者,指满足消费者目前各种愿望的竞争者。

②一般竞争者,指以不同的方法满足消费者同一需要的竞争者。

③产品形式竞争者,指满足消费者某种愿望的同类商品在质量、价格上的竞争者。

④品牌竞争者,指能满足消费者某种需要的同种产品的不同品牌竞争者。

总之,每个企业都需要了解和掌握目标市场上的竞争者及其策略,力求扬长避短,抓住有利时机,开辟新的市场。

(2)研究竞争对手

在虚拟空间中研究竞争对手,既可借鉴传统市场中的一些做法,但更应有自己的独特之处。首先要利用导航网站查询竞争对手的信息。一般来说,竞争对手会将自己的业务信息展示在企业网站上。从竞争的角度考虑,应重点考察以下八个方面。

①站在顾客的角度浏览竞争对手网站上的所有信息,研究其能否抓住顾客的心理,是否给浏览者留下了好的印象。

②研究其网站的设计方式,体会它如何运用屏幕的有限空间展示企业的形象和业务信息。

③注意网站设计细节。

④弄清其开展业务的地理区域,以便能从客户清单中判断其实力和业务的好坏。

⑤记录网站的传输速度,特别是图片下载的时间,因为速度是网站能否留住客户的关键因素。

⑥查看在其站点上是否有其他企业的图形广告,以此来判断该企业在行业中与其他企业的合作关系。

⑦对竞争对手的整体实力进行考察,如其在导航网站宣传网址的力度,研究其选择的渠道类别、使用的介绍文字,特别是图标广告的投放量等。

⑧定期监测对手的动态变化是一个长期性的任务,要时刻把握竞争对手的新动向,在竞争中保持主动地位。

网络无所不包的数据和信息,为上网者提供了便利的信息搜集途径。上网者既是信息的消费者,也可能是信息的提供者,这大大增强了网络的吸引力。层出不穷的信息和高速增长的用户,使网络成为市场营销者青睐的营销工具。

2.2.3 外部环境

1. 网上人口环境

从企业营销的角度看,市场是有现实或潜在需求且有支付能力的消费者群。网络营销企业一方面可以直接通过分析网民数量、结构等发现营销机会;另一方面,也可以收集二手资料,了解网络营销的人口环境,从而制定行之有效的营销策略。中国互联网络信息中心对网民的定义为平均每周使用网络至少 1 小时的公民。

2. 法律和政策环境

网络营销、电子商务的法律和政策环境一直是人们关注的焦点。一方面,网络营销的各个环节与问题需要相关的法律法规加以规范;另一方面,政策、法律的每一项措施都左右着网络营销和电子商务的发展。

3. 第三方认证环境

数字证书机制主要是通过数字证书来完成交易实体身份鉴别的信息安全机制。通过数字证书来实现身份鉴别有两个好处。其一,登录的口令不需要在网上传输,而是在用户本地经过一系列算法来验证,这防止了口令在传输过程中被攻破。其二,口令与数字证书的结合具有双重保险性,即使不小心将口令泄露,如果没有数字证书,他人同样不能冒充合法身份进行网银交易。这在安全领域中被称作强身份鉴别。此外,数字证书机制还可以保证信息的完整性、私密性和不可否认性。

4. 电子支付环境

网络还给营销带来了全新的资金流转环境,这就是电子支付。所谓电子支付是指网上交易的当事人,包括消费者、厂商和金融机构,使用安全电子支付手段通过网络进行货币支付或资金流转。

5. 虚拟营销环境

网络所提供的信息服务基本上可以分为三类:固定信息服务,包括 E-mail、新闻组和文件传输服务等;在线实时通信,包括远程登录、网上聊天室、在线交谈、多人在线实时交谈系统和视频会议、网络电话等;检索服务,包括使用者查询等。

2.2.4 构成网络营销环境的五要素

要进行网络营销环境的分析,首先必须掌握构成网络营销环境的五要素。网络自身构成了一个市场营销的整体环境,从环境构成上来讲,它具有以下五个方面的要素。

1. 信息资源

信息是市场营销的关键资源,是营销的“血液”。通过网络可以搜集各种信息,指导企业的网络营销活动。

2. 全面影响力

环境要与系统内的所有参与者发生作用,而非个体之间相互作用。每一个上网者都是网络的一份子,他可以接触网络上的海量信息,同时在这一过程中受到网络的影响。

3.动态变化

整体环境在不断变化中发挥其作用和影响。不断变化正是网络的优势所在。

4.多因素互相作用

整体环境是由互相联系的多种因素有机组合而成的,涉及企业活动的各种因素在网络上互相作用。

5.反应机制

环境可以对其主体产生影响,同时主体的行为也会改造环境。企业可以将自己的信息通过网站发布在网络上,也可以通过网络搜集信息进行决策。

网络已经不只是传统意义上的电子商务工具,而是独立的新的市场营销环境。它以范围广、可视性强、公平性好、交互性强、能动性强、灵敏度高、易运作等优势给企业市场营销创造了新的发展机遇。

2.3　移动网络的发展

随着网络技术的进一步发展和 Web 应用技术的不断创新,移动网络业务的发展成为继宽带技术后网络发展的又一个推动力,为网络的发展提供了一个新的平台,使得网络更加普及,并以移动应用固有的随身性、可鉴权、可身份识别等独特优势,为传统的网络业务提供了新的发展空间和可持续发展的新商业模式。同时,移动网络业务的发展为移动网络带来了无尽的应用空间,促进了移动融合的业务形式。移动网络业务正在成长为移动运营商业务发展的战略重点。

2.3.1　移动网络业务的特点

移动网络业务的特点不仅体现在移动性上,可以"随时、随地、随心"地享受网络业务带来的便捷,还表现为更丰富的业务种类、个性化的服务和更高服务质量的保证,概括起来主要包括以下几个方面。

1.便捷性

移动网络的基础是 GPRS(通用无线分组业务)、4G、5G 和 WLAN(无线局域网)或 Wi-Fi(无线上网)构成的无缝覆盖网络,移动终端可以方便地接入网络。用户能够随时随地使用网络服务。

2.即时性

用户可以充分利用生活、工作中的碎片化时间,接收和处理网络上的各类信息。

3.定向性

移动网络的定向性主要体现在移动终端的二维码扫描、重力感应、移动感应、温湿度感应、实时定位等功能。因而移动网络能够针对不同的个体,提供精准的个性化服务。

4.局限性

移动网络业务受到网络传输环境、技术能力等因素限制;也受到终端大小、处理能力、电池容量等的限制。

5. 私密性

由于移动网络业务受到网络及终端条件的限制,其业务内容和形式需要适合特定的网络技术规格和终端类型,因此在使用移动网络业务时,其内容和服务更为私密。

2.3.2　移动网络的发展趋势

1. 移动网络引领发展潮流

有线网络是网络的早期形态,移动网络是网络的未来。计算机只是网络的终端之一,智能手机、平板电脑、电子阅读器等已经成为重要终端,电视机、车载设备正在成为终端,冰箱、微波炉、抽油烟机、照相机,甚至眼镜、手表等穿戴物,都可能成为泛终端。

2. 移动网络和传统行业融合催生新的应用模式

在移动网络、云计算、物联网等新技术的推动下,传统行业与网络的融合呈现出新的特点,平台和模式都发生了改变。一方面移动网络可以作为业务推广的一种方式,如食品、餐饮、娱乐、航空、汽车、金融、家电等传统行业的 App 和企业推广平台的使用;另一方面移动网络重构了移动端的业务模式,如医疗、教育、旅游、交通、传媒等领域的业务改造。

3. 不同终端的用户体验更受重视

终端的支持是业务推广的生命线。随着移动网络业务逐渐升温,移动终端解决方案也不断增多。不同屏幕大小的移动终端,其用户体验是不一样的,适应小屏幕智能手机的网页应该轻质化,它承载的广告也必须适应这一要求。目前大量网络业务迁移到手机上,为适用于平板电脑、智能手机及不同操作系统,人们开发了不同的 App,较好地解决了阅读体验问题,但是还远未实现轻便、轻质、人性化,缺乏良好的用户体验。

4. 移动网络商业模式多样化

随着移动网络发展进入快车道,网络、终端、用户等方面已经打好了坚实的基础,不盈利的情况已开始改变。移动网络已融入主流生活与商业社会,货币化浪潮即将到来。移动游戏、移动广告、移动电子商务、移动视频等业务模式的流量变现能力快速提升。

5. 用户期盼跨平台互通互联

目前形成的 iOS、Android、Windows Phone 三大系统各自独立,相对封闭、割裂,应用服务开发者需要进行多个平台的适配开发,这种隔绝有违网络互通互联的精神。不同品牌的智能手机,甚至不同品牌、类型的移动终端都能互联互通,是用户所期待的,也是移动网络的发展趋势。

6. 大数据挖掘成蓝海,精准营销潜力凸显

随着移动带宽技术的迅速提升,更多的传感设备、移动终端随时随地地接入网络,加之云计算、物联网等技术的带动,中国移动网络也逐渐步入"大数据"时代。目前的移动网络领域仍然是以位置的精准营销为主,但未来随着大数据相关技术的发展和人们对数据挖掘研究的不断深入,针对用户个性化定制的应用服务和营销方式将成为发展趋势,它将是移动网络的另一片蓝海。

案例分析

中国互联网家装转型之路

传统家装市场鱼龙混杂，装修公司竞争无序、效率低下。我国家装市场容量目前已超过 4 万亿元，却没有任何一家企业的产值能占到市场份额的 1%。巨大的市场吸引着相关产业链的龙头，嗅觉灵敏的上市公司借着互联网春风已早早布局。

1. 传统家装行业的发展困局

（1）产业链困局

传统家装市场的参与者包括前端的建材品牌商、经销商、卖场，与用户直接对接的装修公司、设计师和施工队，以及后端的家居软饰品牌商、经销商、卖场等，产业链极其冗长。另外，各方参与者之间的利益关系错综复杂，无法很好地协同完成家装任务，造成上下游整合难度高、产业链效率低下。

（2）需求困局

不同的用户对建材、设计方案、装修周期、家居软饰等的要求都不一样，需求的个性化程度极高，涉及的商品种类复杂。这造成了产业链厂商（尤其是装修企业）规模小且分散，区域扩张能力不强，形成了"大行业、小企业"的困局。

2. 互联网家装行业发展的利好环境

（1）经济环境

中国经济增长速度放缓，家居消费受到一定影响。社会消费品零售总额保持增长态势，互联网零售额增速高于零售总额增速。

（2）社会环境

城镇化步伐加快，飞速的城市化进程及随之而来的人口迁移是家居装饰及家具产品需求不断增长的主要推动因素。居民生活方式的改变推动家居产业需求升级。中国家居装饰及家具市场的发展得益于中产阶级消费者群体的不断壮大。中产阶级消费者受过良好教育，具有环保意识，有很强的购买力。不断壮大的中产阶级消费者注重提高生活质量及社会地位，且注重产品质量、环境保护、创新及整体消费体验。

（3）技术环境

移动网络网民规模不断扩大。随着手机终端的大屏化和手机应用体验的不断提升，手机已成为网民主要的上网终端。

3. 互联网家装行业发展现状分析

（1）互联网家装行业相关产业链

①售后服务：售后维修服务管理难、管理半径有限等因素，导致在过去数十年时间里互联网家装行业发展受限。

②家电：目前，国内互联网家装平台部分关联了家电产业链，但仍然较少。

（2）互联网家装行业融资情况

互联网家装行业的融资次数越来越频繁，行业发展拥有充足的资金来源。从市场的整体情况来看，随着家装市场的互联网渗透率逐步加深，同时在资本的推动下，互联网家装行业将迎来进一步的整合，优胜劣汰。

4. 家居装饰上市公司互联网家装转型案例分析

广田集团打造图灵猫品牌,是其开启自身"互联网+"战略的第一步,也是广田集团在保持其原有公装优势基础上开启定制精装、互联网家装和智能家居三大新业务的重要组成部分。广田集团希望借助"互联网+"这一新的机遇,为企业带来更多新的业务模式和商业模式,打破行业边界,更多地参与到"互联网+"时代的超限竞争当中去,开辟更多新的可能。

浙江亚厦装饰股份有限公司通过并购拓展多元化业务,使互联网家装加速落地。公司是传统公装龙头,面对主业下行压力,以并购的方式积极开拓新业务。公司收购万安智能快速切入智慧城市、医疗、养老和智能家居领域,推进公司向家庭消费及家庭服务领域延伸,同时收购盈创科技,在建筑 3D 打印领域进行布局。

案例思考题

1. 传统家装行业的发展困局是什么?
2. 互联网家装行业需要考虑哪些环境因素?
3. 借助网络环境,家装企业如何转型?

思考题

1. 分析中国网络环境的变化趋势。
2. 归纳移动网络的发展趋势。
3. 网络营销环境的要素有哪些?

第 2 篇

策 略 篇

第3章

网络目标市场营销策略

本章概要

　　本章主要讲述了网络消费者的需求特征、购买动机和过程,影响网络消费者购买行为的因素,网络市场细分,网络目标市场选择和市场定位等。

学习目标

- 掌握网络市场的特征。
- 理解网络消费者的特征。
- 理解网络消费需求和消费者的购买动机。
- 掌握网络目标市场选择策略和市场定位策略。

3.1　网络消费者

3.1.1　网络消费者需求特征

1.网络消费者需求的演变

（1）大众传媒、大众营销时代的个性化服务

　　在相当长的一个历史阶段内,工商界是将消费者作为单独个体进行服务的。此时,个性消费是主流,销售形式多为一个区域内的顾客均在一个小百货店购买所需日常用品。

（2）大规模营销时代的服务

　　在 20 世纪 50 年代,大规模市场营销借助电视广告、购物商城及大规模生产的工厂,开始改变人们的消费方式,形成大批量消费的社会。

（3）回归个性化

　　随着 21 世纪的到来,整个世界以非凡的速度变成了一个计算机网络交织的世界。这使具有大量选择的全球化市场取代了有限选择的国内市场;计算机化生产使产品有丰富的多样化设计,在此基础上整个市场营销又回归到个性化的基础上。

2.网络消费者的需求层次

　　现代网络消费者对企业产品和服务的需求,按照层次由低到高可以划分为了解产品和服务信息,需要企业帮助解决问题,接触企业人员,了解全程信息四方面内容,如图 3-1 所示。

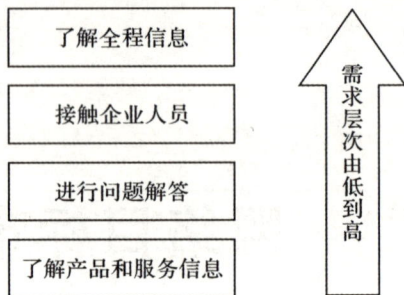

图 3-1 服务的需求层次

(1)需要了解产品和服务信息

了解产品和服务的详细信息,从中寻找到能满足个性需求的特定信息,这是网络消费者的基本需求。

(2)需要企业帮助解决问题

要做到这一点,企业首先要确定可能遇到的问题,并对这些问题做出正确的诊断。其次就是要对企业的顾客进行训练,教会他们如何使用企业在网上为他们提供的服务功能,如何利用网络解决遇到的问题。

(3)接触企业人员

现代顾客不仅需要了解产品和服务的知识、解决问题的方法,像传统的顾客服务一样,还需要在必要的时候与企业的有关人员直接接触,解决比较困难的问题,或询问一些特殊的信息、反馈他们的意见等。

(4)了解全程信息

让顾客了解全程信息实际上就意味着企业与顾客之间"一对一"关系的建立,这种关系的建立为小企业打破大企业独霸市场的格局提供了有力的保证。

以上这四个层次的需求之间有一种相互促进的作用。整个过程是一种螺旋式的上升,不仅促使企业对顾客需求有更充分的理解,也会增加顾客对企业的期望,最终不仅建立了"一对一"的关系,而且不断地巩固、强化这种关系。这个过程被称为"顾客整合"。

顾客整合是现代顾客个性化需求发展的结果,它充分体现了这一需求不是一个静态的过程,而是一个双向互动的过程,如图 3-2 所示。

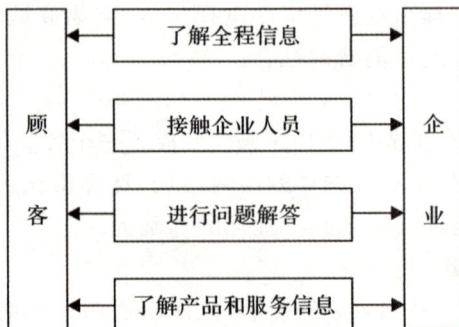

图 3-2 网络营销服务需求的互动性

3. 网络消费需求的特征

由于电子商务的出现,人们的消费观念、消费方式正在发生着重要的变化,同时促进了消费者地位的提高;网络营销系统巨大的信息处理能力,为消费者挑选商品提供了前所未有的选择空间,使消费者的购买行为更加理性化。网络消费需求主要有以下八个方面的特征。

(1)消费者个性消费的回归

在近代,由于工业化和标准化生产方式的发展,消费者的个性被淹没于大量低成本、单一化的产品洪流之中。随着 21 世纪的到来,这个世界变成了一个计算机网络交织的世界,消费品越来越丰富,产品的设计多样化,消费者的选择范围全球化。消费者开始制定自己的消费准则,整个市场营销又回到了个性化的基础之上。消费者的消费心理都是不一样的,每一个消费者都是一个细小的消费市场,个性化消费成为消费的主流。

(2)消费者需求的差异性

不仅仅是消费者的个性消费使网络消费需求呈现出差异性,对于不同的网络消费者,因其所处的环境不同,也会产生不同的需求。不同的网络消费者,即便在同一需求层次上,他们的需求也会有所不同。因为网络消费者来自世界各地,有不同的信仰和生活习惯,因而会产生明显的需求差异。所以,从事网络营销的企业要想取得成功,就必须在整个生产过程中,从产品的构思、设计、制造,到产品的包装、运输、销售,认真思考这些差异性,并针对不同消费者的特点,采取相应的措施和方法。

(3)消费者的主动性增强

在社会化分工日益细化和专业化的趋势下,消费者对消费的风险感随着选择的增多而上升。在许多大额或高档的消费中,消费者往往会主动通过各种可能的渠道获取与商品有关的信息,并进行分析和比较。或许这种分析、比较不是很充分和合理,但消费者能从中得到心理的平衡以减轻风险感或减少购买后产生的后悔感,增加对产品的信任程度和心理上的满足感。消费主动性的增强来源于现代社会不确定性的增加以及人类需求心理稳定和平衡的要求。

(4)消费者直接参与生产和流通的全过程

传统的商业流通渠道由生产者、商业机构和消费者组成,其中商业机构起着重要的作用。生产者难以直接了解市场,消费者也不能直接向生产者表达自己的消费需求。而在网络环境下,消费者能直接参与到生产和流通中来,与生产者直接进行沟通,减少了市场的不确定性。

(5)追求消费过程的方便和享受

在网上购物,除了能够满足实际的购物需求以外,消费者在购买商品的同时,还能得到许多信息。今天,人们对现实消费过程的追求出现了两种趋势:一部分工作压力较大、紧张程度高的消费者以购买的方便性为目标,他们追求的是时间和劳动成本的节省;而另一部分消费者,由于劳动生产率的提高,自由支配的时间增多,他们希望通过消费来寻找生活的乐趣。今后,这两种相反的消费心理将会在较长的时间内并存。

(6)消费者选择商品的理性化

网络营销系统巨大的信息处理能力,为消费者挑选商品提供了前所未有的选择空间。消费者会利用在网上得到的信息对商品进行反复比较,以决定是否购买。对企事业单位的采购人员来说,可利用预先设计好的计算程序,迅速比较进货价格、运输费用、优惠、折扣、时间效率等综合指标,最终选择有利的进货渠道和产品。

（7）价格仍是影响消费心理的重要因素

从消费的角度来说,价格不是决定消费者购买的唯一因素,但却是消费者购买商品时肯定要考虑的因素。网上购物之所以具有生命力,重要的原因之一是因为网上销售的商品价格普遍较低。尽管经营者都倾向于以各种差别来降低消费者对价格的敏感度,避免恶性竞争,但价格始终对消费者的心理产生重要的影响。消费者可以通过网络联合起来向厂商讨价还价,产品的定价逐步由企业定价转变为消费者引导定价。

（8）网络消费仍然具有层次性

在网络消费的开始阶段,消费者偏重于精神产品的消费;到了网络消费的成熟阶段,等消费者完全掌握了网络消费的规律和操作方法,并且对网络购物有了一定的信任后,消费者才会从侧重于购买精神消费品转向购买日用消费品。

3.1.2 网络消费者的购买动机

所谓动机,是指推动人进行活动的内部原动力,即激励人们行为的原因。人们的消费需要都是由购买动机引起的。网络消费者的购买动机,是指在网络购买活动中,能使网络消费者产生购买行为的某些内在的动力。我们只有了解消费者的购买动机,才能预测消费者的购买行为,以便采取相应的促销措施。由于网络促销是一种不见面的销售方式,消费者的购买行为不能直接被观察到,因此对网络消费者购买动机的研究就显得尤为重要。网络消费者的购买动机基本上可以分为两大类,即需求动机和心理动机。

1. 需求动机

网络消费者的需求动机是指由需求而引起的购买动机。要研究消费者的购买行为,首先必须要研究其需求动机。美国著名的心理学家马斯洛把人的需要划分为五个层次,即生理的需要、安全的需要、社会的需要、尊重的需要和自我实现的需要。需求理论对网络需求层次的分析,具有重要的指导作用。网络技术的发展,使现在的市场变成了网络虚拟市场。虚拟社会与现实社会毕竟有很大的差别,所以在虚拟社会中人们希望满足以下三个方面的基本需要。

（1）兴趣需要

人们出于好奇和能获得成功的满足感而对网络活动产生兴趣。

（2）聚集

网络给有相似经历的人提供了一个聚集的机会。

（3）交流

网络消费者可聚集在一起互相交流产品信息和购买经验。

2. 心理动机

心理动机是由人们的认识、感情、意志等心理过程引起的购买动机。网络消费者购买行为的心理动机主要体现在理智动机、感情动机和惠顾动机三个方面。

（1）理智动机

理智动机具有客观性、周密性和控制性的特点。这种购买动机是消费者在反复比较各在线商场的商品后才产生的。因此,这种购买动机比较理智、客观,很少受外界因素的影响。这种购买动机主要体现在耐用消费品或价值较高的高档商品的购买中。

（2）感情动机

感情动机是由人们的情绪和感情所引起的购买动机。这种动机可分为两种类型:一是由于人们喜欢、满意、好奇而引起的购买动机,它具有冲动、不稳定的特点;另一种是由于人们的道德感、美感、群体感而引起的购买动机,它具有稳定和深刻的特点。

（3）惠顾动机

惠顾动机是建立在理智经验和感情之上,对特定的网站、广告、商品产生特殊的信任与偏好,而重复、习惯性地购买某一产品的一种动机。由惠顾动机产生的购买行为,一般是网络消费者在做出购买决策时心目中已首先确定了购买目标,并在购买时克服和排除其他同类产品的吸引和干扰,按原计划实施购买行动。具有惠顾动机的网络消费者,往往是某一站点忠实的浏览者。

3.1.3　网络消费者的购买过程

网上购物是指用户在网上虚拟的购物环境中浏览、搜索相关商品信息,为购买决策提供所需要的必要信息,并实现购买的过程。电子商务的热潮使网上购物作为一种崭新的个人消费模式受到人们的关注。消费者的购买决策过程,是消费者需要、购买动机、购买活动和买后使用感受的综合与统一。网络消费者的购买过程可分为以下五个阶段:确认需要、收集信息、比较选择、购买决策、购后评价。

1. 确认需要

网络购买过程的起点是诱发需求,当消费者认为已有的商品不能满足需求时,才会产生购买新产品的欲望。在传统的购物过程中,消费者的需求是在内外因素的刺激下产生的,而对于网络营销来说,诱发需求的动因只能局限于视觉和听觉。因而网络营销要想对消费者产生足够的吸引力是有一定难度的。企业或中介商一定要注意了解与自己产品有关的实际需要和潜在需要,掌握这些需要在不同时间内的不同程度以及影响因素,以便设计相应的促销手段去吸引更多的消费者浏览网页,诱导他们的需求欲望。

2. 收集信息

当需求被唤起后,每一个消费者都希望自己的需求能得到满足,所以收集信息、了解行情成为消费者购买过程的第二个环节。收集信息的渠道主要有内部渠道和外部渠道。消费者首先在自己的记忆中搜寻可能与所需商品相关的知识经验,如果没有足够的信息用于决策,他便要到外部环境中去寻找与此相关的信息。当然,不是所有的购买决策活动都需要了解足够的信息和经过信息搜寻环节。根据消费者对信息需求的范围和搜寻信息的努力程度不同,收集信息的模式可分为以下三种。

（1）广泛问题的解决模式

这是指消费者尚未建立评判特定商品或特定品牌的标准,也不存在对特定商品或品牌的购买倾向,而是很广泛地收集某种商品的信息。处于这个层次的消费者,可能是因为好奇、消遣需要或其他原因而关注自己感兴趣的商品。这个过程收集的信息会为以后的购买决策提供经验。

（2）有限问题的解决模式

处于有限问题解决模式的消费者,已建立了对特定商品的评判标准,但尚未形成对特定品牌的倾向。这时,消费者有针对性地收集信息。在这个层次收集的信息才能真正直接影响消费者的购买决策。

（3）常规问题的解决模式

在这种模式中,消费者对将要购买的商品或品牌已有足够的经验和特定的购买倾向,购买决策需要的信息较少。

3. 比较选择

消费者需求的满足是有条件的,这个条件就是实际支付能力。消费者为了使消费需求与自己的购买能力相匹配,就要对各种渠道汇集而来的信息进行比较、分析、研究,根据产品的功能、可靠性、性能、价格和售后服务,从中选择一种自认为"足够好"或"满意"的产品。

由于网上购物不能直接接触实物,所以经销商要对自己的产品作充分的文字描述和图片描述,以吸引更多的顾客。但不能对产品进行虚假的宣传,否则可能会永久地失去顾客。

4. 购买决策

网络消费者在完成对商品的比较选择之后,便进入购买决策阶段。与传统的购买方式相比,网络购买者在作购买决策时主要有以下三个方面的特点:首先,网络购买者理智动机所占比重较大,而感情动机所占比重较小;其次,网上购物受外界影响小;再次,网上购买决策与传统购买决策相比速度更快。

网络消费者在决定购买某种商品时,一般出于以下三点:第一,对企业有信任感;第二,对支付有安全感;第三,对产品有好感。所以,网络经销商要重点抓好以上工作,促使消费者购买行为的实现。

5. 购后评价

消费者购买商品后,往往通过使用对自己的购买选择进行检查和反省,以判断这种购买决策的准确性。购后评价往往能够决定消费者以后的购买动向,满意的顾客是企业最好的广告。

为了提高竞争力,最大限度地占领市场,企业必须虚心听取顾客的意见和建议。企业在网络上收集到各种评价之后,通过计算机的分析、归纳,可以迅速找出工作中的缺陷和不足,以制定相应对策,改进自己产品的性能和售后服务。

3.1.4 影响网络消费者购买决策的主要因素

消费者行为取决于他们的需求和欲望,而人们的需求和欲望以及消费习惯和行为,是在许多因素的影响下形成的。影响消费者购买决策的因素主要体现在以下四个方面。

1. 产品特性

网上市场不同于传统市场。根据网上消费者的特征,经销商首先要考虑产品的新颖性,以引起消费者的注意。因为网上消费者以青年人为主,他们追求产品的时尚性和新颖性。其次,要考虑产品挑选时的参与程度。对消费者参与程度要求比较高,且需要消费者现场体验的产品,一般不宜于在网上销售。但这类产品可以采用网络营销推广的方式来扩大产品的宣传,以辅助传统营销活动。

2. 产品的价格

从消费者的角度讲,价格不是决定消费者购买的唯一因素,却是消费者在购买商品时肯定要考虑的因素,而且是一个非常重要的因素。网上产品的价格,对于网络用户而言是完全公开的,价格的制定要受到同类产品价格的约束。网络为消费者提供了一个广泛的比较空间,制约了企业通过价格来获得高额垄断利润的可能。企业可以通过 E-mail 进行议价;在自己的网站上设立"价格讨论区",通过智能化议价系统直接议价;或者通过其他平台进行竞价、拍卖等。

现实世界是一个不完全竞争的市场,这个市场最明显的特征是寡头竞争和垄断竞争。决定产品价格的主体是企业,尤其是那些具有垄断性质的大企业。而网络的出现,为创造完善的市场机制提供了条件。因为在网络时空中,信息具有透明性、完全性和平等性等特点,消费者的选择权大大提高,交易过程更加直接。

另外,消费者对于网络有一个免费的心理预期,他们认为即使网上的商品不是免费的,价格也应该比传统销售渠道低。而且网络市场与传统市场相比,减少了营销活动中的中间费用和一些额外的信息费用,可以降低产品的成本和销售费用,这也正是网络商业应用的巨大潜力所在。

3. 购物的便捷性

方便快捷的购物方式是消费者购物首先考虑的因素之一。网上购物的便捷性主要体现在以下两个方面。

(1)时间上的便捷性

网上虚拟市场一年 365 天、一天 24 小时全天候提供销售服务,随时准备接待顾客,不受任何限制。

(2)商品挑选范围的便捷性

消费者可以足不出户就在很大范围内选择商品。对个体消费者来说,购物可以"货比多家",精心挑选。对单位采购人员来说,其进货渠道不会再局限于少数几个定时、定点的订货会议或几个固定的供货厂家,他们会大范围地选择品质最好、价格最便宜、各方面最适用的产品,这是传统的购物方式难以做到的。

4. 安全可靠

影响消费者进行网络购物的另一个重要因素,就是安全性和可靠性问题。对于现阶段的网络营销来说,很多问题归根结底还是安全问题。因此,对网上购物的各环节都必须加强安全和控制措施,保护消费者购物过程的信息传递安全和个人隐私,以树立消费者对网站的信心。

3.2　网络市场细分

网络市场细分是指企业在调查研究的基础上,依据网络消费者的购买欲望、购买动机与习惯爱好的差异性,把网络营销市场划分成不同类型的消费群体,每个消费群体构成企业的一个细分市场。网络营销市场可以分成若干个细分市场,每个细分市场都由需求和愿望大体相同的消费者组成。在同一细分市场内部,消费者需求大致相同;在不同细分市场之间,则存在明显差异。

对市场进行细分,并不是由人们的主观意志决定的,而是商品生产和市场经济不断发展的客观要求和必然产物。在计划经济年代,商品生产水平相对较低,生产的产品数量较为有限。在卖方市场的条件下,企业既不可能也无必要去关心消费者的需求。然而,在市场经济环境中,随着生产力水平的提高,以及产品数量的增加、质量的提高和品种的增多,消费者有了挑选的余地,市场出现了竞争,并且日趋激烈。于是企业必须注重市场调研,把握消费者的爱好与需求变化,在市场经济中做到有的放矢、游刃有余,市场细分就应运而生了。随着网络的日益普及,网络市场细分也越来越成为企业关注的内容。

市场细分的概念

3.2.1 网络市场细分的作用

与传统市场细分的作用相比,网络市场细分的作用没有很大的变化,具体体现在以下几个方面。

1.有利于企业发掘和开拓新的市场,以形成新的目标市场

企业可以通过市场细分及时分析市场需求的满足程度,迅速寻觅到市场机会,开辟新的市场领域。网民的层次参差不齐,只有进行市场细分找到企业的优势所在,才能发掘新市场,培育企业新的利润增长点。

2.有利于企业提高适应能力与应变能力,根据市场的变化及时调整经营方向

企业应重视市场细分策略,对市场信息快速反应,及时掌握用户的需求变化。一旦市场发生变化,企业就能灵活有效地调整商品结构和市场布局,使自己具有高度的适应能力与应变能力。

3.有利于企业扬长避短、发挥优势,不断提高竞争能力

尤其是那些实力相对较弱的中小企业,在网上具有与大企业平等发展的机会。只要自己的网站有特色,所卖的商品有特点,何愁没有品牌优势,没有充裕的资金做广告?只要认真研究市场细分策略,完全有可能在复杂的市场竞争中发掘某些特定的市场,满足这部分用户的特定需要。

4.有利于企业在经营中提高经济效益

企业通过市场细分,可以深入地了解每一个细分市场的需求状况和购买潜力,以及同行竞争者的情况。这样,企业可以对各个细分市场的外部环境与本企业的经营实力进行反复权衡比较,选择最有利的市场,以便集中力量,有效地使用人力、物力、财力等各项资源,取得理想的经济效益。

5.有利于制定和调整市场营销组合策略

市场细分后,每个市场变得小而具体,细分市场的规模、特点显而易见。消费者的需要清晰了,企业就可以根据不同的商品制定出不同的市场营销组合策略,使营销组合策略适应消费者不断变化的需求。否则,离开了市场细分,所制定的市场营销组合策略必然是无的放矢的。

3.2.2 网络市场细分的依据和条件

1.网络市场细分的依据

研究市场细分的目的是为了找到客户并对由此形成的目标市场加以描述,确定针对目标市场的最佳营销策略。网络市场的细分就是指为实现网络营销的目标,根据网上消费者对产品不同的需求、购买行为和购买习惯,把网络上的市场分割成不同或相同的小市场群。

电子商务的分类本身就是若干细分的市场。例如,B2B 实际上是产业市场上的交易活动,而 B2C 是消费者市场上的交易活动。

产业市场可以进行两种划分。首先是宏观细分,即通过总体特征进行市场细分。例如,按照行业将产业市场划分为纺织、钢铁、汽车、信息市场等;或按照地理位置将国内市场划分为东部、中部、西部市场。其次是微观细分,关注不同规模的企业市场或不同原材料市场。

市场细分的依据
和原则

消费者市场细分的基础一般有五类：一是地理细分，以地理位置、市场容量、市场密度和气候特征为基础；二是人口细分，包括年龄、性别、收入水平、种族和家庭生命周期等特征；三是心理细分，包括个性、动机和生活方式等；四是利益细分，根据消费者从产品中寻求的利益识别消费者；五是使用率细分，通过购买量或消费量来划分市场。

传统市场细分的依据和条件比较宽泛，网络市场细分与其相比有很大的区别。这里，需要特别注意以下三点。

①在电子商务条件下，市场细分有"精深"的特点。细分的依据是顾客的期望，即用户的心理因素，主要根据其生活方式、个人性格、需求动机、购买行为、需要数量等因素进行划分。这些因素相互联系或交叉发生作用，企业应综合研究，从而选择与确定对企业最有利的市场。

②网络市场细分是对网上顾客进行分析。企业一定不能忽视网上年轻群体的心理特点、行为特点和需求特点，因为他们占网民的一半以上。他们的行为特点是追求特色，企业的产品只有具备符合其需求的特色才能吸引年轻群体购买。

③网络消费者的需求和购买特点随年龄的增长而变化，因而可以把他们划分为这样一些年龄组：18～25 岁，26～35 岁，36～45 岁，等等。这些年龄组的网络消费者都有自己的特征，根据这些特征，网络营销经理就可以开发出一个个特定的目标市场。例如，日本索尼公司不仅为成人生产具有上网功能的随身听，还生产专门针对青少年的随身听。

2. 网络市场细分的条件

(1)明确什么时候进行市场细分

一般认为，如果面临以下问题，则需要进行市场细分。

①产品定位已经非常明晰，但不了解采用何种促销组合能最大程度地吸引目标顾客。

②不同的消费者对产品有不同的偏好，企业希望知道哪些偏好是自己能够满足的。

③销售额仿佛没有变化，但企业已经感觉到顾客群的构成正在发生变化，并希望获得变化的详情。

④企业准备打入竞争者牢固占领的市场，希望先获得一小块"根据地"。

⑤企业自己的产品在市场上占据主导地位，但有竞争者开始蚕食这一领地。

⑥尽管企业有好的产品，但市场数据显示营销计划遭受重大挫折。

⑦作为新的市场决策者，需要重新审定公司的营销计划。

(2)明确市场细分标准

以生活消费品为例，一般可选择地理、人文、心理和消费行为等四个因素作为细分标准。具体细分时可应用发散思维，得出一系列细分市场。如自行车市场可分为国内市场、国际市场，其中国内市场还可进一步细分为华中市场、西南市场、东北市场等；也可根据消费者的消费行为细分为普通自行车市场、山地自行车市场、比赛用自行车市场等。若对生产资料市场进行细分，则可选择最终用户、用户规模和生产能力、用户地点等因素作为细分标准。

(3)应注意把握好市场细分中的三个原则

①可衡量性原则：要能明确反映和说明细分市场上消费者对商品需求的差异性；细分后的市场范围、容量、潜力等也要能定量加以说明。

②可占据性原则：应使各个细分市场的规模、发展潜力等都足够大，以保证企业进入这个市场后有一定的销售额。

③相对稳定性：占领后的目标市场要使企业在相当长的一个时期稳定经营，避免目标市场变动过快给企业带来风险和损失，以保证企业取得长期稳定的利润。

3.2.3　网络市场细分的步骤

1. 了解基本情况

消费者对产品或服务介入的程度有多深？消费者对这种产品、服务或该行业了解多少？这是一种新产品还是已有产品？市场细分研究的目的是什么？是增加现有顾客对产品的忠诚度还是吸引新的顾客，或是将顾客从竞争对手那边吸引过来？市场细分研究是为短期规划服务还是为长期战略服务？企业管理者和销售者对现有市场结构的看法如何？要进行市场细分，就必须先回答这些问题。

2. 确定基础变量

这是市场细分过程中最重要的一步。对中国消费者进行细分时，一些不同于欧美消费者的变量尤其值得关注，如顾客的行为习惯、长期以来形成的固定消费模式等。这些变量对研究中国消费者的行为和预期未来发展有很大影响。同时，对于不同产品进行市场细分时，必须根据其特点，以"消费市场细分指标"为基础并结合以往市场研究经验，重新构造细分变量指标。通常情况下，选择大约 20 个基础变量和行为变量进行分析研究。

3. 收集数据

市场细分研究对样本量有较高要求，多个城市研究的成功样本应在 1000 份以上。这对于网络营销者来说已经不是什么难事了。营销数据库可以帮我们解决很多问题。网上调查已经有很多成功的经验可以借鉴。数据收集、信息收集已经不那么高深莫测了。

4. 分析数据

可以利用数学工具分析收集到的数据。常用的数学分析方法有回归分析、判别分析、聚类分析、时间序列分析等。

①回归分析是针对相互关联的两个变量间数量变化的关系，用一个数学表达式进行估计或预测的统计方法。

②判别分析是判别样本所属类型的一种多元统计方法，在生产、科研与日常生活中都经常用到。在市场调查研究中，市场调研人员可以根据调查数据判断产品是畅销还是滞销。

③聚类分析是将抽象对象的集合分组为由类似对象组成的多个类的分析过程，其目标是在相似的基础上收集数据来分类。

④时间序列分析是根据系统观测得到的时间序列数据，通过曲线拟合和参数估计来建立数学模型的理论和方法。它一般采用曲线拟合和参数估计方法（如非线性最小二乘法）进行分析。时间序列分析常用在市场细分研究方面。

需要指出的是，无论是回归分析还是聚类分析，都会因分析因子的不同而产生多种结果。这也正是市场细分研究的挑战性和吸引力所在，它不会产生是或否的答案，而只是给研究者提供了不同的视角。

5. 分析其他数据，构建细分市场

一旦确定了能够代表真实市场的细分方案，下一步就要获取关于细分的额外信息，对其进行进一步调查，比较和对照细分变量。例如，一个基于需求划分的细分市场，其人口特征是什么样的，消费者是如何看待调查问卷上所列出的其他属性的？

通常这一步可以帮助市场分析人员确定细分市场,但有时也会发现结果恰恰相反。这时需要回到分析数据的步骤,重新确定细分方案。

6. 简要描述细分市场结构

对每个细分市场进行简单明了的归纳是必要的,一般包括以下内容:细分市场的名称、使细分市场产生差异化的重要因素、对细分市场中群体的简要描述等。以细分市场为目标,可以利用网络营销 4P 理论获取相关的信息。

7. 明确准备进入的细分市场

明确准备进入的细分市场时,数据背后的经验是不可缺少的。评估不同细分市场的吸引力需要考虑如下原则:

①足够大,细分市场必须足够大,以保证有利可图;

②可识别,细分市场必须是可以运用人口统计因素进行识别的;

③可达到,细分市场必须是网络可以接触到的;

④差异性,不同的细分市场应该对营销组合有不同的反应;

⑤稳定性,就其大小而言,各细分市场应该是相对稳定的;

⑥增长性,好的细分市场应该具有增长的潜力。

3.2.4　网络市场细分的方法

根据细分程度的不同,市场细分有三种方法,即完全细分、按一个影响需求的因素细分和按两个以上影响需求的因素细分。

1. 完全细分

假如消费者的需求完全不同,那么每个消费者都可能是一个单独的市场。可以按照市场所包的消费者数目进行最大限度的细分,即这个市场细分后的小市场数目也就是构成此市场的消费者数目。在实际市场营销中,有少数产品确实具有适于按照这种方法细分的特性。但在大多数情况下,要把每个消费者都当作一个市场,并分别生产符合这些单个消费者需要的各种产品,从经济效益上看是不可取的,实际上也行不通。因此,大多数企业还是按照消费者对产品的整体要求或对市场营销手段的不同反应,对他们作概括性的分类。

2. 按一个影响需求的因素细分

对某些通用性比较大、挑选性不太强的产品,往往可按其中一个影响消费者需求最强的因素进行市场细分,如可按收入或年龄细分市场。

3. 按两个以上影响需求的因素细分

大多数产品的销售都受消费者多种需求因素的影响,如不同年龄的消费者,因生理或心理的原因对许多消费品都有不同要求;同一年龄范围的消费者,因收入情况不同,也会产生需求的差异;同一年龄范围和同一收入阶层的消费者,会因性别、居住地区等情况的不同而有纷繁复杂、互不相同的需求。因此,大多数市场都需按照两个或两个以上影响需求的因素细分。

3.3 网络目标市场选择

3.3.1 网络目标市场概述

1. 网络目标市场的含义

网络目标市场,也可称为网络目标消费者群或目标顾客群,是企业为了实现预期的战略目标而选定的营销对象,也是企业试图通过满足其需求实现赢利目的的消费者群。网络市场细分的目的是为了合理选择自己的目标市场。在市场细分的基础上,企业首先要认真评估各个细分市场,然后根据自己的营销目标和资源条件选择适当的目标市场,并决定自己在目标市场上的营销战略,针对目标市场的特点展开营销活动,以期在满足顾客需求的同时获取更大的利润。

2. 网络目标市场评估

市场细分以后,企业要对各细分市场进行评估,选择自己的目标市场。企业在选择目标市场时,首先要对各细分市场进行综合考虑和认真分析。一般而言,企业考虑进入的目标市场,应符合以下标准或条件。

(1)有一定的规模和发展潜力

企业进入某一市场是期望能够有利可图,如果市场规模狭小或者趋于萎缩,企业进入后将难以获得发展。此时,应审慎考虑,不宜轻易进入。当然,企业也不宜以市场吸引力作为唯一取舍标准,特别是应力求避免"多数谬误",即与竞争企业遵循同一思维逻辑,将规模最大、吸引力最大的市场作为目标市场。大家共同争夺同一个顾客群的结果是过度竞争和社会资源的无端浪费,同时使消费者的一些本应得到满足的需求遭受冷落和忽视。现在国内很多企业动辄将城市尤其是大中城市作为其首选市场,而对小城镇和农村市场不屑一顾,很可能就步入了"多数谬误"中。如果转换一下思维角度,一些目前经营尚不理想的企业说不定会出现"柳暗花明"的局面。

(2)细分市场结构的吸引力

细分市场可能具备理想的规模和发展特征,然而从赢利的观点来看,它未必有吸引力。波特认为有五种力量决定整个市场或其中任何一个细分市场的长期的内在吸引力。这五个群体是同行业竞争者、潜在的新参加的竞争者、替代产品、购买者和供应商。他们具有如下五种威胁性。

①细分市场内激烈竞争的威胁。如果某个细分市场已经有了众多的、强大的或者竞争意识强烈的竞争者,那么该细分市场就会失去吸引力。如果该细分市场出现稳定或者衰退趋势,企业生产能力不断扩大,固定成本和撤出市场的壁垒过高,而竞争者投资很大,那么情况就会更糟。这些情况常常会导致价格战、广告争夺战和新产品的推出,企业要参与竞争就必须付出高昂的代价。

②新竞争者的威胁。如果某个细分市场可能会吸引扩大生产并争夺市场份额的新的竞争者,那么该细分市场就会没有吸引力。问题的关键是新的竞争者能否轻易地进入这个细分市场。如果新的竞争者进入这个细分市场时遇到森严的壁垒,并且遭受到细分市场内原有企业的强烈报复,他们便很难进入。细分市场的壁垒越低,原来占领细分市场的企业的报复心理越

目标市场选择的
概念和依据

弱,这个细分市场就越缺乏吸引力。某个细分市场的吸引力因进退的难易程度而有所区别。根据行业利润的观点,最有吸引力的细分市场应该是进入的壁垒高、退出的壁垒低。在这样的细分市场里,新的企业很难进入,但经营不善的企业可以安然撤退。如果细分市场进入和退出的壁垒都高,潜在利润就大,但往往伴随较大的风险,因为经营不善的公司难以撤退,必须坚持到底。如果细分市场进入和退出的壁垒都较低,企业便可以进退自如,然而获得的报酬虽然稳定,但不高。最坏的情况是进入细分市场的壁垒较低,退出的壁垒却很高。于是在经济状况良好时大家蜂拥而入,但在经济萧条时却很难退出。其结果是大家都生产能力过剩,收入下降。

③替代产品的威胁。如果某个细分市场存在着替代产品或者有潜在替代产品,那么该细分市场就失去了吸引力。替代产品会限制细分市场内价格和利润的增长。企业应密切注意替代产品的价格趋向。如果在这些替代产品行业中技术有所发展,或者竞争日趋激烈,这个细分市场的价格和利润就可能会下降。

④购买者讨价还价能力加强的威胁。如果某个细分市场中购买者的讨价还价能力很强或正在加强,该细分市场就没有吸引力。购买者会设法压低价格,对产品质量和服务提出更高的要求,并且使竞争者互相斗争,所有这些都会使销售商的利润受到损失。如果购买者比较集中或有组织,产品无法实行差别化,顾客的转换成本较低,或者由于购买者的需求不强而对价格敏感,或者顾客能够向后实行联合,购买者的讨价还价能力就会加强。销售商为了保护自己,可选择议价能力最弱或者转换销售商能力最弱的购买者。较好的防卫方法是向顾客提供无法拒绝的优质产品。

⑤供应商讨价还价能力加强的威胁。如果企业的供应商——原材料和设备供应商能够提价或降低产品和服务的质量,或者减少供应数量,那么该企业所在的细分市场就会没有吸引力。如果供应商集中或有组织,替代产品少,所供应的产品是重要的投入要素,转换成本高,或者供应商可以向前实行联合,那么供应商的讨价还价能力就会较强。因此,与供应商建立良好关系和开拓多种供应渠道才是防御上策。

具体来说,一个细分市场能否作为企业的目标市场,一般应满足以下条件:

①有足够的需求规模与增长潜力,能实现一定的销售额和目标利润;

②有较大的长期获利率和发展前景,有利于逐步缩小战略目标差距;

③企业有足够资源和能力满足该市场的需求;

④与竞争对手相比,企业有明显的现实或潜在竞争优势;

⑤选择该目标市场,有利于实现企业的战略目标。

总之,选择网络目标市场的基本原则,是将企业优先的资源最经济地运用于具有最大潜在利益的市场上。

目标市场
选择模式

3.3.2　网络目标市场选择战略

1.网络目标市场营销战略

企业选择网络目标市场的方式不同,在网络目标市场上采取的营销战略也不同。一般来说,有几种不同的网络目标市场营销战略可供企业选择,即无差异目标市场营销战略、差异性目标市场营销战略、集中性目标市场营销战略以及个性化目标市场营销战略。

（1）无差异目标市场营销战略

无差异目标市场营销战略是指企业将整个市场作为自己的目标市场（不考虑各子市场的特征，而只注重子市场的共性），面对所有的细分市场只推出一种产品并只实施一套营销组合策略，通过无差异的大规模营销吸引更多的消费者。实施这种战略的前提是，即使消费者的需求有差别，他们也有足够的相似和可能被作为一个同质的无差别的目标市场对待。所以，这一战略比较重视消费者需求的相似性，而忽略消费者需求的差异性，将目标市场所有消费者的需求都看成一样的，一般不进行网上市场细分，如图3-3所示。

目标市场
选择战略

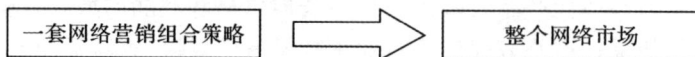

```
┌──────────────────┐        ┌──────────────────┐
│ 一套网络营销组合策略 │  ====> │   整个网络市场    │
└──────────────────┘        └──────────────────┘
```

图3-3　无差异目标市场营销战略示意图

这种目标市场营销战略的优点是，由于面对整个目标市场只实施一套营销组合策略，因此所经营产品的品种少而批量大，能够节省大量的营销成本，实现规模经济效益，从而大大提高利润率。

采用这种战略的缺点是，忽略消费者的需求差异，容易被其他企业模仿，从而引起激烈的竞争，使企业可获利机会减少。

（2）差异性目标市场营销战略

差异性目标市场营销战略是指企业在市场细分的基础上，选择两个或两个以上的细分市场作为目标市场，针对不同细分市场上的消费者需求，分别设计和实施不同的营销组合策略，以满足消费者需求，如图3-4所示。

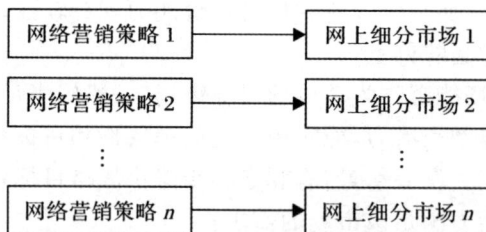

```
┌──────────────┐      ┌──────────────┐
│ 网络营销策略1 │ ───> │ 网上细分市场1 │
└──────────────┘      └──────────────┘
┌──────────────┐      ┌──────────────┐
│ 网络营销策略2 │ ───> │ 网上细分市场2 │
└──────────────┘      └──────────────┘
        ⋮                     ⋮
┌──────────────┐      ┌──────────────┐
│ 网络营销策略n │ ───> │ 网上细分市场n │
└──────────────┘      └──────────────┘
```

图3-4　差异性目标市场营销战略示意图

这种战略的优点是，考虑到消费者需求的差异性，有利于满足不同消费者的需求；有利于企业开拓市场，扩大销售，提高市场占有率和经济效益；有利于提高企业的市场应变能力。

这种战略的缺点是，在创造较高销售额的同时，也增大了营销成本，使产品价格升高，从而失去竞争优势。因此，企业在采用此战略时，要权衡利弊，即分析比较销售额增加所带来的利润与由此增加的营销成本之间的关系，进行科学决策。

这种营销战略，对于那些小批量、多品种生产的企业有较大的适应性。

（3）集中性目标市场营销战略

集中性目标市场营销战略也称密集性目标市场营销战略，是指企业集中力量进入某一细分市场，针对该细分市场设计一套营销组合策略，实行专业化生产和经营，以获取较高市场占有率的一种营销战略，如图3-5所示。

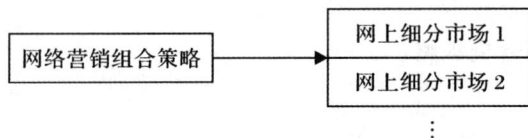

图 3-5　集中性目标市场营销战略示意图

　　这种战略的优点是,企业可深入了解特定细分市场的需求,提供有针对性的服务,有利于提高企业在所选目标市场上的地位和信誉;实行专业化经营,有利于降低成本。

　　这种战略的缺点是,企业将所有力量集中于某一细分市场,当目标市场消费者需求迅速发生变化或者出现强大竞争对手时,企业的应变能力与抗风险能力很差,有较大的经营风险,可能会使企业陷入困境,甚至倒闭。因此,采用这种战略时,选择目标市场要特别注意,谨防全军覆没。

　　这种战略主要适合于那些资源有限的小企业。

　　(4)个性化目标市场营销战略

　　个性化目标市场营销战略是指企业将每一个网上消费者都看作一个单独的目标市场,根据每一个消费者的特定需求安排一套个性化的网络营销组合策略,以吸引更多的消费者,如图3-6所示。

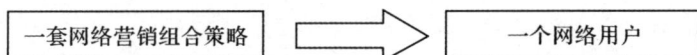

图 3-6　个性化目标市场营销战略示意图

　　实施这种战略的前提是:首先,每个网上消费者需求有着较大的差异,而且他们有着强烈满足其个性化需求的要求;其次,具有同种需求的消费者规模足够大;第三,企业具备开展个性化营销的条件;第四,个性化营销对交换双方而言都符合经济效益的要求。

　　可以说个性化目标市场营销是差异性目标市场营销的细分极限化,与无差异目标市场营销属于两个极端的方法。

　　2.选择网络目标市场营销战略应考虑的因素

　　在网络营销活动中,企业应该选择以上几种目标市场营销战略中的哪一种,既是一门科学,也是一门艺术,不能一概而论。一般来说,企业在选择网络目标市场营销战略时应考虑以下几方面的因素。

　　(1)宏观环境因素

　　①人口因素,指上网人口的特征。

　　②经济因素,指网民的收入水平与支出结构。

　　③网络营销的基本环境及其发展趋势,指基础设施、技术水平、支付手段、法律法规、市场前景等因素。

　　(2)微观环境因素

　　①企业的内部条件。

　　②产品的同质性。

　　③产品市场寿命周期。

④建立营销渠道的难易程度。

⑤竞争者的目标市场营销战略。

⑥市场的同质性。

3.4 网络市场定位

3.4.1 网络市场定位概述

1.网络市场定位的概念

所谓网络市场定位,就是根据竞争者产品在网络市场所处的位置,针对消费者或用户对该种产品某种特征或属性的重视程度,强有力地塑造出本企业产品与众不同的、给人鲜明印象的个性或形象,并把这种形象生动地传递

市场定位的概念
及策略

给顾客,从而为该产品在市场上确定适当的位置。网络市场定位是通过营销活动的策划与开展,为企业产品创造一种明显区别于竞争者的特色性差异,并把这种差异形象生动地展示给顾客,使企业产品在顾客心目中形成一种独特的、深刻的、鲜明的印象,从而形成网络市场上企业独一无二、不可替代的竞争优势。

2.定位时易犯的错误

(1)定位过于狭窄

有些企业过分强调定位于某一细分市场,从而使顾客忽视了企业在其他方面的表现。

(2)定位不明显

有些企业定位不够明显,形象模糊,使顾客认为其与其他企业并无差异。

(3)有疑问的定位

由于企业没有注意塑造品牌的整体形象,从而产生了一些矛盾的定位宣传。

(4)定位混淆

顾客对企业的品牌形象感到模糊不清。造成这种情况可能是因为企业的诉求点太多了,也可能是企业的品牌定位过于频繁。

3.4.2 网络市场定位的步骤

网络市场定位一般包括三个步骤:调查研究影响市场定位的因素;选择竞争优势与定位策略;准确地传播企业的定位观念。

1.调查研究影响市场定位的因素

适当的市场定位必须建立在深入细致的市场营销调研基础上,必须认真了解与分析影响企业市场定位的各种因素,主要分析以下几种因素。

(1)谁是企业的竞争者

一般来说,企业面临各种竞争者的挑战与市场争夺,因此,企业必须明确哪些组织是自己的竞争对手,谁是自己主要的竞争对手,竞争对手采取的营销策略是什么等问题。每个企业都需要了解目标市场上自己的竞争对手到底有哪些,这样才能打好有准备的竞争战。

（2）各竞争对手的定位状况

企业明确了谁是自己的竞争对手后，就应该了解竞争者正在提供何种产品或服务，在顾客心目中的形象如何，并估测其产品成本和经营状况。也就是说，一方面要确认竞争者在目标市场上的定位；另一方面，要正确衡量竞争者的潜力，判断其潜在的竞争优势，据此进行自己的市场定位。

（3）目标客户对产品或服务的评价

接下来企业就要明确在产品或服务的诸多因素中，顾客最关心什么，从而确定企业市场定位的依据。

（4）企业在目标市场上的潜在竞争优势是什么

明确了顾客最关心的因素后，企业还要结合竞争对手的定位状况，进一步确认自己在目标市场上的潜在竞争优势，然后才能准确选择竞争优势。

2. 选择竞争优势与定位策略

企业通过与竞争者在产品、促销、成本、服务等方面的对比分析，了解自己的优势与劣势，从而明确自己的竞争优势，进行恰当的市场定位。一般而言，企业常用的定位策略主要有以下几种。

（1）针锋相对式

针锋相对式定位策略又称竞争性定位策略，指企业选择在目标市场上与现有的竞争者相似或重合的市场位置，与竞争对手争夺同样的目标消费者。采用这种策略时，企业与竞争对手在产品、价格、分销及促销等方面实力相当，基本没有差别。例如，可口可乐与百事可乐是两家以生产和销售碳酸型饮料为主的大型企业。可口可乐自 1886 年创建以来，以其独特的味道扬名全球，使其"同胞兄弟"百事可乐在第二次世界大战前仍难以望其项背。

（2）填补空缺式

填补空缺式定位策略也叫避强定位策略，指企业尽力避免与实力较强的其他企业直接竞争，而将自己的产品定位于尚未被竞争对手占领、且有众多消费者的市场，使自己产品的某些属性或特性与较强的对手有比较明显的区别。如金利来进入中国大陆市场时，就是填补了中国男士高档衣物的空位。

（3）另辟蹊径式

另辟蹊径式定位策略是当企业意识到自己无力与同行业强大的竞争对手抗衡从而获得绝对优势地位时，根据自己的条件取得相对优势，即突出宣传自己与众不同的特色，在某些有价值的产品属性上取得领先地位，从而在目标市场上树立起一种与竞争对手具有明显差别的新产品或新服务形象。例如，美国的七喜汽水突出自己不含咖啡因的特点，不同于百事可乐和可口可乐，从而成为非可乐型饮料的领先者。

（4）重新定位策略

重新定位策略是指企业对已经上市的产品实施再定位。采用这种策略的企业必须改变目标消费者的原有印象，使其对企业建立新的认识。一般情况下，这种定位目的在于摆脱困境，使企业重新获得活力。例如，美国强生公司的洗发液由于不伤皮肤和眼睛，最初定位于婴儿市场，当年曾畅销一时。后来由于人口出生率下降，婴儿减少，产品逐渐滞销。经过分析，该公司决定重新将产品定位于年轻女性市场，突出介绍该产品能使头发松软、富有光泽等特点，从而吸引了大批年轻女性。

3. 准确地传播企业的定位观念

企业网络市场定位的最终目的是在目标市场广大网民心目中塑造一种富有个性的形象。因此,企业在定位时,必须大力开展线上线下广告宣传,把企业的定位观念准确传播给目标市场用户,从而在其心中形成独特的、印象鲜明的形象。例如,提到去头屑,人们马上会想到海飞丝;提到可乐,人们首先会想到可口可乐;提到搜索引擎,人们会想到百度;提到网上购物,人们首先想到淘宝等,这些都是企业定位成功、宣传到位的例证。

案例分析

麦包包的市场定位策略

1. 麦包包简介

意大利百年时尚箱包集团 VISCONTI 将国际时尚引入中国,投资成立"麦包包",并联手联想集团、美国 DCM 的资本共同推动中国时尚箱包行业的发展。麦包包的时尚箱包购物网站拥有众多自主时尚品牌和上万款箱包,其中浪美、卡唐、DUDU、阿尔法、飞扬空间、希夏邦马、戈尔本、薇茉等品牌尤其受到广大网友的喜爱。

2. 麦包包的市场分析

(1)市场环境分析

①中国网上零售市场的规模迅速扩大。中国的网购市场发展十分迅速,网络购物用户规模达 6.39 亿,手机网络购物用户规模达 6.22 亿。

②消费者对箱包皮具类商品的消费需求持续增加。越来越多的消费者更换箱包是因为旧的款式已经过时,而不是箱包本身损坏,因而箱包的款式不断推陈出新。箱包皮具的销售淡旺季区别不是很明显。

(2)麦包包资源优势分析

①自有品牌的产品优势。麦包包旗下拥有若干自主知识产权的品牌,花样款式也较多。麦包包组建了自己的设计团队,设计了不同风格的箱包,再经过摄影师拍照、网站模特演绎,很好地展现了产品的特质。

②多元销售渠道和营销渠道。麦包包既有独立的 B2C 网站,又借力天猫网等电子商务平台开设网店,同时有代销实体店。这种多元化的渠道销售策略帮助麦包包吸引了更多的顾客,有利于其市场份额的扩大。

③垂直一体化的产品供应链。麦包包已形成了从产品设计、生产到销售的箱包直销垂直产业链,这有利于其控制成本、积累人力资本、形成品牌效应。

④采用了 M2C(工厂到终端)系统的供应链管理模式。通过手持终端,工作人员就可了解到消费者对自己所负责环节的要求,相关信息同时会自动显示在采购、生产、仓储、物流等各个环节负责人的手持终端上。这套管理系统的核心价值就是"快速反应"。

(3)麦包包的品牌竞争

麦包包主要销售自有品牌的箱包皮具,同时代销一些品牌厂商的产品。麦包包拥有多个时尚品牌,网站销售近万款箱包品种,产品线涉及时尚、商务、休闲、户外运动等多个系列。

(4)麦包包的利基市场

利基市场是在较大的细分市场中具有相似兴趣或需求的一小群顾客所占的市场空间。麦包包的利基市场就是那些追求时尚、喜欢购买箱包皮具的网购用户。

3. 麦包包的市场定位

（1）麦包包的产品定位

麦包包的自主品牌根据不同群体进行风格定位。例如，"飞扬空间"的客户群定位为 16～26 岁的小女生，突出"可爱"元素；"浪美"则显得大牌一点，格调上会效仿一些国际名牌；"卡唐"走韩版路线，以"中性"为主要风格，消费者为 18～28 岁；"阿尔法"则崇尚经典风格，主要针对 32～42 岁的女性。

（2）麦包包的企业文化

品牌文化：快乐、时尚、阳光。

经营理念：尽一切可能为客户做好每一件事，让客户不仅感觉我们专业，更感到贴心。

服务理念：客户的需要就是我们的责任。

企业文化：有成长，有未来。

（3）品牌战略

用品质诠释经典，用时尚汇聚潮流。麦包包旗下品牌分别针对不同的目标客户。未来的麦包包将走自有多品牌的大品牌战略。

（4）品牌优势

麦包包的品牌优势包括：高性价比，品类齐全；品质保证，金牌服务；每周上新，引领时尚；24 小时发货，支持货到付款；7 天内无条件退换货。麦包包致力于打造大中华区最具价值的箱包品牌。

4. 网络营销效果

确定目标市场并综合分析竞争对手情况后，经过一系列的策划和资料准备，麦包包最终确定以 mbaobao.com 作为域名正式上线。网站整体风格简洁醒目，标题、导航栏、分类等都比较清晰，大幅的横幅广告能够吸引顾客眼球，如图 3-7 所示。

图 3-7　麦包包首页

　　麦包包网站 Logo 的设计力求简约醒目。通过循环显示的促销介绍和精美的横幅广告，吸引消费者关注新品。多角度拍摄的产品图片和模特展示图，充分展示了产品的特色，如图3－8所示。

 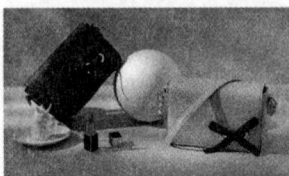 

不经意间最是迷人

花开静谧无声，但是它的芳菲会使我们忙足停留；花蕾悄然无息，或许它的那份飘逸使我们凝眉深思。岁月如花，笑着花开，如果说最能攻...女生芳心的小物愿必花朵一定榜上有名，再加

♡ 1019

"绑"住少女心

人总该长大，总该试着去成熟，放弃一些曾经你以为不可分离的东西，但使这个过程漫长且难捱，当作睡前关上的灯吧，天总是会亮的。小...候，你以为裙子只能夏天穿，冬天就必须把自己

♡ 1192

浪漫的实穿主义

简单的生活，简单的故事。我们都是平凡人，然而我们不甘平凡，想要腾得自然，难免会受伤一番。蛋子硬了，那是付出的象征，是努力的杰...作。倘若心硬了，那便是岁月的仇恨，是宿命的

♡ 1305

图 3－8　麦包包的产品展示

案例思考题

　　1.登陆 www.mbaobao.com，了解网站功能定位。
　　2.分析麦包包的市场定位考虑了哪些因素。
　　3.分析麦包包网络市场定位的意义。

思考题

　　1.简述网络消费者的需求特征。
　　2.网络消费者购买动机中的心理动机主要体现在哪些方面？
　　3.网络消费者的购买过程可分为哪几个阶段？
　　4.简述网络市场细分的步骤。
　　5.企业常用的定位策略有哪几种？

第4章

网络营销品牌策略

本章概要

　　本章介绍了网络品牌的定义、特点和发展,传统企业建设品牌的误区,网络品牌建设的法则和途径。重点讲解域名品牌策略和网站品牌策略。

学习目标

- 理解网络品牌的定义、特点。
- 理解传统企业建设品牌的误区。
- 掌握网络品牌建设的途径。
- 掌握域名品牌策略、网站品牌策略。

4.1　网络品牌概述

4.1.1　网络品牌的定义

　　世界著名广告大师大卫·奥格威(David Ogilvy)就品牌曾作过这样的解释:"品牌是一种错综复杂的象征,它是商品属性、名称、包装、价格、历史声誉、广告方式的无形总和。品牌同时也因消费者对其使用的印象,以及自身的经验而有所界定。"

　　网络品牌主要指企业注册的通用网址的域名与企业名称一起构成的企业品牌,它是一种无形资产。广义的网络品牌是指企业、个人或者组织在网络上提供的产品或者服务在人们心目中树立的形象。网络品牌有两个方面的含义:一是通过网络手段建立起来的品牌;二是在网络影响下的线下已有品牌。两者在品牌建设和推广方式的侧重点上有所不同,但目标是一致的,都是为了企业整体形象的创建和提升。

4.1.2　网络品牌的特点

1.网络品牌是网络营销效果的综合表现

　　网络营销的各个环节都与网络品牌有直接或间接的关系,因此,可以认为网络品牌建设和维护存在于网络营销的各个环节,从网站策划、网站建设,到网站推广、顾客关系维护和在线销售,无不与网络品牌相关。网络品牌是网络营销综合效果的体现,如网络广告策略、搜索引擎营销、供求信息发布等各种网络营销方法均对网络品牌产生影响。

2.网络品牌的价值体现为顾客的忠诚度

正如菲利普·科特勒(Philip Kotler)在《营销管理》一书中所言,"每一个强有力的品牌实际上代表了一组忠诚的顾客",网络品牌的价值也就意味着企业与网络用户之间建立起来的和谐关系。建立网络品牌是提高用户忠诚度的一种手段,因此有效形成良好顾客关系的网络营销方法,对网络品牌的塑造同样是有效的。如集中了相同品牌爱好者的网络社区,网站的电子刊物、会员通讯等都是建立网络品牌的有效渠道。

3.网络品牌体现了为用户提供的信息和服务

Google(谷歌)是成功的网络品牌之一,当我们提到 Google 这个品牌时,头脑中的印象不仅是那个非常简单的网站页面,更主要的是它在搜索方面的优异表现。Google 可以给我们带来满意的搜索效果。可见有价值的信息和服务才是网络品牌的核心内容。

4.网络品牌建设是一个长期的过程

与网站推广、信息发布、在线调研等网络营销活动不同,网络品牌建设不是通过一次活动就可以完成的,不能指望获得立竿见影的效果。从这个角度也可以说明,网络营销是一项长期的策略,短期目标并不能全面衡量营销效果。

4.1.3 网络品牌的发展

网络品牌营销经历了三个阶段,即品牌的传统营销、品牌的网络营销和品牌的服务营销。

1.品牌的传统营销

在市场营销中,营销组合框架已经由 4P、4C 发展到 4R,即关联(relevancy)、反应(reaction)、关系(relationship)、报酬(reward),这反映了营销理论在新的条件下不断深入整合的变革趋势。4P 是营销中最关键的组合因素,要求企业满足客户需要;4C 让企业忘掉产品,研究客户的需要和欲望;4R 让企业与客户建立紧密的联系,提高客户忠诚度。在网络品牌营销时代,消费者对品牌的满意度是企业发展的重要环节,当消费者满意时,就会对品牌保持长时间的忠诚度。这种忠诚度一旦形成,就很难接受其他品牌的产品。

品牌企业要想不断获得和保持竞争优势,必须构建高品位的营销理念。如整合营销传播的方法(广告、公关、促销),提升品牌价值;通过市场细分,提升品牌的营销层次。品牌的形成并非一朝一夕完成的,品牌的打造只有经过日积月累才能走向成功。

2.品牌的网络营销

对于传统企业来说,网络营销一般从建立网站开始,但企业的品牌形象在建立网站之前就已经确立了。英特尔总裁安迪·葛洛夫(Andy Grove)曾说:"5 年后将不再有互联网公司,因为所有公司都将是互联网公司。"这说明网络已经不仅仅用于介绍公司概况、收发 E-mail,而是进入了深层次的应用,网络品牌营销是企业经营方式的重大变革。例如,网上商店既可以为企业扩展销售渠道提供便利的条件,又可以增加客户的信任度,塑造企业的品牌。

对于网络企业来说,企业的品牌形象是从网站开始的,网站在一定程度上代表着企业的品牌。如阿里巴巴是全球 B2B 电子商务的著名品牌,任何人或企业都可以在这里找买家、建公司、看商情、参展会。作为目前全球最大的网上交易市场和商务交流社区,阿里巴巴汇集了200 多个国家和地区的众多专业买家,每天发布千万条的买家求购信息,是个永不落幕的网上广交会。

需要指出,在电子商务和网络营销还没有在全球得到充分发展的今天,网络作为新兴的虚拟市场,它的覆盖面只是世界市场的一部分,许多消费者还不能接受或使用网络沟通方式;许多发展中国家,特别是最不发达国家,仍然是采用传统的营销渠道。因此,品牌培养与品牌营销应在传统渠道和网络渠道的基础上谋求发展,传统营销与网络营销也要在实践中逐步整合。

3. 品牌的服务营销

在现代营销环境中,没有服务就没有网络品牌营销,这已经是不争的事实。许多行业大品牌致力于以优良的服务取得市场竞争优势,向消费者提供经济实用、安全可靠的优质产品是企业生存和发展的前提条件。虽然科技发展使得产品质量越来越高,但是做到万无一失目前尚无良策。因而,有效地处理顾客投诉,及时补救失误等售后服务措施成了保护消费者权益的最有效途径。

美国学者的研究表明,如果投诉没有得到企业的重视,2/3 的顾客会转向该企业的竞争对手;如果投诉最终得到了解决,大约 70％的顾客会继续选择该企业;如果投诉得到了妥善、及时的解决,这一比例会上升到 95％。可以说,售后服务是保护消费者权益的最后防线,是处理企业失误或顾客投诉的重要补救策略。投诉正如一剂清醒剂,为企业做好售后服务敲响警钟。

4.2 网络品牌建设

4.2.1 传统企业建设品牌的误区

随着人们物质生活水平的不断提高,消费者开始追求所谓“品牌”。为了追求更大的经济利益,商家们开始关注市场的需要,把更多的精力投入到品牌的创造中。品牌的地位不断上升,但中国的一些中小企业,由于缺乏技术与经验,他们在创造品牌时存在以下几个方面的问题。

1. 将知名度与高价值品牌画上了等号

一些中小企业以为一个拥有了知名度的品牌等同于高价值品牌,其实这种想法是错误的。知名度只是构成品牌价值的一个条件。这种错误的认识导致不少企业一味追求成名,结果赚不到钱。这就是因为对品牌理解不够深,定位不准确。

2. 产品销售大于品牌建设

据了解,很多企业领导都认为,把产品销售好是最重要的,品牌强不强是无关紧要的事情,其实这种想法大错特错。事实是现在市场上相互竞争的同类产品繁多,它们的性能、质量基本上都没有什么区别,在销售方面只能在价格上下功夫,效果自然有限。举个例子,vivo 手机已经在消费者心中树立起了自己独特的品牌形象,它不仅在手机这个行业扩大产品差异,还进一步提高了竞争优势。所以,重视品牌就是重视客户这句话说的不是没有道理。

3. 欠缺长期系统化品牌建设

要想建设一个好的品牌,不只需要宣传、推广和付出艰辛的努力,关键是坚持,就是长期系统化的建设,要有一套长期稳定的管理系统。

4.2.2 网络品牌建设的法则

传统企业把大量的钱投在大众媒体广告和无序的线下推广方式上,这对于网络企业的品牌塑造作用微乎其微。网络品牌的塑造，必须使用一套迥然不同于传统企业品牌的方法。根据多年来对网络企业的服务经验和深入观察，我们总结出以下网络品牌建设的法则。

1. 把品牌变成可记忆、易于传播的符号

网络产业不同于传统产业，传统产业都会有具体的产品，因此传统产业的品牌塑造很大程度上都是在产品基础上进行的。而网络企业的产品基本上是无形的，是一种服务，是消费者看不见摸不着的。因此对于网络企业来说，必须创造一个非常特别的品牌记忆符号，才能让消费者形成实在的感知。比如 Google，其强烈的品牌记忆符号就是每逢特别节日，网站的 Logo 会变成节日卡通形象。节日 Logo 已经成为 Google 品牌文化重要的一部分。

2. 把产品体验生动化、娱乐化

正因为网络产品都是虚拟的，因此，强化网民对网络产品的体验尤为重要。比如把产品的使用过程变成用户可感知的故事。百度推广其搜索引擎时，就杜撰了一个"小度"和"白依依"的爱情故事，并且让网友自发续写故事，从中感知其产品。再如淘宝网采用不同营销方式深度推广，将影片中的明星道具全部搬到淘宝网上拍卖，使用户得到很好的体验。

3. 要学会借势，不能借势就自己造势

网络企业要想让自己的品牌迅速成长，一定要学会借势，时刻注意跟踪社会上的文化热点、娱乐热点、体育热点，让紧贴社会热点的品牌传播活动激起市场的多元化反应。最懂得借势和造势的非淘宝网和雅虎莫属。淘宝网诞生伊始，就给当时中国国内 C2C 网站带来冲击，它宣布"淘宝网将永远免费"，以至于后来 eBay 收购易趣后，跟三大门户网站签定了排他性广告协议封杀淘宝网。然而就是这一轮封杀，让淘宝网开辟了一条截然不同的品牌建设之路。淘宝网将视线转移到"娱乐营销"，通过与各种热门大片的合作，从《韩城攻略》到《天下无贼》再到《头文字 D》，淘宝网赚足了人气和风头，也吸引了很多用户到淘宝网开店。

还有一个造势专家就是天涯，除了天涯本身的众多明星帖子为其挣足了人气之外，"天涯域名被前员工劫持"就是一出精心策划的造势大戏。天涯在各大网站上发布"天涯域名被前员工劫持"的消息，宣称"启动新域名 www.tianya.cn"。一时间各大网站纷纷开辟专栏追踪报道此事，让天涯换域名的消息充斥了整个网络，天涯更换域名的消息通过一个特别另类的方式传播了出去。此后当然是天涯和前员工握手言和不了了之。

4. 创造需求比寻找心理区隔更加重要

网络品牌建设，尤其是价值建设极为重要，但这不是靠过去的所谓消费者心理差异化诉求来实现的。所有真正成功的网络企业品牌，都不是从消费者的现有心理中找一个差异点来构建品牌，而是通过某种技术的改造和创造，通过某种信息模式的重组，给消费者一个全新的体验。这种品牌建设法不是在简单地取悦或者满足消费者，而是在创造需求。

Google 之所以能够成为市值极高的互联网公司，就是因为它一直把创造客户需求放在首位，通过对自身搜索技术和搜索产品的升级，不断地推陈出新。从 G-mail 到视频搜索、本地搜索，Google 的每一个新产品的推出都能对整个行业带来冲击。Google 从来未曾推出过一个广告来试图建立自己的心理区隔和品牌形象，然而它不断通过新产品、新技术的推广创造客户需求。消费者从 Google 产品中体验到了无限创意，Google 在潜移默化中就形成了世界上最开放、最具有创意、不断颠覆传统的品牌形象。

品牌建设法则

5. 忘记大众传播,让网民主动传播

传媒和传播方式正在发生改变,每个企业、每个个人都在成为媒体。在不远的将来,每个企业都会变成媒体,而且是一个完整的媒体。每个人也都是媒体,只要这个人在用手机、看电视,或者上网,都可以成为一个媒体。未来不是一个大媒体面对无数受众,这种模式会瓦解,而是无数的媒体与无数的受众的相互交织和交流。未来的广告将走向点播式和主动传播式,控制权完全掌握在消费者手中。

"个人传媒时代"的诞生,使受众对大众传播的免疫力逐日增强,网民们口口相传成为网络企业塑造品牌的重要手段。比如百度,一直都是以"口碑传播"作为其传播的主要原则,特别是 2008 年底所发布的 4 个网络小电影,完全颠覆了传统广告的特征,只是依靠网民自发传播,并且网民会自觉地根据小电影的内容去自发组织传播的信息,从而引发了更大范围的传播。从某种意义上说,传播由网民们 DIY 而成,所以这种主动式传播所带来的深层传播效果就不言而喻了。

4.2.3　网络品牌建设的途径

网络品牌通常并不是独立存在的。与多种网络营销方法都有助于网站推广的效果一样,网络品牌往往也是多种网络营销活动所带来的综合结果。网络品牌建立和推广的过程,同时是网站推广、产品推广、销售促进的过程,所以有时很难说哪种方法是专门用来推广网络品牌的。在实际工作中,许多网络营销策略通常是为了促进网络营销的综合效果,而不仅仅是为了提升网络品牌的影响力。因此,从各种主要的网络营销方法入手,发现其对网络品牌建设的特殊作用,可以归纳出建立和推广网络品牌的七种主要途径。

1. 企业网站中的网络品牌建设

企业网站建设是网络营销的基础,也是网络品牌建设和推广的基础。在企业网站中有许多可以展示和传播品牌信息的机会,如网站上的企业标识、网页上的内部网络广告、网站上的企业介绍和企业新闻等有关内容。

企业网站所必不可少的要素之一——域名与网络品牌之间也存在密切的关系。由于英文(或汉语拼音)域名与中文品牌之间并非一一对应的关系,使得域名并不一定能完全反映网络品牌,这是中文网络品牌的特点。这也为网络品牌推广带来一定的麻烦,同时出现了域名保护问题。尽管从用户访问网站的角度来看,一个域名就够了,但实际上,由于域名有不同的后缀(如. com、. net、. cn、. biz 等),以及品牌谐音的问题,为了不至于造成混乱,对一些相关的域名采取保护性注册是有必要的,尤其是知名企业。但过多的保护性注册增加了企业的支出,这些网络品牌资产虽然也有一定的价值,但却无法转化为收益。

2. E-mail 中的网络品牌建设和传播

由于市场工作的需要,营销部门每天都可能会发送大量的 E-mail,其中有一对一的顾客服务邮件,也有一对多的产品推广或顾客关系信息。通过 E-mail 向用户传递信息,也就成为传播网络品牌的一种手段。

E-mail 的组成要素包括发件人、收件人、邮件主题、邮件正文内容、签名档等。在这些要素中,发件人信息、邮件主题、签名档等都与品牌信息直接相关,但往往是容易被忽略的内容。正如人们在打开传统信函之前首先会看一下发信人信息一样,E-mail 中的发件人信息同样重要。如果仅仅是个人名字缩写而没有显示企业邮箱信息的话,将会降低收件人的信任程度。如果发件人使用的是免费邮箱,那么收件人很可能在阅读之前随手删除,可见使用免费邮箱对于企业品牌形象有很大的伤害。正规企业，尤其是有一定品牌知名度的企业，在此类看似比较小的问题上不能掉以轻心。下面是在 E-mail 中传播网络品牌信息时值得重视的一些要点：

①设计一个含有企业品牌标志的 E-mail 模板（其作用就像邮政信函中使用的有企业品牌标志的公文纸和信封一样），还可以根据不同的部门或者不同接收人的特征进行有针对性的设计，也可以为专项推广活动进行专门设计；

②E-mail 要素应完整，并且体现出企业品牌信息；

③为 E-mail 设计合理的签名档；

④企业对外联络的 E-mail 格式要统一；

⑤在发送电子刊物和会员通讯时，应在邮件内容的重要位置出现企业品牌标识。

当然，利用 E-mail 传递营销信息时，邮件内容是最基本的。如果离开了这个基础，再完美的模板和签名档也发挥不了应有的作用。因此，品牌信息是产品促销、顾客服务等网络营销信息的附属内容，只有在保证核心内容的基础上才能获得额外效果。

3. 网络广告中的网络品牌推广

网络广告的作用主要表现在两个方面，即品牌推广和产品促销。相对于其他网络品牌推广方法，网络广告在网络品牌推广方面具有针对性和灵活性的特点，可以根据营销策略的需要设计和投放相应的网络广告。如根据不同节日设计相关的形象广告，并采用多种表现形式投放于不同的网络媒体。利用网络广告开展品牌推广可以是长期的计划，也可以是短期的推广，如针对新年、情人节、企业年庆等特殊节日的品牌广告。

4. 搜索引擎营销中的网络品牌推广

搜索引擎是用户发现新网站的主要方式之一，用户通过检索某个关键词在结果中看到的信息，是对一个企业/网站品牌的第一印象，这一印象的好坏决定了这一品牌是否有机会进一步被认知。可见，网站被搜索引擎收录并且在搜索结果中排名靠前，是利用搜索引擎推广网络品牌的基础。这也说明，搜索引擎的品牌营销是基于企业网站的营销方法。

利用搜索引擎进行网络品牌推广的主要方式包括搜索引擎优化、关键词广告等常见的搜索引擎营销方式。这种品牌推广手段通常并不需要专门进行，而在制定网站推广、产品推广的搜索引擎策略的同时考虑网络品牌推广的需求特点，采用"搭便车"的方式即可达到目的。这对搜索引擎营销提出了更高的要求，也提高了搜索引擎营销的综合效果。

5. 用病毒性营销方法推广网络品牌

病毒性营销对于网络品牌推广同样有效。例如，Flash 幽默小品是很多上网的用户喜欢的内容之一，一则优秀的作品往往会在很多同事和网友中相互传播。在这种传播过程中，浏览者不仅欣赏了画面中的内容，也会注意到该作品所在网站的信息和创作者的个人信息，这样就达到了品牌传播的目的。除此之外，常见的病毒性营销的信息载体还有免费 E-mail、电子书、节日电子贺卡、在线优惠卷、免费软件、在线聊天工具等。

6. 提供电子刊物和会员通讯

电子刊物和会员通讯都是许可 E-mail 营销中内部列表的具体表现形式，这种基于注册用户 E-mail 传递信息的手段对于顾客关系和网络品牌的建立都有显著的效果。电子刊物的网络营销价值非常显著，甚至超过了网站本身。订阅了电子刊物的用户不需要每天浏览网站，便可以了解到企业的有关信息，这对于建立企业品牌形象和增进顾客关系都具有重要价值。但是，即使是用户自愿订阅的邮件列表，也不可能达到 100% 的阅读率，有些用户虽然还在列表上,对于收到的邮件也不一定阅读。调查表明,大约27%的邮件从未被用户打开,被完全阅读的邮件只有23%,其他50%的邮件只是部分被阅读,或者简单浏览一下。实际上很多中小企业并没有能力应用许可E-mail营销原理和方法,只有部分电子商务公司和大型企业才能将内部列表的价值充分挖掘出来。

7.建立网络营销导向的网络社区

网络社区营销已经逐渐成为过时的网站推广方法,但网络社区的营销价值并没有消失,尤其是建立企业自己的网络社区,如论坛、聊天室等。企业建立网络社区,对于网络营销的直接效果是有一定争议的,因为大多数企业网站访问量本来就很小,参与社区活动并且重复访问者更少,因此网络社区的价值便体现不出来。但对于大型企业,尤其是有较高品牌知名度,并且用户具有相似特征的企业来说就不一样了。如大型化妆品公司、房地产公司和汽车公司等,由于有大量的用户需要在企业网站获取产品知识,并与同一品牌的消费者相互交流经验,这时网络社区对网络品牌价值的提升作用就表现出来了。

这里需要指出的是,网络社区建设并不仅仅是一个技术问题,也就是说,建立网络社区的指导思想应明确,是为了建立网络品牌、提供顾客服务,以及增进顾客关系。更重要的是,对于网络社区要有合理的经营管理方式,一个吸引用户关注和参与的网络社区才具有网络营销价值。

除了上述几种建立和传播网络品牌的方法之外,还有多种对网络品牌传播有效的方法,如发布企业新闻、以企业为背景的成功案例等。与线下的企业品牌建设一样,网络品牌的建立不是一蹴而就的事情,要充分认识网络品牌的价值,并在各种有效的网络营销活动中兼顾网络品牌的推广。

4.3　域名品牌策略

4.3.1　域名品牌策略的定义

域名是一种用来区分网络上的计算机的系统。域名作为网络数据交换时的唯一标志,随着网络在商务贸易中的应用,发展成为商业往来和交易的识别标志,越来越成为网络营销中重要的策略性资源。认识并重视域名的营销功能和商业价格,在企业的网络营销活动中有着深远的意义。

域名策略指域名确定、域名启用、域名的推广宣传等。从营销和塑造企业形象的角度看,域名在某种意义上与商标有着同样重要的作用。域名是企业在网上的名称,一个富有寓意、易读易记、具有较高知名度的域名无疑是企业的一项重要的无形资产。域名被视为企业的"网上商标",是企业在网上进行商业活动的前提与基础。所以,域名的命名、设计与选择必须审慎从事,否则不仅不能充分发挥网站的营销功能,甚至还会对企业的网络营销产生不利的影响。

4.3.2 域名品牌内涵

1.网络域名的商业作用

网上的商业应用将传统的以物质交换为基础的交易带入以信息交换替代物质交换的虚拟

交易世界,由原来的具体物理层次上的物质交换上升为基于数据通信的逻辑层次上的信息交换。这种基于信息交换的网上虚拟市场同样需要交易双方进行协商和参与。因此网上市场虚拟交易主体双方的选择和协商等行为依然存在,只是实现这些行为的媒体发生变化,减少了双方选择和协商的交易成本而已。随着网上商业规模的增加,交易双方的选择范围增大,交易概率随之减少,因此网上同样存在如何被识别和选择以增加交易概率的问题,以及如何提高用户忠诚度的问题。

传统的解决问题的办法是借助各种媒体树立企业形象,提高品牌知名度。通过在消费者中树立企业形象来促使其购买企业产品,企业的品牌就是消费者进行识别和选择的依据。企业在网上进行商业活动,由于域名是企业站点联系地址,是企业被识别和选择的依据,因此提高域名的知名度也就是提高企业站点知名度,有利于增加企业被识别和选择的概率。域名是在虚拟网上市场环境中进行商业活动的标识,所以必须将域名作为一种商业资源来管理和使用。也正因为域名具有商标特性,使得某些域名已具有潜在价值。如以 IBM 作为域名,使用者很自然地联想到 IBM 公司,联想到该站点提供的服务或产品具有 IBM 公司一贯承诺的品质和价值。

2. 商标的界定与域名商标的商业价值

根据美国市场营销协会(AMA)定义,商标是一个名字、术语、标志、符号、设计或者它们的组合体,用来识别某一销售者或组织所营销的产品或服务,以区别于其他竞争者。商标从本质上说是用来识别销售者或生产者的一个标识。依据商标法,商标拥有者享有独占权。另一方面,商标还携带一些附加属性,它可以给消费者传递使用该商标的产品所具有的品质信息,是企业形象在消费者心里定位的具体依据。可以说商标是企业形象的化身,是企业品质的保证。

网上的明星企业网景(Netscape)公司和雅虎(Yahoo)公司,由于提供的 WWW 浏览工具和检索工具享有极高的市场占有率和影响力,成为网上用户访问最多的站点之一,其域名成为网上最著名的域名之一。由于域名和公司名称一致,公司在用户中确立了具有很高影响力的形象。因此,域名的知名度和访问率就是公司形象在网络商业环境中的具体体现,公司商标的知名度和域名知名度在网络上是统一的。域名的作用从计算机网上通信标识,提升为从商业角度考虑的企业的商标资源,与企业商标一样,它的商业价值是不言而喻的。

4.3.3 域名的设计

策划、设计一个域名,一般要考虑以下几个方面的问题。

1. 按照国际标准选择顶级域名

一般来讲,域名分为地区域名和国际域名。从功能上讲,这两类域名没有任何区别。在注册费用上,国内域名要比国际域名收费低 50% 左右。从实际使用的角度来讲,到底注册哪类域名,取决于企业开展业务涉及的地域范围、目标用户的居住地,以及企业业务发展长远规划涉及的区域等因素。如果企业的业务大部分都是跨国界的,就应该考虑注册国际域名,或者同时注册国际域名和国内域名,这样就可以保证国内、国外用户能较容易地通过网络获得企业及产品信息。

2. 处理好域名与企业名称、品牌名称及产品名称的关系

从塑造企业线上线下统一的形象和网站推广的角度来说,域名可以采用企业名称、品牌名称或产品名称的中英文字母,这既有利于用户在线上线下不同的营销环境中准确识别企业及其产品与服务,也有利于线上营销与线下营销的整合,使线下宣传与线上推广相互促进。目前大多数企业都采用这种方法。

3. 域名要简单、易读、易记、易用

域名要易读、易记、易识别,因而应当简短、精练,便于使用。用户上网通常是通过在浏览器地址栏内输入域名来找到企业网站的,所以域名作为企业在网上的地址,应该便于用户直接与企业站点进行信息交换。简单、易记的域名更便于用户访问企业的网站。如果域名过于复杂,很容易造成拼写错误,无形中增加了用户访问企业网站的难度,会降低用户使用域名访问企业网站的积极性和可能性。

4. 域名要具有国际性

由于网络的开放性和国际性,用户可能遍布全世界,只要能上网的地方,就可能会有人浏览到企业的网站,从而对企业的产品产生兴趣,进而成为企业的潜在用户。所以域名的选择必须能使国内外大多数用户容易识别、记忆和接受。目前,网上的通用语言是英语,所以域名最好用英语,而网站内容则最好能用中英文两种语言。例如,雅虎为了成为国际性品牌,在全球建立了 20 多个有地方特色的分站。

5. 域名要有一定的内涵或寓意

企业网站域名的命名与设计不能随心所欲,要结合并反映本企业所提供产品或服务的特性;能反映企业网站的经营宗旨;寓意深远,富有创意等。

6. 域名注册要及时

按照国际惯例,域名申请注册遵循"先申请,先服务"的原则。所以设计好域名后,应立即申请注册,以防止被别人抢注,保护自己的未来收益。域名和商标相比具有更强的唯一性。

7. 域名要符合相关法规

设计与注册域名还要注意符合相关法规。2017 年 8 月工业和信息化部发布的《互联网域名管理办法》(2017 年 11 月 1 日起施行)第二十八条规定,任何组织或者个人注册、使用的域名中,不得含有下列内容:

①反对宪法所确定的基本原则的;
②危害国家安全,泄露国家秘密,颠覆国家政权,破坏国家统一的;
③损害国家荣誉和利益的;
④煽动民族仇恨、民族歧视,破坏民族团结的;
⑤破坏国家宗教政策,宣扬邪教和封建迷信的;
⑥散布谣言,扰乱社会秩序,破坏社会稳定的;
⑦散布淫秽、色情、赌博、暴力、凶杀、恐怖或者教唆犯罪的;
⑧侮辱或者诽谤他人,侵害他人合法权益的;
⑨含有法律、行政法规禁止的其他内容的。
这些都是设计、注册域名时需要注意的问题。

4.3.4　企业域名品牌管理

域名品牌的管理主要是针对域名对应站点内容的管理,因为消费者识别和使用域名是为了获取有用信息和服务,站点的页面内容才是域名品牌的真正内涵。站点必须有丰富的内容和服务,否则再多的访问者可能都是过眼云烟,难以真正树立域名品牌的形象。要保证域名的被访问频率高,必须注意下面几点。

1. 信息服务定位

域名作为商标资源,必须与企业整体形象保持一致。网站提供的信息服务必须和企业发展战略相整合,避免有损企业已建立的形象和定位。

2. 内容的多样性

丰富的内容才能吸引更多用户,才有更大的潜在市场。一般可以提供一些与企业相关联的内容或站点地址,使页面具有开放性。还必须注意内容的多媒体表现,采取生动活泼的形式提供信息,如声音、文字和图像配合使用。

3. 时间性

页面内容应该是经常变动的,用户没有回头访问固定内容的必要。这一点非常重要,因为企业大部分收益是由相对固定的消费群体的消费实现的。

4. 速度问题

网络用户可以选择浏览的网站很多,因此对某站点的等待时间是极其有限的。如果在一定时间内网站未能提供有效信息,用户将毫不犹豫地选择另一站点。因此,企业网站的首页一般应设计得简洁些,以便用户可以很快查看到内容,不用等待太久。

5. 国际性

由于网站访问者可能来自国外,企业提供的信息必须兼顾国外用户。一般对于非英语国家,企业网站都提供两个版本,一个是母语,另一个是英语,供用户查询信息时选择使用。

4.3.5 企业域名品牌发展

提高站点内容的丰富性和服务性,还必须注重域名及站点的发展问题,以尽快发挥域名的商标特性和站点的商业价值,避免出现影响企业形象的有关域名站点问题。创建网上域名品牌其实与建立传统品牌的方法大同小异。

1. 多方位宣传

域名是一个符号和标识,企业在开始进入网络时,域名还鲜为人知,这时应善用传统媒体进行宣传,并舍得花广告费,让域名有机会被更多人知晓。此外,可以建立相关链接扩大域名知名度。

2. 通过产品本身的品质和顾客的使用体验来建立品牌

这一点对域名品牌格外重要。广告在顾客内心激发出的感觉,固然有建立品牌的效果,却比不上网友在网站上体会到的整体浏览或购买感受。如戴尔电脑让顾客在线上根据个人需求订制电脑,雅虎提供一系列的个人化工具。

3. 利用公关造势建立网上品牌

创建网上域名品牌其实与建立传统品牌的方法大同小异,这对新兴网站非常重要。还记得"兽兽""贾君鹏""犀利哥"等网络名人吗?这些大多都是网络公关公司炒作出来的,公关公司从"贾君鹏"这个名字得到了六位数的报酬,委托公司获得的利益可想而知。

4. 遵守约定规则

网络开始是非商用的,因而形成费用低廉、信息共享和相互尊重等原则。商用后企业在网上所提供的服务最好是免费的或者费用非常低廉,发送信息时应遵守道德规范,未经允许不能随意向顾客发送消息,因为可能会引起顾客反感。

5. 持续不断地塑造网络品牌形象

一些年轻的网络企业快速建立起品牌,但想要成为网上的可口可乐或是迪士尼,则需要长久的努力与投资。在瞬息万变的网络世界中,只有掌握住这个不变的定律,才能建立起永续经营的基石。

4.4　网站品牌策略

20 世纪 90 年代初开始,飞速发展的国际互联网促使网络技术的应用快速增长,世界各大企业纷纷上网提供信息服务和拓展业务范围,积极改组企业内部结构和发展新的营销方法。21 世纪网络技术的发展改变了信息的分配和接收方式,改变了人们生活、工作、学习、合作和交流的环境,企业也必须积极利用新技术变革经营理念、经营组织、经营方式和经营方法,搭上技术发展的快速便车飞速发展。而网络品牌营销是适应网络技术发展与信息网络时代社会变革的新生事物,应将企业网站品牌竞争力的提升当作系统工程来运作,通过增强品牌意识、准确定位、设计个性鲜明的 Logo 和版面、开展适当的品牌形象推广活动等手段来对网站的品牌进行整合营销,从而树立具有强大生命力的企业网站品牌。

4.4.1　企业网站品牌营销的困境

目前,国内大多数的企业网站都缺乏品牌观念,主要表现在以下几方面。

1. 企业网站数量剧增,网站内容趋同化

面对全球化与信息化的市场竞争,企业拥有自己的网站是市场对企业的基本要求。网站作为消费者与企业之间交互的一个平台,同传统媒介相比,对用户更具有亲和力与吸引力,它可以帮助企业与消费者建立更亲密、更稳固的联系。由此,网站已成为现代企业的重要组成部分。虽然我国企业网站建设数量每年在急剧增长,但面对过度信息市场环境,大部分企业网站建设的目的不明确、思路不清晰、定位不准确,很多企业网站形同虚设,网站功能简陋,网站内容简单且更新迟缓。

2. 网民访问网站渐呈偏好性

在过度信息市场环境下,网民都是有目的地上网。从目前的状况来看,大部分人的网络访问习惯是稳定的。人们对网站呈现出一定的偏好性,哪家企业网站有良好的顾客服务,哪家企业网站就有生机勃勃的商业模式。在同等条件下,顾客显然对榜上有名的网站忠诚度更高。因此,企业网站进入了顾客认知识别、点击浏览和潜在购买的过度竞争形态,网站如同企业的其他产品一样也呈现同质化竞争的态势。在过度信息市场环境下,企业网站如何从众多网站中脱颖而出,吸引消费者浏览,并把他们对网站的注意力转化为对企业的忠诚度,关键要依靠企业网站品牌的吸引力和聚合力。

3. 网站的外观设计缺乏个性,品牌差异化意识薄弱

网站是一个直接与顾客交流的平台,外观设计的好坏直接影响访问者的注意力,是引起顾客注意、知晓并主动点击页面的关键所在。尽管许多企业都建设了自己的网站,但网站建设的目的、目标受众均不明确,无法反映出完整、清晰的企业形象,突显了品牌差异化意识薄弱。

4. 营销的目标不明确且手段单一

现在国内很多企业网站都缺乏有效的营销方式和策略，主要体现在：

①网站的基本任务不明确、经营方向模糊，这直接导致营销策略的制定缺乏目标性，很难达到有针对性的营销效果；

②营销方式缺乏新颖性，主要表现在一味地复制他人的成功案例，很少与自身实际情况结合，在一些媒体上做广告也是千篇一律，很难展现出企业网站的独特性。

从上述两方面来看，企业网站的营销效果很难体现出来，并且浪费了人力和财力，再加上本来就缺少资金，因而网站的品牌营销更是举步维艰。

5. 网站内容核心理念的缺乏

企业网站的页面内容一般包括企业理念、企业简介、企业新闻、企业文化、顾客互动等。事实上，在我国的门户网站中，只有极少数网站设立了企业理念、企业责任、企业文化等栏目，绝大多数的门户网站一般仅设置了企业简介、企业业务、企业新闻等栏目。这并非是网站设计者们无法解决的技术问题，它反映了我国的很多门户网站在网络营销中过于追求利益、业务性明显的短视特征。同时，网站设计中缺乏客户沟通与客户互动环节，传播单向化，缺乏人性化设计，无法发挥网站的沟通优势，品牌更无从谈起。

6. 缺乏有效管理状态下的无序经营

通过与国内外一些经营出色的网站的对比，可以发现我国的许多网站都疏于必要的维护与管理，缺乏专业的网站管理人员。同时，这些网站还会因为资金缺乏、人力欠缺等原因，无法进行广泛的网站宣传。企业通常是向服务商购买几个搜索引擎登录和竞价排名服务，推广方式单一，很难通过网络营销得到实际收益。因此，品牌形象推广往往陷入资金短缺的恶性循环中。

4.4.2　网站品牌营销策略分析

1. 企业网站品牌营销中的顾客服务策略

在网络时代，顾客忠诚度对于企业的发展是至关重要的，它能够使企业降低成本、集中精力、树立良好形象，并消除信息透明化带来的负面影响。而顾客忠诚度的培育离不开企业的服务质量，从顾客的需要出发，诚心诚意地为顾客服务，才能获取顾客的信任。一般来说，企业每五年就会流失一半的顾客。网络营销有一项很大的优势是企业不必花很多钱就可以提高顾客忠诚度。借助网络技术，企业可以建立顾客的资料数据库，将曾经购买过企业产品的顾客，以及未来可能购买产品的潜在顾客的相关资料存入其中，通过数据挖掘等技术探寻顾客的消费需求和消费心理，如顾客回头率的统计和测算、顾客购买动机的调查和分析等。开展网络营销的企业必须经常了解前来购买商品的顾客为何而来，这样才能有的放矢地调整自己的产品、服务和宣传方式，以更好地适应目标顾客的真正需要，培育顾客的忠诚度。然后根据大多数顾客或优质顾客的主要购买动机来调整企业的产品、服务或宣传策略，使企业的产品和服务真正满足顾客的需要。这样，企业和顾客之间能形成一种良好的合作伙伴关系，促使企业的顾客成为忠诚的顾客。

2. 企业网站品牌营销推广策略

（1）与搜索引擎结合，提高网站知名度

根据中国互联网络信息中心的调查，有 82.2% 的网民是通过使用搜索引擎得知新的网站,因此企业网站的品牌推广可以以搜索引擎登陆及竞价排名作为切入点和着力点。利用搜索引擎主要通过以下几个方式来提升网站的品牌效益。

①赞助商式,主要以 Google 为代表,是由广告主购买与自己企业产品和服务相关的关键词,从而成为搜索引擎的"赞助商"。当信息搜索者输入的关键词与广告主选择的关键词完全匹配时,广告才呈现在用户面前,搜索者是对产品或服务感兴趣的潜在用户。

②竞价排名,以百度为代表,是向搜索引擎购买属于企业的产品关键词,即产品或服务的具体名称,如果多家企业同时竞买一个关键词,则搜索结果按照每次点击竞价的高低来排序。

③自助式,企业可以研究搜索引擎的算法机制,通过企业网站网页的优化、链接的建立、信息的发布等免费方式提高网站在各大搜索引擎返回页面的排名。不过这需要以较强的网络技术为基础。如果遵循其原则,通过一定的方法,按照一定的程序、步骤,运用一些技巧,完全可以使自己的网站排名靠前,而不需向搜索引擎公司或搜索引擎营销公司付费。

(2)通过提供友情链接宣传网站品牌形象

网站之间的资源合作也是互相推广的一种重要方法,其中最简单的合作方式为交换链接。交换链接本身就是一种常用的网站推广手段,它可以获得访问量,增加用户浏览时的印象,在搜索引擎排名中增加优势,通过合作网站的推荐增加访问者的可信度等。被其他网站链接的机会越多,越有利于推广自己的网站。尤其对于大多数中小网站来说,这种简单的推广手段是一种常用的且很有效果的方法。企业可以寻找一些与自己网站内容互补的站点并向对方要求互换链接,最理想的是那些与自己网站访问流量相当的网站。互换链接的内容要放在网站比较偏僻的地方,以免将访问者很快地引向他人的站点。

3. 利用搜索引擎提升网络品牌价值

搜索引擎的网络营销价值不仅体现在网站推广和产品促销等基本层面,还表现在企业的网络品牌价值提升等方面。合理利用搜索引擎可以达到提升企业品牌价值的目的,但如果方法不当,则有可能让企业品牌形象受到损害,因此有必要对利用搜索引擎提升网络品牌价值的基本方法进行系统的了解。

利用搜索引擎提升网络品牌价值的基本方法包括:尽可能增加网页被搜索引擎收录的数量;通过网站优化设计提高网页在搜索引擎检索结果中的效果(包括重要关键词检索的排名位置和标题、摘要信息对用户的吸引力等),以获得比竞争者更有利的地位;利用关键词竞价广告提高网站在搜索引擎中的可见度;利用搜索引擎固定位置排名方式进行品牌宣传;实施多品牌、多产品系列的分散化网络品牌策略等。这些方法实质上都是为了增加网站在搜索引擎中的可见度,让用户在多个主要搜索引擎中利用相关关键词进行检索时,可以方便地获得企业的信息,这是提升网络品牌价值的必由之路。

网站优化设计是通过对网站栏目结构、网站内容等基本要素的合理设计,使得网站内容更容易被搜索引擎检索到,并且呈现给用户相关度最高的信息。利用搜索引擎自然检索方式增加网站在搜索引擎中的可见度的基础,是让网站尽可能多的网页被主要搜索引擎收录,这是搜索引擎营销目标层次中的第一个层次。

这里有必要提出的是,在实施搜索引擎优化方案时,如果采用不合理的方式,如被搜索引擎视为作弊的手段,则有可能造成网站被搜索引擎惩罚,轻则被视为低质量网页而在用户检索时发挥不了任何优势,重则网站被搜索引擎彻底清除。如果网站遇到了这种情况,将严重影响企业的品牌形象,对整个网络营销也将带来沉重的打击。

除了对网站进行必要的优化设计之外,通过付费广告的方式让企业信息出现在搜索结果页面的显著位置,也是扩大品牌知名度的一种常用方式,并且具有更多的优点。作为自然检索的补充,付费广告可以在更大范围内、以更灵活的方式展示企业的品牌形象和产品信息。付费搜索引擎广告的形式包括竞价排名广告、固定位置排名广告,以及出现在搜索引擎联盟网站上的基于内容定位的关键词广告(如 Goolge AdSense 等)。

案例分析

泉州眼科医院网站品牌推广

泉州眼科医院网站首页(www.qzeye.net)如图 4-1 所示。为树立品牌形象、扩大影响力、发挥网络窗口作用,泉州眼科医院委托泉州市财智伟业商务策划有限公司设计、制作泉州儿童医院网站,优化泉州眼科医院网站,并进行网络品牌化建设与推广。

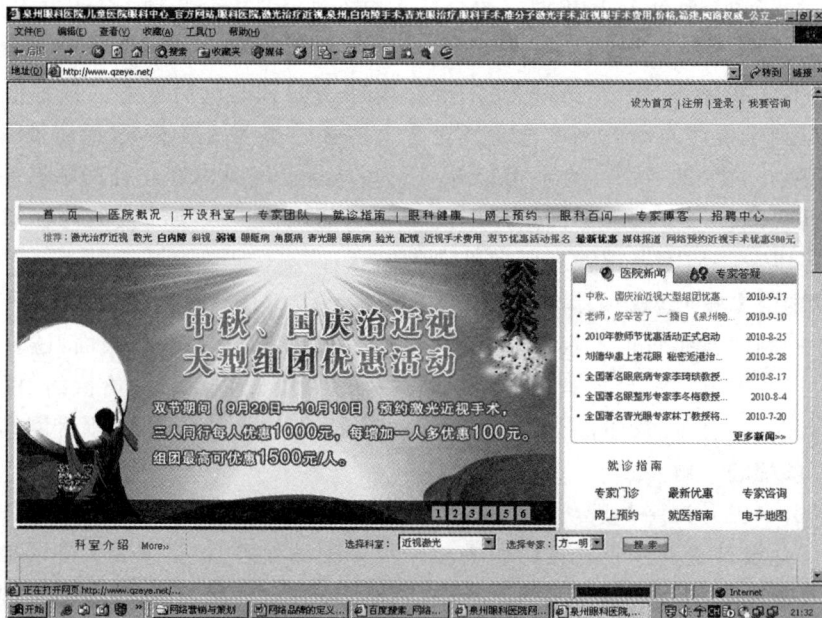

图 4-1　泉州眼科医院网站首页

第一个目标是为泉州眼科医院的品牌形象与浏览者转化率做铺垫,重新打造以“德”“专”“情”(德乃文化、专乃技术、情乃服务)为核心的网站,目的就是将更多的浏览者转化为眼科医院的客户。提高转化率才是网络品牌建设的最终目的,如果没有得到更多的客户,其他工作做得再多、做得再好,也是无用的。优先做好内部资源整合与优化,对于第二步网络推广的效果将起到事半功倍的作用。

第二步是大规模地进行网络推广,将泉州眼科医院的专业水平、优质服务等优势推广到各个网站、各个平台上去,包括百度百科、百度知道、各信息网,让搜索引擎收录更多的正面信息,如图 4-2 所示。在推广过程中也遇到很多困难,包括百度知道为防广告进行的删除处理、医院竞争对手的高排名、医疗信息在网络中的限制等。推广团队依靠经验有针对性地个个击破,最终取得了非常优秀的成绩。

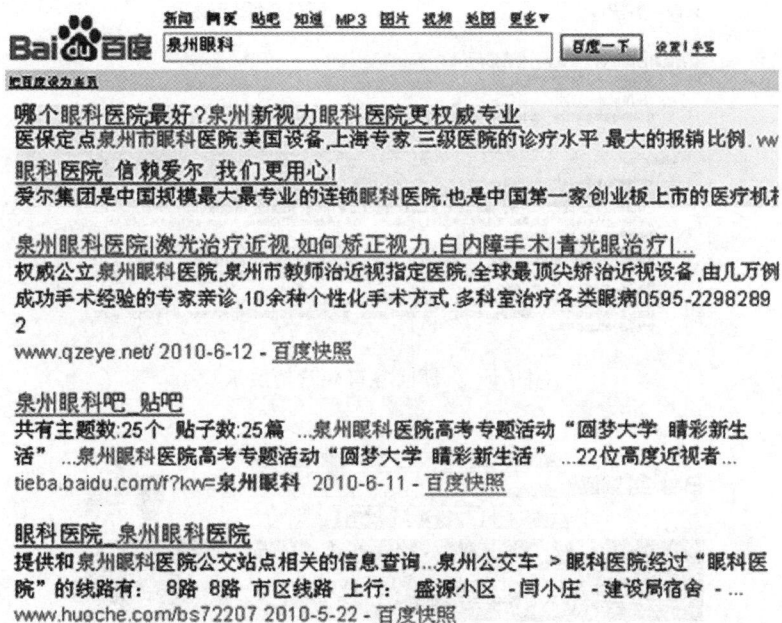

图 4-2　搜索引擎优化后的效果展示

在搜索引擎的利用上,推广团队避开花费较大的百度推广,使用搜索引擎优化技术,使泉州眼科医院在百度、Google 中各相关核心词汇的搜索排名几乎占领第一页。这一技术基于博客营销(图 4-3 所示)、论坛/社区营销、百度产品营销等,用新闻营销、口碑营销手段取胜的(图 4-4、图 4-5)。

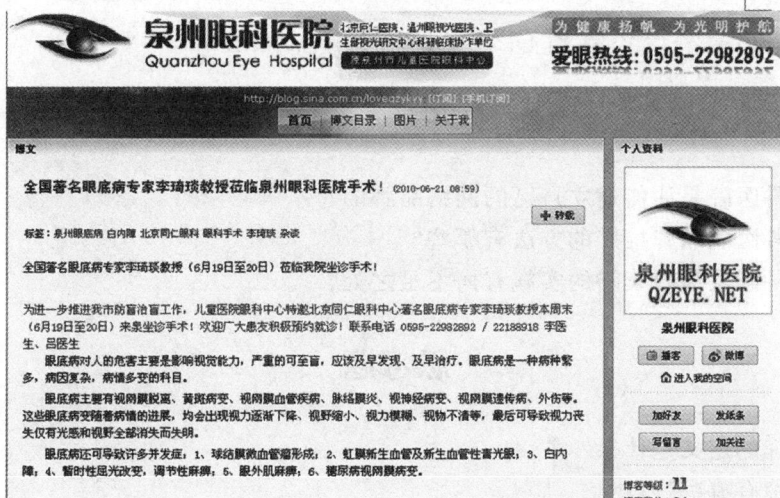

图 4-3　泉州眼科医院新浪博客新闻营销效果展示

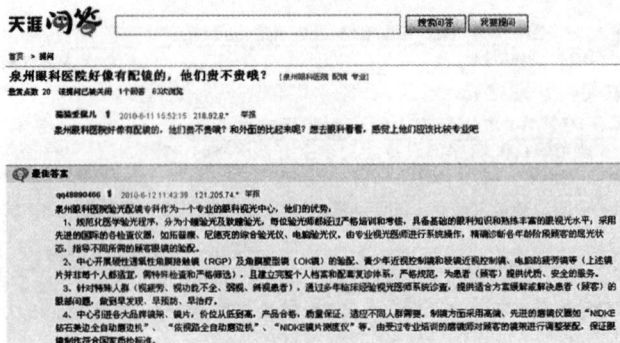

图 4-4 天涯问答口碑营销展示

图 4-5 百度知道口碑营销展示

案例思考题

1.泉州眼科医院是如何建立自己的网络品牌的?

2.泉州眼科医院品牌推广的方法有哪些?

3.泉州眼科医院品牌策略的实施有何不足之处?

思考题

1.网络品牌的定义是什么?

2.网络品牌有哪些特点?

3.传统企业建设品牌的误区是什么,如何解决?

4.域名品牌策略有哪些?

5.网站品牌策略有哪些,企业应如何应用?

第 5 章

网络营销组合策略

本章概要

    本章主要探讨网络营销的网站策略、产品策略、价格策略、渠道策略和促销策略等,介绍网络营销相关策略的概念、内容,重点探讨这些网络营销策略的实施以及组合。

学习目标

- 掌握网络营销的网站策略。
- 掌握网络营销产品策略的概念和内涵。
- 掌握网络营销价格策略的特点和方法。
- 掌握网络营销渠道策略的概念和类型。
- 掌握网络营销促销策略的方法和技巧。

5.1　网站策略

    网络营销发展到今天,很多企业认为不必非建立商业性的营销网站,而应充分利用网络资源建立网上主页、网上商店或直接利用网络营销软件,照样可以进行网上商务运作,这使广大中小企业走进跨国网络营销的大市场。这种无网站的网络营销思路和方法,是对模式定型论的一种思想突破,更是一种营销方法上的创新。但是经过这几年的发展变化,随着人们对网络营销知识的不断积累,利用免费资源的弊端和不足逐渐表现出来,企业已不能满足于仅仅发布一些信息的"游击战",于是建立自己的企业网站,开展"阵地战"的要求日益迫切。网络营销进入了又一个阶段——基于企业网站的网络营销。

5.1.1　网站的基本概念

1.网站的概念

    在许多人眼里,电子商务就是建立企业网站。尽管这一看法过于简单化,但恰恰说明了企业网站在电子商务和网络营销中所具有的特殊地位。

    现在所说的网站一般指万维网站,是指可以通过浏览器访问的某个服务器上存储的一组文件以及附属的数据库,文件组中可能包含文本文件、多媒体文件以及应用程序文件,可以通过网页上的超链接实现文件间的跳转。也可以简单地说网站是向客户或潜在客户提供信息(包括产品和服务)的场所,也就是展示网页的计算机,又叫作站点、Web 服务器。在网站中的文件称为网页,所包含的内容可以是文本、图像、声音、视频等。不同的网站从外观、规模到功能可能会有很大差别,有的网站设计得十分讲究,有的却简单粗糙;大的网站可以包含数万个网页,小的网站只有不足十个网页;有的网站只能发布静态信息,有的网站却可以实现在线交易,并且支持许多个性化的功能。

2. 网站的类型

根据网站所有人的不同,网站可以分为个人网站、政府网站、企业网站和非盈利机构网站等类型。这里我们最关心的当然是企业网站。企业网站可以按照不同的标准进行分类,如按照采用的技术或者实现的功能等进行分类。

(1)按照采用的技术分类

按照建设网站采用的技术不同,我们可以把网站分为静态网站、动态网站、无线网站和虚拟现实网站等。

①静态网站。在用户访问网站的过程中,服务器端没有应用程序(通用的服务器程序除外)运行的网站称为静态网站。它的特征是网站主页通常是以 htm 或者 html 为扩展名的文件。静态网站并不是所有内容都静止不动,它可以包含动画,也可以包含多媒体文件,文件中甚至可以包含在客户端运行的小脚本。

②动态网站。在用户访问网站的过程中,服务器端有应用程序运行的网站称为动态网站。它的特征是网站主页通常是以 asp、php 或者 jsp 为扩展名的文件,网站页面通常根据指令通过调用数据库动态生成。

③无线网站。无线网站是可以通过无线应用协议(WAP)使用手机访问的站点,它使用的标记语言是无线标记语言。随着无线通信技术的迅猛发展,以无线上网为主要上网方式的移动电子商务迅猛发展。

④虚拟现实网站。它指基于虚拟现实技术的网站,所使用的语言是 VRML(virtual reality modelling language)。虚拟现实网站被认为在广告、产品陈列、虚拟社区、历险游戏、虚拟旅游方面有很大的应用潜力,但虽然宽带网络有了很大的发展,虚拟现实技术的应用目前仍然有限。

(2)按照功能分类

按照设立企业网站的目的和实现功能的不同,企业网站可以分为营销网站、公关网站和交易网站三大类型,其中营销网站最为普遍,它还可以进一步分出若干小类。

①营销网站。营销网站的主要功能是展示企业的产品和服务、开展促销活动或者提供顾客服务,可以分为信息手册型网站、客户服务型网站和虚拟社区型网站等几种类型。

②公关网站。公关网站可以办成宣传手册型网站,也可以办成媒体型网站。另外,企业文化型网站也属于公关网站的一种形式。设立企业文化型网站的目的是改善企业的公众形象。例如,茶叶生产企业可以通过开办宣扬茶文化的网站来提升公司的形象。

③交易网站。设立营销网站的目的是推广公司的产品和服务,而交易网站本身就提供增值服务。最有代表性的交易网站有电子商店型网站、服务型网站、媒体型网站、门户型网站、工具型网站和商务平台型网站等几种类型。

3. 网站的功能

许多企业都拥有自己的网站,他们利用网站来进行宣传、招聘等。随着网页制作技术的流行,很多个人也开始制作个人主页,这些通常是制作者用来介绍自己、展现个性的地方。也有专业网站制作公司制作的网站,通常这些网站提供人们生活各个方面所需的服务、新闻、旅游、娱乐、经济等资讯。

通过对众多企业网站的研究发现,无论网站规模多大,也不论其具有哪些技术功能,网站的网络营销功能主要表现在以下八个方面。

（1）企业、品牌形象宣传

网站的形象代表着企业的网上品牌形象,人们在网上了解一个企业的主要方式就是访问该企业的网站。网站建设的专业化与否直接影响企业的网络品牌形象,也对网站的其他功能产生直接影响。尤其对以网上经营为主要方式的企业来说,网站的形象是访问者对企业的第一印象,这种印象对于建立品牌形象、产生用户信任具有至关重要的作用,因此具备条件的企业应力求在网站建设上体现出自己的形象。但实际上很多企业对此缺乏充分的认识,网站形象并没有充分体现出企业的品牌价值。相反一些新兴的企业利用这一原理做到了"小企业大品牌",并且获得了与传统大型企业平等竞争的机会。

（2）产品、服务项目展示

顾客访问网站的主要目的是为了对企业的产品和服务进行深入的了解,企业网站的主要价值也就在于灵活地向顾客展示产品的文字、图片甚至多媒体信息。即使一个功能简单的网站至少也相当于一本可以随时更新的产品宣传资料,并且这种宣传资料是顾客主动获取的,他们对其中的内容有较高的关注度,因此企业可以获得比一般印刷宣传资料更好的宣传效果。这也就是为什么一些小型企业只满足于建立一个功能简单的网站的主要原因,在投资不大的情况下,同样有可能获得理想的回报。

（3）新闻、供求信息发布

网站是一个信息载体,在法律许可的范围内,可以发布一切有利于企业形象塑造、顾客服务以及销售促进的企业新闻、产品信息、各种促销信息、招标信息、合作信息、人员招聘信息等。因此,拥有一个网站就相当于拥有一个强有力的宣传工具,这就是企业网站具有自主性的体现。当网站建成之后,合理组织对用户有价值的信息是网络营销的首要任务。当企业有新产品上市、开展阶段性促销活动时,也应充分发挥网站的信息发布功能,将有关信息首先发布在自己的网站上。

（4）顾客服务、个性化服务

通过网站可以为顾客提供各种在线服务和帮助信息,比如常见问题解答（FAQ）、E-mail咨询、在线表单、即时信息回答等。为方便和吸引更多网民访问企业网站,更好地为企业的顾客服务,还可以建设一些子站点,为顾客提供有差异的满足其个性化需求的服务。

（5）顾客关系管理

通过网络社区、有奖竞赛等方式吸引顾客参与,不仅可以起到产品宣传的目的,也有助于增进顾客关系,顾客忠诚度的提高将直接增加产品销量。尤其是对于功能复杂或者变化较快的产品,如数码产品、时装、化妆品等而言,顾客为了获得更多的产品信息,参与企业网络营销活动的兴趣较高,企业可充分利用这种特点来建立和维持良好的顾客关系。

（6）信息搜集与查询

市场调研是营销工作不可或缺的内容,企业网站为网上调查提供了方便且廉价的途径。通过在线调查、E-mail、论坛、实时信息等方式征求顾客意见等,可以获得有价值的顾客反馈信息。无论是产品调查、消费者行为调查,还是品牌形象等方面的调查,企业网站都可以在获得第一手市场资料方面发挥积极的作用。

（7）资源合作

资源合作是独具特色的网络营销手段。为了获得更好的网上推广效果,企业需要与供应商、经销商、客户,以及其他网站内容、功能与企业网站互补或者相关的企业建立资源合作关系,实现资源共享和利益共享。如果没有企业网站,便失去了很多积累网络营销资源的机会,没有资源,合作就无从谈起。常见的资源合作形式包括交换链接、交换广告、内容合作、客户资源合作等。

（8）网上销售

建立网站及开展网络营销活动的目的之一是为了增加销量,一个功能完善的网站本身就可以完成订单确认、网上支付等电子商务功能,即企业网站本身就是一个销售渠道。随着电子商务的发展,更多的企业将开拓网上销售渠道,增加网上销售手段。实现在线销售的方式有多种,利用企业网站本身的资源来开展在线销售是一种有效的形式。

企业网站的网络营销功能并不是固定不变的,各个企业的经营状况不同,对网站功能的需求也不一样,网站功能应与企业的经营策略相适应。在企业网络营销的不同阶段,网站功能也相应有一定的差异。而随着企业电子商务流程的不断深化,企业网站将不仅仅是一个网络营销的工具,而涉及电子商务流程中的各个环节。

5.1.2 网站的设计与建设

1.网站设计

只有企业建立了网站,才有可能使潜在的目标顾客在全球海量的网站中知晓企业网站、了解企业网站、浏览企业网站,使网站的营销功能充分发挥出来,企业品牌也能通过网络建立起来。

一个网站是否可以发挥作用与网站建设的专业化程度密切相关,因为网站是企业开展网络营销的基础。网站设计要能充分吸引访问者的注意力,让访问者产生视觉上的愉悦感。在设计网页的时候必须将网站的整体设计与网页紧密结合起来。网站设计是将策划案中的内容和网站的主题模式通过艺术的手法表现出来;而网页制作通常就是将网页设计师所设计出来的设计稿,用 html 语言制作成网页格式。

2.网站设计内容

网站建设的目的是通过网站开展网上营销,实现电子商务。网站建设首先由网络营销顾问提出低成本高回报的网络营销策划方案,网站前期策划是网络营销的起点。网站规划的严谨性、实用性将直接影响企业网络营销目标的实现。网站建设商以客户需求和网络营销为导向,结合自身的专业策划经验,在满足企业不同阶段的战略目标和战术要求的基础上,为企业制定阶段性的网站规划方案。网站设计包括网站策划、网页设计、网站推广、网站评估、网站运营、网站整体优化等。在这里只探讨网站策划和网页设计。

一般情况下,规范的网站策划大致有如下几个方面的内容。

（1）网站的目标

网站的目标包括建设网站的目的、网站主题和功能定位等。开始构思网站的时候需要充分了解客户的需求,要达到什么目的、效果。因此前期的准备是很有必要的,以便准确地满足客户的要求。

　　企业开展网络营销,需要投入很多的财力、物力与人力,甚至要对企业的组织结构与经营管理模式进行变革与重新设计,并将传统的业务流程进行整合,从而应用到新的电子商业架构当中。因此,如果没有明确的目标,各种投入可能不仅得不到回报,而且会错失在网络空间发展的机会。

　　一般网站的目标是通过网站的定位体现的。所谓网络营销网站定位是指塑造企业网站(和竞争者网站相比)与众不同的特征,并把它传递给顾客(浏览者),使之接受并产生偏好的过程。即向顾客说明企业网站与现有其他网站或潜在的其他网站的区别,确定以何种方式触动顾客,使目标市场的顾客正确理解、认识企业网站有别于其他网站的特色,给顾客一个访问企业网站的特殊理由。

　　定位有长期定位和短期定位之分。网络营销网站的定位过程是围绕实现网站特色而展开的一系列网站规划活动,一般包括明确竞争优势和选择竞争优势。

　　①明确竞争优势。竞争优势是指网站在为顾客提供价值方面比竞争者更有效。明确竞争优势的本质是排列网站可用于定位的各种要素,确定网站在哪些要素上具有优势,可以作为定位的竞争优势。

　　②选择竞争优势。选择竞争优势应遵循以下原则:一是优势不能过多;二是短期定位可以选择网页设计、内容、项目、服务等客观的、具体的要素,以强调不同的使用价值为目标;三是长期定位宜选择文化等主观的、抽象的要素;四是短期定位应服务于长期定位,保持两者的协调一致。

　　如 800buy 是全球最大的中文时尚礼品网站之一,其经营理念为提供最好的礼品服务、传递最美的人间真情、引领最新的时尚潮流、缔造最大的购物家园,口号是"礼尚网来,八佰拜"。

　　网站主题和名称反映网站的定位思想。主题要求小而精,有针对性,尽量向专业靠近;网站名称要有特色,方便记忆,要考虑到以后为网站的形象做宣传推广。

　　(2)整合企业资源,确定网站功能

　　根据企业的需要和计划确定网站的功能,一般有产品宣传型、网上营销型、公共关系型或市场培育型四种功能。

　　①产品宣传型。通过网上产品的全方位介绍,可以实现产品推广与促销的目的。企业的营销网站一般不具备网上订货与销售的功能。在网络营销初级阶段,大量传统企业实施的就是这种以网上产品介绍为导向的网络营销战略。

　　②网上营销型。这种网站把网络作为企业与顾客沟通、进行商品交换的主渠道。运用网络开展直复营销,可以简化销售渠道、降低销售成本、减少管理费用,同时可以将降低的费用以折扣的形式让利给顾客,实现企业与顾客的互利,从而吸引更多的顾客。大多数网上商城及一部分具备网上销售功能的传统企业网站,实施的就是以网上直销为导向的网络营销战略。

　　③公共关系型。通过网上公关活动宣传,可以塑造企业和产品品牌形象,依托网络效应强化顾客忠诚度,从而增加线下销售,获得更高利润。

　　④市场培育型。市场培育型网络营销模式的战略重点是通过网上消费者教育、技术支持与咨询,以及其他售前服务、售后服务,培养潜在顾客,激发现实需求。全国最大的婴幼儿辅助食品生产企业之一卡夫亨氏的网站上(www.heinz.com.cn)并不直接销售产品,但通过育儿宝典、婴儿营养与美食知识、产品冲调小窍门、妈妈 DIY、妈妈心得等栏目服务新老顾客。一些

IT产品生产企业,如中国惠普公司网站,并不具备在线销售功能,但提供产品的专业服务、线下购买指导等。

(3)网站的诉求

一般来说,网络营销诉求有理性诉求、感性诉求及综合型三种。

①理性诉求坚持以理服人的指导思想,向顾客传递的是一种由不容置疑的证据所支持的主张,所用语言多为专业技术语言、商业语言、事实语言、数据语言及广告语言,以事实为基础,以介绍性文字为主。所用图片、动画、情景等都体现出严谨规范、严肃客观的特点。

②感性诉求则坚持以情动人、以景感人、以图诱人的指导思想,向顾客传递的是一种"感觉"良好的体验,体现的是一种人性化的沟通与温情的关怀。所用图片、动画、情景等有的充满亲情关爱,有的则诙谐幽默,有的艺术性夸张,有的则晓之以情、动之以理。

与营销网站形象塑造战略相配合,从总体上对网站语言进行组织、修饰与包装是企业网站设计中的重点与难点。网络营销处在一个处处体现"以人为本"的时代,因此获取"民心"远比获得"订单"重要。一些成功的网络营销网站一般都有"情""理"两条主题线,即情理兼备的战略。"理"的主题线与企业传统的销售规律基本一致,较易掌握。网站有了"情""理"两条主题线,就可以消除企业与顾客在时空上的距离,培养客户忠诚度,增加客户价值。企业通过拓展、建立、保持并强化客户关系,使营销效果明显。

(4)网站的标准

企业要进行网站促销,首先必须建立出色的网站。要想制作一个有吸引力的网站,至少应该符合以下一些基本标准。

①以产品为核心。顾客在访问企业的网站时,关心的不是企业领导人的信息,也不是企业的组织结构图,而是企业能够提供什么样的产品,产品的优势是什么。所以,以产品为核心是企业网站成功的首要前提。产品信息一般应该包括以下几方面内容:产品名称、产品规格、产品用途、产品特性(指本产品与其他产品的区别或优势所在)、出口地区、产品认证情况及产品图片等。其中产品规格、产品用途和产品特性等信息应尽可能详细地描述。

②访问安全快速。由于网络发展迅速,使用者在网上浏览和购物的选择越来越多,而耐心则越来越小,因此对网站反应的等待时间是极其有限的。如果网站在短时间内未能提供有用的信息,用户将毫不犹豫地选择另一网站。因此,企业的主页应该设计得简洁一些,以便用户可以很快地查看到内容,不用等待得太久。

③信息更新要及时。如果企业主页从不改变,用户很快就会厌倦。网站信息必须经常更新。在网站建设的初期,很多人错误地认为,要想让网站吸引住浏览者,就一定要把主页尽量做得漂亮。主页设计得好,自然会吸引人们的注意,但只能吸引一两次而已,要想长期吸引住浏览者,最终还要靠内容的不断更新。企业经营信息的变化,如价格调整、优惠活动,可以在决策的同时实时地在网页上反映出来。绝大部分企业主页有最新新闻等链接,并定期改变主页上的图像。为保持新鲜感,企业应确保主页提供的是最新信息。

④完善的检索功能。网站的设计固然要考虑如何向客户提供有价值的信息,页面的结构设置是否便于用户浏览和查询信息也同样重要。对于一个网站来说,如何合理地组织自己要发布的信息内容,以便让用户能够快速、准确地检索到要找的信息,是其内容组织是否成功的关键。有一定规模的网站一定要提供检索功能,以便于用户查找本网站的信息。网页设计者经常将网页内容设计成树状结构,方便用户查询相关内容。访问者从主页开始可以层层深入

到所有"树权"和"树梢"的信息内容。另外,还可以设计一个搜索系统,让访问者很容易地找到想了解的内容。同时,在网站的任何一个页面都要设计"返回主页"的链接,以方便访问者回到"树干"。

⑤网站的信息交互。如果一个网站只能供浏览者浏览,而不能引导浏览者参与到网站内容的一部分建设中,那么它的吸引力是有限的。只有当浏览者能够很方便地和信息发布者交流时,该网站的魅力才能充分体现出来。通过设立虚拟论坛,可以在产品使用者之间、产品使用者与产品开发经理之间展开对产品的各种讨论。在线营销人员还可以借此收集市场信息,制订有效的营销计划。而网站将用户的反馈信息直接公布在网上,能够吸引用户回访该网站,并由此形成与用户的固定关系。网站应该提供相应的信息反馈模块,使用户能够针对某个或多个产品方便快捷地进行询价或反馈。同时,企业的业务员应该能够随时查到用户的反馈信息并及时回复;每个业务部门或业务员应该能够针对企业发布的产品,方便地管理用户的信息和反馈信息。

3. 网络营销网站建设

(1)网络营销网站建设流程

要遵循如图 5-1 所示的流程。网络营销网站建设的每一个阶段都包括一些明确的开发任务和内容:

①网络营销网站规划;

②结构设计;

③网页设计;

④网络营销网站发布;

⑤网络营销网站测评。

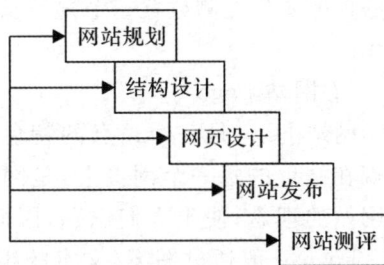

图 5-1　网站建设流程

(2)网络营销网站可行性分析

一个功能齐全的网站本身就是一个复杂的系统。建设一个网站需要较长的开发周期和人力、物力的支持,特别是网站建成后还需要不断地维护和管理。所以对于在网站规划阶段所建立的初步方案一定要进行可行性分析,避免造成资金、人力和时间的浪费。网站建设的可行性分析主要包括技术可行性分析、经济可行性分析和管理可行性分析三个方面。

(3)网络营销网站需求分析

确定所要建设的网站具有可行性并立项后,就要对网站建设中的关键问题进行详细分析,这个分析过程我们通常称为需求分析。常见的需求分析包括以下三个内容:

①网上业务分析;

②目标客户分析;

③市场竞争分析。

(4)企业网站建设的基本原则

任何一个访问企业网站的上网者都是企业的潜在客户。为了吸引并留住他们,同时发现和培养忠诚的新客户,在网站建设时要充分考虑并遵循以下三个基本原则:

①内容第一原则;

②速度(三次点击)原则;

③服务至上原则。

5.1.3 网页策略

1.网页设计概述

网页设计主要是确定页面布局和网页风格。网页制作是对网页素材进行集成,通过网页集成工具实现页面设计方案的过程。网页上的超链接能够把网站上的所有网页和应用软件集成为一个完整的系统。由于一个网站是由大量网页组成的,网页设计与制作是网站建设的一项重要工作。网页设计的主要视觉元素有以下几种。

(1)导航样式

导航栏其实就是一组超链接。典型的导航栏有一些指向站点主页和主要网页的超链接,帮助访问者快速返回主页和调用网站的工具。在每一个网页上设置导航栏是十分必要的。导航栏是网页站点超链接的主线,这种超链接使站点的结构清晰、连接简单、查找方便。导航栏可以是按钮或者文本超链接,使访问者既快速又容易地转向站点的主要网页。导航栏对整个网站内容起到提纲的作用。站点的导航栏必须设计得简洁、易用,常见的方法是在整个网站网页的顶部或者左侧放置一个菜单条。由于导航对于内容查找来说非常关键,因此要尽可能标准化。

(2)网站 Logo

网站 Logo 是一个站点的特色,其图形的设计创意来自网站的名称和内容。它一般会出现在站点的每一个网页上,是网站给人的第一印象。Logo 的作用很多,最重要的就是表达网站的理念,便于人们识别,因而被广泛用于站点的链接、宣传内容中,类似企业的商标。

Logo 一般通过图案、文字的组合,达到对被标识体展示说明,从而提高访问者的浏览兴趣,增强他们对网站印象的目的。网站 Logo 的设计与其他标志图案的设计原则是一样的,根据站点的定位和发展方向突出主题,视觉效果要强,容易识别、辨认和记忆,引人注目。

(3)文字的排版

文字和图片是网页的两大构成元素,文字排列的好坏直接影响网页的视觉效果。网页上的文字一般体现在以下几个方面:网站或网页标题、网页正文、文字导航栏、版权说明等相关信息、图像中的文字、装饰用的文字等。通常一套网页结构中最多出现三种文字,一种用作标题,一种用于导航按钮和小图标,还有一种则用作正文。

(4)图像

网页中的图像是网页设计中最重要的视觉要素。从视觉规律上看,人们对图像的兴趣远远大于对文字的兴趣。在页面的构图中,应该加强对主题图像的表现,注重图像与背景关系的处理。网页主要内容图像应该突出显示,其他图形设计元素起辅助作用。图像、图表和插图在页面上起着重要的装饰作用,丰富了版面的趣味性。图形也是传达信息的重要手段之一。

(5)背景

好的页面背景可以给予浏览者放松的心情。所以网页设计师们要注意页面背景的设计,背景设计的好坏也可以影响网站的宣传效果。

一个成功的网页设计作品是艺术与技术的结合和统一,以主题鲜明、形式与内容一致、整体风格统一为设计原则。艺术是设计手段,而不是最终目的。

2. 网页主要构成

(1)扉页

为了产生较强的视觉冲击力,使人耳目一新、回味无穷、印象深刻,一些网站在主页之前设计制作了一帧或多帧熠熠生辉、充满动感、形象生动的页面,内容多为企业标志、商标、主题活动公告或情景广告等,为后续网站内容造势、铺垫。我们把这些主页之前的页面称作扉页。但是,这些扉页需要花费较长的时间才能打开,可能会使顾客放弃访问网站,所以设有扉页的网站要设计选择图标,让不愿意等待的访问者可以直接进入首页。

(2)首页

首页也叫主页,它是网站的形象页面,是网站的"门面"。网站是否能够吸引浏览者,能否促使浏览者继续点击进入,全凭首页设计的效果。首页的设计应该遵循快速、简洁、吸引人、信息概括能力强、易于导航的原则,同时融入企业形象,突出企业特点,争取在第一时间吸引浏览者的眼球。

首页一般有以下几个基本要素。

①页头。在网站主页的首要位置,要有企业网站的站徽(Logo)、站名以及企业标志等。站徽是将企业网站名称、性质、经营理念、网络营销口号、中英文域名、网址等,通过具体的文字、图形、字母、数字、符号等要素抽象概括后设计而成的一种企业网站的标志。

②导航菜单或图标。

③E-mail 地址。

④联系信息。

⑤版权信息。

⑥其他信息。

(3)其他页面

除了首页之外,其他页面要根据网站结构规划时确定的内容、功能等来制作。不同的内容有不同的表达方式,但要注意与首页和网站的主题风格相统一。

3. 网页设计的基本原则

(1)易于导航

①层次清晰,即能让浏览者快速找到所需信息,多采用树形结构。

②不管是站点内两条信息间的跳转,还是站点内、外部信息的跳转,都能直接实现。

可采用多种方法实现导航目的,如菜单、按键、图标、高亮文字等。建议设计站点内的"网站地图"。图 5-2 为中国国际贸易中心网站首页(www.cwtc.com)的导航栏。

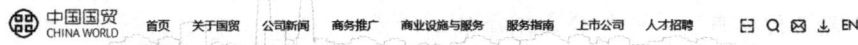

图 5-2　中国国贸网站首页导航栏

(2)在网页中不要使用过多的帧

帧,也称为框架,使用不当会破坏网页的基本结构。帧将一个页面分成许多小页面,常常会导致混乱,有时会产生不能标注当前的网页、URL 失效、不能打印网页等问题。用帧设计的页面往往比普通页面下载速度慢,在页面中帧最多不要超过 3 个。

（3）合理使用动态文字、图像

要合理使用滚动的字幕、变换的选择框以及持续的动画。Java 和 JavaScript 使主页设计人员可以在主页中创建出许多栩栩如生的动画，这样虽然增强了页面的整体吸引力，但动态图像的使用会给访问者造成一种视觉刺激，不利于他们浏览页面上的文字内容，因此应尽量避免过多使用。应该为用户创造一种平和安静的浏览环境，以便用户平静地阅读网页内容。

（4）协调的页面色彩

在设计页面时应尽量避免选择使页面难以阅读的背景颜色，页面内容的色彩应该与背景颜色协调一致。对于企业网站而言，页面颜色不宜轻佻，应以庄重、朴实为准则，以黑色、深色、白色为背景。在不影响美观和视觉效果的情况下，应合理选择前景色和局部背景色。

（5）内容要符合网站要求

开发人员一般都要为网站开发内容，但有时也有一些数据是由其他的数据形式直接转换来的，尤其是对于那种许多内容是从企业原有的数据库中提取过来的情况。由于没有针对网站的特点进行处理就直接将这些数据放到网站上，因此结果往往不是很令访问者满意。许多网站直接使用了其他格式的数据，因此有些数据无法用浏览器查看。如网站将纸质杂志的内容以原有格式放到网站上，但普通的浏览器无法显示这种格式的文件。要浏览这种格式的文件，用户就不得不先将它们下载下来，然后再使用专门的处理程序进行浏览。

（6）尽量减少内容错误

如果一个网页上有错误的话，肯定会给访问者留下不好的印象，以至于影响企业及其网站的形象。因此，网站的内容也应该像报纸、杂志的出版那样，要有专门的人进行文字的校对工作，最大限度地避免此类问题的发生。

5.2　网络营销产品策略

5.2.1　网络营销产品概念

1. 传统营销方式下的产品概念

产品的概念有狭义与广义之分。狭义的产品是指具有特定物质形态和具体用途、由企业向市场提供、能够满足顾客某种需求的人类劳动的产物，如机器设备、化妆品、家电等。这类产品的特点是有形的。

广义的产品具有两方面的特点。首先，并不是一定要具有物质实体，能满足人们某种需要的劳务也是产品，如运输、储存服务，安装、修配服务，咨询、保险、金融服务等。其次，对工业企业来说，其产品不仅是具有一定形状和用途的实体本身，也包括随实物出售所提供的服务，如安装、送货、信贷、保证等，可以给顾客带来心理满足与附加利益。例如，消费者购买空调，他不仅希望购买到一定品牌、一定款式、适当价格、一定质量的空调，能给他带来凉爽的夏季，同时希望企业（或商场）能免费安装，并不定期进行检修。从这方面看，消费者的需求具有整体性。因此，我们把广义的产品概念也称为产品的整体概念。简言之，产品＝实体＋服务。

2. 网络营销产品的整体概念

与传统营销一样，网络营销的目标是为顾客提供满意的产品和服务，同时实现企业的利益。产品作为连接企业利益与消费者利益的桥梁，包括有形物体、服务、组织和构思等。在网络营销中,产品仍然发挥着同样作用,它是指能提供给市场以引起人们注意,供人们获取、使用或消费,从而满足其某种欲望或需要的一切东西。由于网络营销是在网上虚拟市场开展营销活动实现企业营销目标,在面对与传统市场有差异的网上虚拟市场时,必须满足网上消费者一些特有的需求特征。因此网络营销产品内涵与传统产品内涵有一定的差异性,主要是网络营销产品的层次比传统营销中产品的层次大大拓展了。

在传统市场营销中,产品满足的主要是顾客的一般性需求,因此产品相应分成三个层次,分别满足顾客不同层次的需要。传统营销中的产品分为核心利益或服务、有形产品和延伸产品三个层次。核心利益或服务是满足顾客购买产品真正的需要,营销的目标是揭示隐藏在产品中的各种需要并出售利益,它是整体产品的中心;核心产品必须通过一定载体表现出来,这个层次就是有形产品,它包括质量水平、特色、式样、品牌和包装,为更好地销售产品提供服务;设计产品时还应该提供附加服务和附加利益,如售后服务、送货、保证、安装等,并从中获取一定的竞争优势。传统产品中的三个层次在网络营销产品中仍然起着重要作用,但产品设计和开发的主体已经从企业转向顾客,企业在设计和开发产品时还必须满足顾客的个性化需求。因此网络营销产品在传统产品层次上还要附加两个层次,即顾客期望产品层次和潜在产品层次,以满足顾客的个性化需求,如图 5－3 所示。

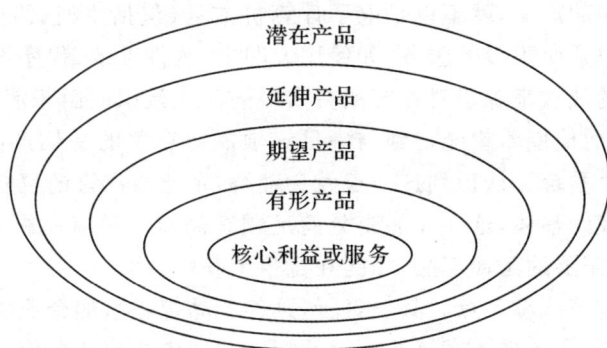

图 5－3　整体产品概念

广义的产品概念引伸出整体产品概念。这种概念把产品理解为由五个层次所组成的一个整体。

(1)核心产品

核心产品是指产品能够提供给消费者的基本效用或益处,是消费者真正想要购买的。消费者购买某个产品并不是为了占有或获得产品本身,而是为了满足某种需要。如消费者购买计算机是为了用计算机上网;购买软件是为了播放 MP3 格式的音乐等。由于网络营销是一种以顾客为中心的营销策略,企业在设计和开发产品核心利益时要从顾客的角度出发,要根据上次的营销效果来确定本次产品的设计规划,还要注意网络营销的全球性。企业在提供核心利益或服务时,要针对全球性市场,如医疗服务可以借助网络实现远程医疗。

(2)有形产品

有形产品是指核心产品借以实现的形式,它是核心产品的物质承担者。企业的设计和生产人员将核心产品转变为有形的东西,以便卖给顾客。有形产品在市场上通常表现为款式、品牌和包装等。市场营销人员应该首先着眼于顾客所追求的实际利益,再去寻求实现的形式,进行产品的设计。产品设计要以顾客满意为主。以顾客为中心的要求说明形式产品的设计要以顾客需要为开始,以顾客满意为结束,质量并非越高越好,功能也非越多越好。现代营销中有形产品设计的基本宗旨已变成使顾客完全满意,它是产品在市场上出现时的具体物质形态。对于物质产品来说,首先必须保障产品的品质;其次,必须注重产品的品牌;第三,注意产品的包装;第四,在式样和特征方面要根据不同地区的亚文化来进行有针对性的加工。

(3)期望产品

期望产品是指消费者在购买产品时期望能得到的东西。期望产品实际上是指一系列属性和条件。在网络营销中,消费者处于主导地位,消费呈现出个性化的特征,不同的消费者可能对产品的要求不一样,因此产品的设计和开发必须满足他们这种个性化的消费需求。消费者在购买产品前对所购产品的质量、使用方便程度、特点等方面的期望,就是期望产品的开发重点。为满足这种需求,对于物质产品,要求企业的设计、生产和供应等环节必须实行柔性化的生产和管理;对于无形产品如服务、软件等,要求企业能根据顾客的需要来提供产品。

(4)延伸产品

延伸产品是指消费者在购买有形产品和期望产品时所能得到的附加服务和利益。在网络营销中,对于物质产品来说,在延伸产品层次要注意提供满意的售后服务和质量保证等。例如美国国际商用机器公司的产品,就不仅是电子计算机本身(包括主机、终端、存储设备、打印设备等硬件系统),而且包括所附带的服务,如使用说明书、软件系统、程序设计服务、维修服务以及保证等。延伸产品的观念来源于对顾客消费需要的深入认识。由于消费者购买某个产品是为了满足某种需要,因而他们希望能得到与满足该项需要有关的一切产品。可见顾客的某项消费需要实际上是一个系统。认识到这一点就会理解,企业所出售的也必须是系统产品,即由相关的实物和服务组成的整体,这样才能充分满足顾客需要。只有向顾客提供具有更多实际利益、能更好地满足其需要的延伸产品,才能在竞争中获胜。

延伸产品的设计应该注意三点。其一,任何延伸产品都将增加企业成本,因此在设计延伸产品时并不是越多越好,应考虑顾客是否愿意承担因此发生的额外费用。其二,延伸产品给予顾客的利益将很快转变为顾客的期望利益。这种现象是竞争促成的,竞争者为了吸引顾客而不断增加向顾客提供的延伸产品。因而延伸产品的设计并不是一劳永逸的事情,而是应该根据顾客的需要和竞争者的动向不断改进。其三,由于延伸产品提高了产品的价格,因而促使某些竞争者剥除所有延伸产品,以求大幅度降低价格,吸引其他细分市场的顾客。因此,与五星级豪华宾馆同时存在的还有廉价旅馆、汽车旅馆等设施简单的小旅店,以低廉的价格满足旅客在吃和住方面最基本的需要。

(5)潜在产品

潜在产品是指包括现有产品的所有延伸部分在内,最终可能发展成为未来产品的潜在状态的产品。潜在产品揭示出现有产品的可能发展前景。如彩色电视机可发展为录放影机、电脑终端机等。潜在产品是在延伸产品层次之外,由企业提供的能满足顾客潜在需求的产品层次,它主要是产品的一种增值服务。与延伸产品的主要区别是,没有潜在产品,顾客仍然可以很好地使用产品的核心服务。在高新技术发展迅猛的时代,有许多需求还没有被顾客认识到,需要企业通过引导和支持更好地满足这些潜在需求。

3. 网络营销产品的特点

一般而言,目前适合在网上销售的产品通常具有以下特性。

（1）产品性质

由于网上用户在初期对技术有一定要求,因此网上销售的产品最好与高新技术或计算机、网络有关。一些无形产品,如服务,可以借助网络实现远程销售,比如远程医疗。这些产品的共同特点是,一般属于质量差异不大的同质产品或非选购品。

（2）产品质量

网络的虚拟性使得顾客可以突破时间和空间的限制,实现远程购物和在网上直接订购,但网络消费者在购买产品前无法试用或只能通过网络来试用产品。消费者从网上获得相关信息即可作出购买决策的产品,比较适合网络营销,这类产品一般容易判断质量,符合国际/国家标准。

（3）产品式样

通过网络对全世界国家和地区进行营销的产品要符合该国家或地区的风俗习惯、宗教信仰和教育水平。同时,由于网上消费者的个性化需求,网络营销产品的式样还必须满足消费者的个性化需求,因此大多属于易于数字化、信息化的产品。

（4）产品品牌

在网络营销中,生产商与经销商的品牌同样重要。一方面要在网络浩如烟海的信息中获得浏览者的注意,必须拥有明确、醒目的品牌;另一方面,由于网上消费者面对很多选择,同时网上购物无法体验产品,因此消费者对品牌比较关注。网络营销产品一般是名牌企业的产品。

（5）产品包装

作为通过网络经营的针对全球市场的产品,其包装必须适合网络营销的要求。特殊产品应特殊包装。

（6）目标市场

网上市场是以网络用户为主要目标的市场,在网上销售的产品应适用于广大地理范围的用户。如果产品的目标市场比较狭窄,可以采用传统营销策略。

（7）产品价格

网络作为信息传递工具,在初期是采用共享和免费策略发展而来的,网上用户比较认同网上产品的低廉特性;另一方面,由于通过网络进行销售的成本低于其他渠道,在网上销售产品一般采用低价位定价策略。

4. 网络适销产品的分类

从理论上讲,所有的产品都可以作为网络产品在网上销售。随着网络技术的发展和其他科学技术的进步,将有越来越多的产品在网上销售。网上销售的产品按照产品性质的不同,可以分为两大类,即实体产品和虚体产品。

（1）实体产品

将网上销售的产品分为实体和虚体两大类,主要是根据产品的形态来区分的。实体产品是指具有物理形状的物质产品。在网上销售实体产品的过程与传统的销售方式有所不同。买卖双方没有进行面对面的交流,网上的交互式交流成为双方交流的主要形式。消费者或客户通过卖方的主页了解其产品,然后选择品种、数量;而卖方则将面对面的交货改为邮寄产品或送货上门,这一点与邮购产品颇为相似。因此,网络销售也是直销方式的一种。

(2)虚体产品

虚体产品与实体产品的本质区别是,虚体产品一般是无形的,即使表现出一定形态也是通过其载体体现出来的,但产品本身的性质必须通过其他方式才能表现出来。在网上销售的虚体产品可以分为软件和服务两大类。

①软件包括计算机系统软件和应用软件。网上软件销售商常常可以提供一段时间的试用期,允许用户尝试使用并提出意见。好的软件很快能够吸引用户,使他们爱不释手,并愿意为此支付一定费用。

②服务分为普通服务和信息咨询服务两大类。普通服务包括远程医疗、法律救助、航空火车订票、入场券预订、饭店旅游服务预约、医院预约挂号、网络交友、电脑游戏等;而信息咨询服务包括法律咨询、医药咨询、股市行情分析、金融咨询、资料库检索、电子新闻或电子报刊查询等。

对于普通服务来说,顾客不仅注重所能够得到的收益,还关心自身付出的成本。通过网络这种媒体,顾客能够快速得到所需要的服务,免除恼人的排队等候的时间成本支出。同时,顾客利用浏览软件能够得到更多更新的信息,从而提高信息传递效率,增强促销的效果。

对于信息咨询服务来说,网络是一种最好的媒体选择。用户上网的最大诉求就是寻求对自己有用的信息,信息服务正好提供了满足这种需求的机会。通过网络,用户可以得到包括法律咨询、医药咨询、金融咨询、股市行情分析等在内的咨询服务和包括资料库检索、电子新闻或电子报刊查询等在内的信息服务。

5.2.2 网络营销产品策略

1.网络营销的产品组合策略

产品组合策略是指企业根据其经营目标、自身实力、市场状况和竞争态势,对产品组合的广度、深度和关联度进行不同的选择。在网络营销中,确定经营哪些产品或服务,明确产品之间的相互关系,是企业产品组合策略的主要内容。

(1)扩大产品组合策略

这一策略指扩展产品组合的广度和深度,增加产品系列或项目,扩大经营范围,以满足市场需要。例如,亚马逊在站稳图书这个主营商品市场后,开始增加新的经营品种,其业务范围从图书和音像制品成功地拓展到其他利润丰厚的商品中。1998年11月,亚马逊开通音像和礼品商店,商品从游戏盘、索尼随身听到手表和芭比娃娃,无所不有。1998年底,亚马逊以2.8亿美元并购了加州和波士顿的两家拥有网络新技术的公司,以协助其扩展网络营销业务。

(2)缩减产品组合策略

缩减产品组合策略指降低产品组合的广度和深度,集中力量经营一个系列的产品或少数产品项目,提高专业化水平,也称市场专业型策略。

(3)产品延伸策略

每一个企业所经营的产品都有其特定的市场定位。产品延伸策略指全部或部分地改变企业原有产品的市场定位,具体做法有向上延伸(由原来经营低档产品,改为增加经营高档产品)、向下延伸(由原来经营高档产品,改为增加经营低档产品)和双向延伸(由原来经营中档产品,改为增加经营高档和低档产品)三种。例如,总资产和年销售额都曾创造过世界第一的美国通用汽车公司(General Motors Company,GM)的网站上不仅销售新车,还提供旧车交易。

二手车购买者可进入标有"经 GM 认可确保质量的二手车"字样的网页进行选择。此举被日本、新西兰、新加坡等国的汽车经销商或互联网公司仿效,纷纷利用网站进行旧车交易。另外,随着网上金融服务体系的逐步建立,银行的业务会延伸到诸如网上缴纳电话费、水电费、税费、交通罚款等代理业务上。

对于开展网络营销的企业来说,产品不但包括要出售的货物,还包括各种服务、商业过程以及信息在内,因此双向延伸是要在产品的各个组成部分中进行延伸。例如,企业可以为每个产品的客户指定一种相应的服务方案,包括送货方式、安装和培训服务以及维修服务等,以增加服务的价值;为所有客户提供一系列可增值的信息,如供应商的生产能力、产品前景预测、产品设计、保修、交易和送货条款等。通过这些延伸达到提高产品的附加值和市场占有率的目的。

2. 网络营销新产品开发策略

什么是新产品? 新产品的界定应从顾客的需求出发,只要产品整体概念中的任何一个层次发生了变化、革新,都可称为新产品。根据新产品与原有产品差别由小到大,可以将新产品分类为重新定位而产生的新产品、仿制级的新产品、改进级的新产品、换代级的新产品、全新级的新产品等。

新产品的开发对企业来说具有重要的意义,特别是随着社会的发展和科学技术的进步,不断开发新产品更是成为企业在市场上求得生存和发展的重要条件之一。进入网络时代,由于信息与知识的共享、科学技术扩散速度的加快,企业的竞争从原来的简单依靠产品的竞争转为拥有不断开发新产品能力的竞争。对从事网络营销的企业而言,注重新产品的开发,对企业经营立于不败之地是十分必要的,新产品开发是许多企业在市场中取胜的法宝。但是,绿色产品的发展、产品开发完成时间的缩短和产品寿命周期的缩短、消费者需求个性化的发展等,都对网上新产品的开发提出了新的要求,使新产品的开发难度加大,这对企业来说既是机遇也是挑战。企业开发的新产品如果能适应市场需要,就可以在很短时间内占领市场,打败其他竞争对手。

网络时代开发新产品必须首先研究消费者的消费行为与消费要求的特点,进而确定网络营销新产品的定位和新产品的研制与开发。与传统新产品开发一样,网络营销新产品开发策略也有以下几种:新问世的产品、新产品线、现有产品外新增加的产品、现有产品的改良品、降低成本的产品、重新定位的产品。但制定策略的方法是不一样的。

总之,在网络营销时代,企业在设计产品时要考虑到顾客的个性化需求,产品的构造既要多样化又要有一定的标准,生产系统也要能满足大规模定制生产的要求。

(1)网络营销新产品构思与概念的形成

网络营销新产品开发的首要前提是新产品构思和概念的形成。新产品的构思可以有多种来源,可以是顾客、科学家、竞争者、企业销售人员、中间商和高层管理者,但最主要的还是依靠顾客来引导产品的构思。网络营销的一个最重要特性是与顾客的交互性,它通过信息技术和网络技术来记录、评价和控制营销活动,以掌握市场需求情况。网络营销通过数据库系统处理营销活动中的数据,并用来指导企业营销策略的制定和营销活动的开展。

网络营销数据库系统一般具有下面的特点。

①在营销数据库中每个现有或潜在顾客的信息都要作为一个单独记录存储起来,只有了解每个个体的信息才能细分市场,并可通过汇总数据发现市场总体特征。

②每个顾客的记录不但要包含顾客的一般信息,如姓名、地址、电话等,还要包含一定范围

的市场营销信息，即顾客需求和需求特点，以及有关的人口统计和心理测试统计信息。

③每个顾客的记录还要包含顾客是否能接触到针对特定市场开展的营销活动的信息，以及顾客与企业或竞争对手的交易信息。

④数据库中应包含顾客对企业采取的营销沟通或销售活动所作反应的信息。

⑤存储的信息有助于营销策略制定者制定营销政策，如针对目标市场或细分市场提供何种产品或服务，以及每个产品在目标市场中应采用何种营销策略组合。

⑥在向顾客推销产品时，数据库可以用来保证与顾客维持协调一致的业务关系。

⑦数据库建设好后可以代替市场研究，无需通过专门的市场调研来测试顾客对所进行的营销活动的响应程度。

⑧随着大型数据库可以自动记录顾客信息和自动控制与顾客的交易，自动营销管理已成为可能，但这要求数据库系统有处理大批量数据的能力，在发现市场机会的同时对市场威胁提出警告。大型数据库提供的高质量的信息使得高级经理能有效进行市场决策和合理分配有限的资源。

利用网络营销数据库，企业可以很快发现顾客的现实需求和潜在需求，从而形成产品构思。通过对数据的进一步分析，可以对产品构思进行筛选，并形成产品的概念。

(2)网络营销新产品研制

与过去新产品的研制和试销不一样，顾客可以全程参加产品概念形成后的产品研制和开发工作。顾客参与新产品研制与开发不再是简单地被动接受测试和表达感受，而是主动参与和协助产品的研制开发工作。与此同时，与企业关联的供应商和经销商也可以直接参与新产品的研制与开发，因为在网络时代企业之间的合作是主流，只有通过合作才可能增强企业的竞争能力，才能在激烈的市场竞争中站稳脚跟。通过网络，企业可以与供应商、经销商和顾客进行双向沟通和交流，最大限度地提高新产品研制与开发的速度。

值得关注的是，许多产品并不能直接提供给顾客使用，它需要多个企业共同配合才有可能满足顾客的最终需要，那就更需要在新产品开发的同时加强与以产品为纽带的协作企业的合作。

(3)网络营销新产品试销与上市

网络市场作为新兴市场，消费群体一般具有很强的好奇心和消费领导性，比较愿意尝试新的产品。因此，通过网络营销来推动新产品试销与上市，是比较好的策略和方式。但须注意的是，网络市场群体也有一定的局限性，并不是任何一种新产品都适合在网上试销和推广。一般与技术相关的新产品在网上试销和推广的效果比较理想，这种方式一方面可以比较有效地覆盖目标市场；另一方面可以利用网络与顾客直接进行沟通，有利于顾客了解新产品的性能，还可以帮助企业对新产品进行改进。

将网络作为新产品的营销渠道时，要注意利用网络营销新产品能满足顾客个性化需求的特性，即针对网上市场的不同顾客需求生产出功能相同但又能满足个性需求的产品，这要求在开发和设计新产品时就考虑产品式样和顾客需求的差异性。如戴尔公司在推出新产品时，允许顾客根据自己的需要自行设计和挑选配件来组装自己满意的产品。戴尔公司通过网络直接将顾客的订单送给生产部门，生产部门根据个性化需求组装计算机。因此，网络营销产品的设计和开发要能体现产品的个性化特征，适合进行柔性化的大规模生产，否则概念再好的产品也很难让消费者满意。

5.3　网络营销价格策略

价格策略是企业营销组合策略中重要的组成部分,是竞争的主要手段之一,具有灵活性,并且是企业实现赢利目标的重要途径。

5.3.1　网络营销定价概述

网络营销定价指的是给网上营销的产品和服务制定价格。而网络营销价格是指企业在网络营销过程中买卖双方的成交价格。价格是营销组合因素中最为关键、最为活跃的因素,它随市场变化而上下波动,协调着买卖双方的利益关系。在市场经济条件下运作的企业,如果能在定价决策过程中正确决定价格变动的幅度、价格变动的时间和价格变动的地区,就能在瞬息万变的市场竞争格局中居于十分有利的地位。网络营销中的企业定价又出现了新的特点和方法。

1. 影响网络营销定价的主要因素

(1)成本因素

成本是网络营销定价的最低界限,对企业网络营销价格有很大的影响。产品成本是由产品在生产过程和流通过程中耗费的物质资料和支付的劳动报酬组成的,一般由固定成本和变动成本两部分组成。

(2)供求关系

供求关系是影响企业网络营销定价的基本因素之一。一般而言,当商品供小于求时,企业产品的营销价格可能会高一些;反之,则可能低一些;在供求基本一致时,企业的销售价格将采用买卖双方都能接受的"均衡价格"。此外,在供求关系中,企业产品营销价格还受到供求弹性的影响。

(3)竞争因素

竞争因素对价格的影响主要有商品的供求关系及变化趋势,竞争对手的商品定价目标、定价策略及变化趋势。竞争是影响企业产品定价的重要因素之一,在实际营销过程中,以竞争对手为主的定价方法主要有三种:低于竞争对手的价格、与竞争对手同价和高于竞争对手的价格。

2. 网络营销定价的特点

开放、快捷的网络使企业、消费者和中间商对产品的价格信息都有比较充分的了解,因此网络营销定价与传统营销定价有很大的不同。网络营销定价的特点如下。

(1)低价位化

网络成为企业和消费者交换信息的渠道,网络营销能使企业绕过许多中间环节和消费者直接接触,进而使企业产品的开发和营销成本大大降低。消费者可以通过开放、互动的网络掌握产品的各种价格信息,并对其进行充分的比较和选择。这迫使开展网络营销的企业以尽可能低的价格出售产品,增大了消费者的让渡价值。

网上产品定价比传统产品定价低,有成本、费用降低的基础。网络的发展可以从诸多方面帮助企业降低成本、费用,从而使企业有更大的降价空间来满足顾客的需求。因此,如果网上产品的定价过高或者降价空间有限,当下最好不要在消费者市场上销售。如果面对的是工业、组织市场,或者产品是高新技术的新产品,顾客对产品的价格不太敏感,主要是考虑方便、新颖,就不一定要考虑低价策略了。

（2）定价全球化

网络营销市场是开放的全球化市场,世界各地的消费者可以直接通过网站进行交易,而不用考虑网站所属的国家或地区。企业的目标市场从过去受地理位置限制的局部市场,一下拓展到范围广泛的全球市场,这使得网络营销产品定价时必须考虑目标市场范围的变化带来的影响。

（3）价格水平趋于一致化

网络市场是一个开放的市场,在这个市场中,价格相对是透明的。消费者可以及时获得同类产品或相关产品的价格信息,对价格及产品进行充分的比较。这迫使企业努力减少因国家、地区等因素的不同而产生的价格差异,进而使价格趋于一致。

（4）弹性化

方便快捷的网络能够使消费者及时获取各种产品的多个甚至全部厂家的价格信息,真正做到货比多家,这就决定了网上销售的产品价格弹性很大。因此,企业在制定网上销售价格时,应当科学量化每个环节的价格构成,制定出较为合理的价格策略。

在美国,随着顾客旅行时间的不同,民航票价是动态变化的。工作日航班的票价高于周末的价格,晚上和凌晨的航班的票价比白天的低,而在飞机登机前"最后1分钟"往往可以买到惊人的折扣机票。在美国的航班上发现邻座的人只花了250美元而你花了1500美元的事常常发生。在美国,要乘飞机的顾客只有在买票时才能知道确切的票价是多少。

（5）顾客主导化

所谓顾客主导定价,是指顾客可通过充分的市场信息来选择购买或者定制生产自己满意的产品或服务,同时以最小代价(产品价格)获得这些产品或服务。简单地说,就是顾客的价值最大化,顾客以最小成本获得最大收益。

顾客主导定价的策略主要有顾客定制生产定价和拍卖市场定价。这两种主要定价策略将在下面详细分析。根据调查分析,由顾客主导定价的产品并不比企业主导定价获取的利润低,根据国外拍卖网站eBay的分析统计,在网上拍卖产品,只有20%的产品拍卖价格低于卖者的预期价格,50%的产品拍卖价格略高于卖者的预期价格,剩下30%的产品拍卖价格与卖者预期价格相吻合。因此,顾客主导定价是一种双赢的策略,既能更好地满足顾客的需求,同时企业的利益又不受影响,而且可以对目标市场了解得更充分,使企业的经营和产品的开发更加符合市场竞争的需要。

3. 企业的定价目标

（1）以维持企业生存为目标

这种目标只能是企业面临困难时的短期目标,长期目标还是要获得发展,否则企业终将破产。

（2）以获取当前理想的利润为目标

选择此目标必须具备一定的条件,即当产品声誉好、在目标市场上占有竞争优势地位时方可采用,否则还应以长期目标为主。

（3）以保持和提高市场占有率为目标

这是企业经营的一个十分重要的目标。要实现提高市场占有率这一目标,企业采取全部或部分产品的低价策略。

（4）以应付或抑制竞争为目标

这种定价目标一般适用于实力雄厚的大企业。中小企业在市场竞争激烈的情况下，一般是以市场为导向，随行就市定价，从而也可以缓和竞争、稳定市场。

（5）以树立企业形象为目标

有些企业实行的是"优质优价"，用高价来保证高质量产品的地位，以此来树立企业的形象。

5.3.2 网络营销定价策略

1. 低价策略

根据有关统计调查，消费者选择在网上购物，一方面是因为网上购物比较方便；另一方面是因为从网上可以获取更多的产品信息，从而以最优惠的价格购买商品。因此，低价策略是网络营销定价中除了免费定价外，对消费者最具吸引力的定价方式。

（1）企业实施低价策略的成本原因

从企业内部来说，企业产品的生产成本总的是呈下降趋势，而且成本下降趋势越来越快。在网络营销战略中，可以从降低采购成本、降低库存和生产成本控制几方面分析网络营销对企业成本的控制和节约。

①降低采购成本。采购过程中之所以经常出现问题，是由于过多的人为因素和信息闭塞造成的。通过网络可以减少人为因素的影响，解决信息不畅通的问题，最大限度降低采购成本。首先，利用网络可以将采购信息进行整合，统一从供应商处订货，以求获得最大的批量折扣。其次，通过网络实现库存、订购管理的自动化和科学化，可最大限度地减少人为因素的干预，同时能以较高效率进行采购，节省大量人力和避免人为因素造成的不必要损失。第三，通过网络可以与供应商进行信息共享，帮助供应商按照企业生产的需要提供原材料，同时不影响生产周期，不增加库存产品。

②降低库存。利用网络将生产信息、库存信息和采购系统连接在一起，可以实现实时订购。企业可以根据需要最大限度地降低库存，实现"零库存"管理。这样的好处是，一方面减少资金占用和仓储成本；另一方面可以避免价格波动对产品的影响。正确管理库存能为客户提供更好的服务，并为企业降低经营成本。加快库存核查频率会减少与存货相关的利息支出和存储成本。减少库存量意味着现有的加工能力可更有效地得到发挥，更高效率的生产可以减少或消除设备的额外投资。

③生产成本控制。利用网络可以节省大量生产成本。首先利用网络可以在全球范围寻求最合适的生产厂家生产产品；另一方面，利用网络可以大大缩短生产周期，提高生产效率。使用网络与供货商和客户建立联系，企业能够比从前大大缩短用于收发定单、发票和运输通知单的时间。通过与网上不同的研究小组和企业进行项目合作，将进一步减少产品生产时间。

（2）低价策略的种类

通过网络，企业可以节省大量的成本，这为企业在网络营销中实施低价策略提供了条件。从目前来看，常见的低价策略主要有以下几种。

①直接低价策略。企业在定价时大多采用成本加利润（有时甚至是零利润）的方法，因此这种定价策略在公开价格时就比同类产品要低。它一般是制造业企业在网上进行直销时采用的定价方式，如戴尔公司的计算机定价比同性能的其他公司产品低 10%～15%。

②折扣策略。它是在原价基础上进行打折来定价的。这种定价方式可以让顾客直接了解产品的降价幅度以促进顾客购买。这类价格策略主要用在一些网上商店,一般按照市场上的主流价格进行折扣定价。如亚马逊的图书一般都采用以折扣方式销售。

③网上促销定价策略。由于网上的消费者范围很广而且具有较强的购买能力,许多企业为打开网上销售局面和推广新产品,采用临时促销定价策略。促销定价除了前面提到的折扣策略外,比较常用的是有奖销售和附带赠品销售。这种策略常常在企业拓展网上市场,但产品价格又不具有竞争优势时采用。

(3)实施低价策略时应注意的问题

①由于网络是从免费共享资源发展而来的,因此用户一般认为网上商品更便宜,在网上不宜销售那些顾客对价格敏感而企业又难以降价的产品。

②在网上发布价格时要注意区分消费对象,要区分一般消费者、零售商、批发商、合作伙伴,并分别提供不同的价格信息发布渠道,否则可能因低价策略导致营销渠道混乱。

③在网上发布价格时要注意比较同类站点公布的价格,因为消费者可以通过搜索功能很容易地在网上找到最便宜的商品,否则价格信息将起到反作用。

2. 定制定价策略

按照顾客需求进行定制生产是网络时代满足顾客个性化需求的基本形式。定制生产根据顾客对象可以分为两类,一类是面对普通顾客的定制生产,另一类是面对工业组织市场的定制生产,在这一市场上需要供应商与订货商进行协作。如波音公司在设计和生产新型飞机时,要求供应商按照其飞机的总体设计标准和成本来组织生产。这类工业组织市场的定制生产主要通过产业价值链,由下游企业向上游企业提出需求和成本控制要求,上游企业通过与下游企业进行协作,设计、开发并生产满足下游企业需要的零配件产品。

由于消费者的个性化需求差异性大,加上消费者的需求量又少,因此企业实行定制生产必须在管理、供应、生产和配送等各个环节上适应这种小批量、多式样、多规格和多品种的生产和销售变化。为适应这种变化,现在企业在管理上大多采用企业资源计划系统(enterprise resource planning,ERP)来实现自动化、数字化管理,在生产上采用计算机集成制造系统(computer integrated manufacturing system,CIMS),在供应和配送上采用供应链管理(supply chain management,SCM)。

定制定价策略是在企业能实行定制生产的基础上,利用网络技术和辅助设计软件,帮助消费者选择配置或者自行设计能满足自己需求的个性化产品,同时制定消费者愿意接受的价格的策略。戴尔公司的用户可以通过其网页了解不同产品的基本配置和基本功能,并根据实际需要和所能承担的价格配置出自己最满意的产品,这使消费者能够一次性买到自己中意的产品。在配置产品的同时,消费者也相应地选择了自己认为价格合适的产品,因此对产品价格有比较清楚的认识,增加了对企业的信任。目前这种允许消费者定制产品的尝试还只是初步阶段,消费者只能在有限的范围内进行定制,还不能要求企业满足自己所有的个性化需求。

3. 使用定价策略

在传统交易关系中,产品的买卖是产权的转移,顾客购买产品后即拥有对产品的完全产权。但随着经济的发展和人民生活水平的提高,人们对产品的需求越来越多,而产品的使用周期越来越短,许多产品购买后使用几次就不再用了,非常浪费,因此制约了许多顾客对这些产品的需求。为改变这种情况,可以在网上采用类似租赁的按使用次数定价的方式。

所谓使用定价,就是顾客通过网络注册成为企业会员后直接使用企业的产品,顾客只需要根据使用次数进行付费,而不需要购买产品。这一方面减少了企业为出售产品而花费的额外成本,同时可以吸引过去那些有顾虑的顾客使用产品,扩大市场份额。顾客每次只是根据使用次数付费,节省了购买产品、安装产品、处置产品的麻烦,还可以节省不必要的开销。

采用按使用次数定价,一般要考虑产品是否适合通过网络传输,是否可以实现远程调用。目前,比较适合的产品有软件、音乐、电影等。对于软件,如我国的用友软件公司推出网络财务软件,用户注册后在网上直接处理账务,而无需购买软件和担心软件的升级、维护等;对于音乐产品,可以通过网上下载或使用专用软件点播;对于电影产品,则可以通过视频点播系统实现远程点播。另外,采用按次数定价对网络的带宽提出了很高的要求,因为许多信息都要通过网络进行传输,如果网络带宽不够势必影响顾客使用产品。

4. 拍卖竞价策略

网上拍卖是发展比较快的领域。有经济学家认为市场要想形成最合理的价格,拍卖竞价是最合理的方式。网上拍卖由消费者通过网络轮流公开竞价,在规定时间内出价高者赢得拍卖。国外比较有名的拍卖站点是 www.ebay.com,它允许公开在网上拍卖商品,竞价者只需要在网上进行登记即可,拍卖方将拍卖品的相关信息提交给 eBay 公司,经公司审查合格后即可上网拍卖。

(1)网上拍卖竞价方式

根据供需关系,网上拍卖竞价方式有下面几种。

①竞价拍卖,最主要的是 C2C 交易,包括二手货、收藏品,也可以是普通商品以拍卖方式进行出售。如惠普公司将一些库存积压产品放到网上拍卖。

②反向竞价,它是竞价拍卖的反向过程,消费者提出一个价格范围求购某一商品,由商家出价。出价可以是公开的或隐蔽的,消费者将与出价最低或与预期最接近的商家成交。

③集体议价。在网络出现以前,这种方式在国外主要是多个零售商结合起来,向批发商(或生产商)以数量换价格。网络出现后,普通的消费者也能使用这种方式购买商品。这种由消费者集体议价的交易方式,是美国著名的 Priceline 公司(www.priceline.com)最先提出的。这种定价方式在经济学意义上有着很强的优越性。它能够聚合顾客的真实需求,与厂商能提供的供给相对应,达到一种没有浪费的均衡。

(2)拍卖价格的设定

在竞价拍卖中,通常使用一口价、底价、起始价,三者的关系是:一口价≥底价＞起始价。具体可以有以下几种拍卖方式。

①只设起始价,即无底价竞标方法。

②起始价＋底价,只有高于底价的出价才可能中标。

③只设一口价,出一口价则直接中标。

④起始价＋底价＋一口价,可以参与竞标,但出价超过底价才可能中标,也可以直接以一口价购买。

⑤起始价＋一口价,可以参与竞标,也可以直接以一口价购买。

(3)网上拍卖的流程

①卖家注册成为用户,并通过身份认证。

②发布商品,提交拍卖信息,包括商品说明、图片、数量、价格设定、拍卖方式等内容。

③买家出价竞拍。拍卖过程中可通过沟通工具洽谈交流。

④拍卖结束,与最高出价者成交。

⑤买家、卖家通过第三方安全支付平台进行交易结算。

⑥交易成功,双方作出信用评价。

网上拍卖的整体流程又可以分解为买家参拍流程、卖家参拍流程、买家交易步骤、卖家交易步骤四个过程

5.网络免费策略

网络上最早出现的免费产品是网景公司的浏览器,后来微软也如法炮制,免费发放 IE 浏览器。再后来网景公司公布了浏览器的源码,来了个彻底的免费。网景公司当时允许用户免费下载浏览器,主要的目的是在用户使用习惯之后开始收费,这是网景公司提供免费软件的背后动机。但是 IE 的出现打碎了网景公司的美梦。所以对于这些公司来说,为用户提供免费服务只是其商业计划的开始,赢得商业利润才是最终目的。但并不是每个公司都能获得成功,那些实行免费策略的企业必须面对承担很大风险的可能。

(1)免费策略的概念

免费策略是指企业为了实现某种特殊的目的,将产品和服务以零价格形式提供给顾客而使用的定价方法。

(2)企业实施免费策略的目的

免费策略是最有效的市场占领手段。目前,企业在网络营销中采用免费策略的目的主要有以下两点。

①让用户免费使用,形成习惯后再开始收费。如金山公司允许用户在网上下载限制使用次数的 WPS2000 软件,其目的是希望用户使用习惯后购买正式软件。这种免费策略主要是一种促销策略,与传统营销策略类似。

②先占领市场,再在市场上获取收益。出于这种目的的企业在制定免费策略时,主要是从战略发展的需要出发,着眼于发掘产品的后续商业价值。如雅虎公司建设免费门户站点,经过四年亏损经营后,在第五年通过广告收入等间接收益扭亏为盈。但在前四年的亏损经营中,公司却得到飞速发展,主要得力于股票市场对公司的认可和支持。因为股票市场看好其未来的增长潜力,而雅虎的免费策略恰好占领了未来市场,具有很大的市场竞争优势和巨大的市场赢利潜力。

(3)免费产品的特性

网络营销中产品实行免费策略是要受到一定环境制约的,并不是所有的产品都适合采用免费策略。全球性的开放网络可以快速实现全球信息交换,只有那些适应网络这一特性的产品才适合采用免费策略。一般说来,免费产品具有下面的特性。

①易于数字化。网络是信息交换的平台,它的基础是数字传输。易于数字化的产品都可以通过网络实现零成本配送。企业只需要将这些免费产品放到企业的网站上,用户就可以通过网络自由下载使用。企业通过较小成本实现了产品推广,可以节省大量的产品推广费用。

②无形化。通常采用免费策略的产品是无形产品,它们只有通过一定的载体才能表现出一定的形态。如软件、信息服务(如报纸、杂志、电台、电视台等媒体服务)、音乐制品、电子图书等。这些无形产品可以通过数字化技术实现网络传输。

③零制造成本。这里零制造成本主要是指产品开发成功后,只需要通过简单复制就可以

实现无限制的生产。对这些产品实行免费策略,企业只需要投入研制费用即可,产品的生产、推广和销售则完全可以通过网络实现零成本运作。

④成长性。采用免费策略的产品一般都是利用产品的更新换代推动占领市场,为未来企业的发展打下坚实的基础。

⑤冲击性。采用免费策略的产品主要是为了推动市场成长,开辟出新的市场领地,同时对原有市场产生巨大的冲击。如 3721 网站为推广其中文网址域名标准,以解决中国人不习惯英文域名的问题,采用免费下载和免费在品牌计算机中预装的策略,在 1999 年短短的半年时间内迅速占领市场成为市场标准。

⑥间接收益。采用免费策略的产品,可以通过其他渠道获取收益。这种收益方式也是目前大多数网络内容服务商的主要商业运作模式。

(4)免费策略的种类

免费策略是市场营销中常用的营销策略,它主要用于促销和推广产品,一般是短期和临时性的。但在网络营销中,免费不仅仅是一种促销策略,它还是一种非常有效的产品和服务定价策略,其形式主要有这样几类:

①产品和服务完全免费,即产品从购买、使用到售后服务的所有环节都是免费的;

②产品和服务实行限制免费,即产品可以被有限次使用,超过一定期限或者次数后,则取消这种免费服务;

③产品和服务实行部分免费,如一些著名研究公司在网站公布部分研究成果,如果要获取全部成果则须向公司付款;

④产品和服务实行捆绑式免费,即购买某产品或者服务时赠送其他产品和服务。

(5)免费策略成功实施的要素

免费策略一般与企业的商业计划和战略发展规划紧密关联。企业要降低免费策略带来的风险,增加免费策略成功的可能,应在实施前充分考虑以下因素。

①商业模式。网络市场是一个成长性的市场,在这一市场获取成功的关键是要有一个合适的商业模式。因此企业在实施免费策略前必须考虑自己的商业模式是否适合网络市场。

②市场需求。分析采用免费策略的产品(或服务)能否获得市场认可,也就是企业提供的产品是否是市场迫切需要的。网络上通过免费策略已经获得成功的企业都有一个特点,就是提供的产品受到市场的极大欢迎。如雅虎的搜索引擎解决了用户在网上查找信息的困难,给用户带来便利;我国的新浪网提供了大量实时性的新闻报道,满足了用户对新闻的需求。

③推出时机。网上的游戏规则是"赢家通吃",只承认第一,不承认第二。因此在网上推出免费产品是为了抢占市场,如果市场已经被占领或者已经比较成熟,则要审视推出的产品的竞争能力。

④适用特性。企业要考虑产品是否适合采用免费策略。目前国内外很多提供免费网络服务的运营商,对用户也不是毫无要求。他们有的要求用户接受广告,有的要求用户每月在其站点上购买一定数量的商品,还有的要求支付接入费用等。

⑤策划能力。网络是信息的海洋,网上用户对免费产品已经习惯。因此,要吸引用户关注免费产品,应当与推广其他产品一样有严密的营销策划方案。在推广免费产品时,应主要考虑通过网络渠道进行宣传。如 3721 网站为推广其免费中文域名系统软件,首先通过新闻形式介

绍中文域名概念,宣传中文域名的作用和便捷性;然后与一些著名的互联网内容和服务提供商合作,建立免费软件下载链接,同时与计算机制造商合作,预装中文域名软件。

以上价格策略是企业在利用网络营销拓展市场时可以考虑的几种比较有效的策略,但并不是所有的产品和服务都可以采用上述定价方法,企业应根据产品的特性和网络市场发展的状况来决定定价策略。不管采用何种策略,都应与其他策略相配合,以保证企业总体营销战略的实施。

6.产品组合定价策略

(1)选择产品定价

选择产品定价的特点是,在顾客购买相关商品时,提供多种方案供顾客挑选。但总的来说,各种定价都是鼓励顾客多买商品。

①只买计算机,每台 10000 元。

②只买打印机,每台 8000 元。

③计算机与打印机一起买,每套 17000 元。

(2)俘虏产品定价

所谓俘虏产品定价,就是把相关产品中的一种商品的价格定得较低,以吸引顾客,这种商品称为"引诱品";而把另一种商品的价格定得较高,以赚取利润,这种商品称为"俘虏品"。当顾客以低价买了引诱品后,就不得不出高价来买俘虏品。一般引诱品是使用寿命较长的商品,而俘虏品则应当是易耗品。

7.网络营销智能报价系统

网络营销的报价系统要设计两个:一是自动调价系统,即根据季节变动、市场供求状况、竞争产品价格及其他因素,在计算最大赢利的基础上,进行实际的价格调整;二是智慧型议价系统,即与消费者直接在网上协商价格的系统。

如当当网推出"搜索比价"销售。当当网技术部有关负责人介绍,智能比价是网络经济的优势。搜索比价系统是当当网开发的智能比价系统。通过此系统,当当网每天实时将各电子商务网站的同类商品与当当网的商品价格进行对比,如对方商品价格低于当当网商品价格,此系统将自动调低当当网商品的价格,调整后的价格将低于对方商品价格的 10%。降低利润能够更好地吸引顾客,对整体销售额的扩大有好处。同时,当当网此举也是为了引导消费、扩大市场,将更多优惠送给顾客。

5.4 网络营销渠道策略

5.4.1 网络营销渠道概述

1.网络营销渠道与分销渠道

(1)网络营销渠道

网络营销渠道指为了能使某一产品或服务实现其价值与使用价值而配合起来利用网络实现供应、生产、分销和消费等功能的所有企业与个人。一个完善的网络营销渠道应具有四大功能,如图 5-4 所示。

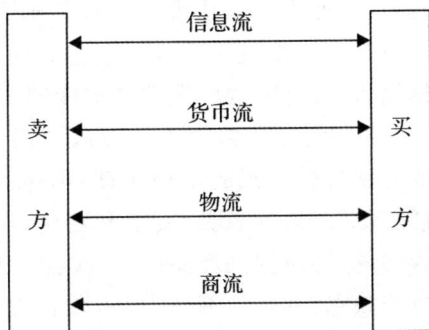

图 5-4　网络营销渠道的"四流"

①网络信息流实现了网络宣传促销。

②网络货币流实现了网络支付结算。

③网络物流实现了网络物流信息管理。

④网络商流实现了网络订货交易。

（2）网络分销渠道

分销渠道亦称销售渠道，是指产品从企业向消费者转移时所经过的路线。在现代社会，大多数情况下这种转移活动是借助一系列的中间商转买、辅助活动进行的。因此，分销渠道又可认为是促使产品或服务顺利地被使用或消费的一整套相互依存的组织。

网络分销系统是企业的一项关键性的外部资源。它的建立通常需要若干年，并且不是轻易可以改变的。它的重要性不亚于其他关键性的内部资源，如制造部门、研究部门、工程部门、销售部分以及辅助设备等。

有人认为，随着网络的飞速发展，企业网上销售渠道将全面替代传统销售渠道。这种看法是片面的。由于消费者习惯、网络的局限性等原因，在很长时期内，企业将以传统分销渠道为主，网络分销渠道为辅。企业可以利用网络实现产品销售，积极抢占市场。

2. 网络营销渠道分类

网络营销渠道可分为直接分销渠道和间接分销渠道。但与传统的营销渠道相比，网络营销渠道的结构要简单得多。网络的直接分销渠道和传统的直接分销渠道都是零级分销渠道，没有大的区别；而对于间接分销渠道而言，网络营销中只有一级分销渠道，即只有一个信息中间商（商务中心）来沟通买卖双方的信息，而不存在多个批发商和零售商的情况，所以也就不存在多级分销渠道。

（1）网络直销

网络直销是指生产者通过网络直接推广销售自己的产品。企业在网上建立自己独立的具有交易功能的网络营销网站，通过专门的网上交易系统实现产品的销售。目前常见的做法有两种：一种是企业在网上建立自己的站点，申请域名，制作销售主页，由网络营销管理人员专门处理有关产品的销售事务；另一种是委托信息服务商在其站点发布信息，企业利用有关信息与客户联系，直接销售产品（图 5-5）。

图 5-5　网络营销直接渠道

网络直销有许多优点。第一，能够促成产需双方直接见面,节约购物时间和方便消费者,企业也可以从市场上收集到真实的第一手资料,合理安排生产。第二,网络直销对买卖双方都会产生直接的经济利益。网络营销使企业的营销成本大大降低,企业能够以较低的价格销售自己的产品,消费者也能够买到大大低于现货市场价格的产品。第三,信息双向沟通,服务更加便捷。营销人员可以利用网络工具,如 E-mail、公告牌等,随时根据顾客的愿望和需要开展各种形式的促销活动,迅速扩大产品的市场份额。第四,网络直销使企业能够及时了解顾客对产品的意见、要求和建议,从而针对这些意见、要求和建议向其提供技术服务,解决疑难问题,同时提高产品质量,改善企业经营管理。

当然,网络直销也有其自身的缺点。第一,网站太多,顾客难以逐一浏览。由于越来越多的企业和商家在网上建站,使顾客处于无所适从的尴尬境地。面对大量企业网站,网络访问者很难有耐心一个个去访问。为解决这个问题,必须从两方面入手:一方面需要尽快组建高水平的专门服务于商务活动的网络信息服务点;另一方面需要从间接分销渠道中去寻找解决办法。第二,网站前期建设投入较多。第三,网络直销要求配备专业技术和管理人员。

(2)网络间接销售

为了克服网络直销的缺点,网络商品交易中介机构应运而生。中介机构成为连接买卖双方的枢纽,使网络间接销售成为可能(图 5-6)。中国商品交易中心、商务商品交易中心、中国国际商务中心等都属于此类中介机构。此类机构在发展过程中仍然有很多问题需要解决,但其在未来虚拟网络市场的作用是其他机构所不能替代的。

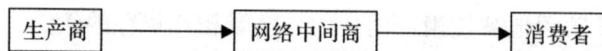

生产商 → 网络中间商 → 消费者

图 5-6　网络营销间接渠道

(3)直接渠道与间接渠道相结合

企业在进行网络分销决策时,既可以使用网络直接分销渠道,也可以使用网络间接分销渠道,还可以同时使用网络直接分销渠道和网络间接分销渠道,称为双道法,这是企业网络营销渠道的最佳策略。所谓双道法,是指企业同时使用网络直接销售渠道和网络间接销售渠道,以达到销售量最大的目的。在买方市场条件下,通过两条渠道销售产品比通过一条渠道更容易实现"市场渗透"。

企业在网上建立网站,一方面为自己打开了一个对外宣传的窗口,另一方面也建立了自己的网络直销渠道。只要企业能够坚持不懈地对网站进行必要的投入,把网站建设、维护好,随着时间的推移,企业的老客户会逐渐习惯使用它,新客户也会不断加盟。一旦企业的网页链接到信息服务商的网站上,其宣传作用便不可估量,这种优势是任何传统的广告宣传都不能比拟的。

对于中小企业来讲,网上建站具有灵活优势。因为一方面,在网上所有企业都是平等的,只要网页制作精美,信息经常更换,一定会有越来越多的顾客光顾;另一方面,自己建立网站推销商品的过程非常简单。最简单的网上销售形式是在企业网站的产品页面上附订单,浏览者如果对产品满意,可直接在页面上下订单,然后付款、交货,完成整个销售过程。

企业在自己建立网站推销商品和服务的同时,也可以积极利用网络间接渠道销售自己的产品和服务。通过网络中介商的信息服务、广告服务和撮合服务等的优势,扩大企业的影响,开拓企业产品的销售领域,降低销售成本。因此,对于从事网络营销活动的企业来说,必须熟悉和研究国内外电子商务交易中介商的类型、业务性质、功能、特点及其他有关情况,以便能够正确地选择中介商,顺利地完成商品从生产到消费的整个转移过程。

3. 电子中间商

中间商是指在制造商与消费者之间充当媒介进行商品交换的经济组织或个人。电子中间商就是基于网络提供信息服务的新型中间商。

(1)电子中间商的服务内容

①目录服务。它指利用目录化的网站提供菜单驱动进行搜索。现在有三种目录服务:一种是通用目录(如雅虎),可以对各种不同站点进行检索,所包含的站点按层次组织在一起;另一种是商业目录(如网络商店目录),提供各种商业网站的索引,类似于印刷出版的工业指南手册;最后一种是专业目录,针对某个领域或主题建立网站。目录服务的收入主要来源于为客户提供网络广告服务。

②搜索服务。与目录服务不同,搜索站点为用户提供基于关键词的检索服务,站点利用大型数据库分类存储各种站点介绍和页面内容。搜索站点不允许用户直接浏览数据库,但允许用户向数据库中添加条目。

③虚拟商业街。虚拟商业街是指在一个站点内连接的两个或两个以上的商业站点。虚拟商业街与目录服务的区别是,虚拟商业街定位于某一特定类型的生产者和零售商,并销售各种商品、提供不同服务。站点的主要收入来源依靠其他商业站点的租用。如我国的新浪网开设的电子商务服务中,就提供网上专卖店店面出租。

④网上出版。由于网络信息传输及时且具有交互性,网络出版站点可以提供大量有趣和有用的信息给消费者。由于内容丰富而且基本上免费,此类站点访问量特别大,因此出版商利用站点做网络广告或提供产品目录,并以广告访问次数进行收费。

⑤虚拟零售店(网上商店)。虚拟零售店不同于虚拟商业街,虚拟零售店拥有自己的货物清单并直接销售产品给消费者。通常这些虚拟零售店是专业性的,定位于某类产品。它们直接从生产商进货,然后按折扣销售给消费者(如亚马逊网上书店)。目前网上商店主要有三种类型:第一种是电子零售型,这种网上商店直接在网上设立网站,提供一类或几类商品的信息供消费者选择购买;第二种是电子拍卖型,这种网上商店提供商品信息,但不确定商品的价格,商品价格通过拍卖形式由会员在网上相互叫价确定,出价高者就可以购买该商品;第三种是电子直销型,这类站点是由生产型企业开通的网上直销站点,它绕过传统的中间商环节,直接让最终消费者从网上选择购买商品。

⑥站点评估。消费者在访问生产商站点时,由于内容繁多、站点庞杂,往往显得束手无策,不知该访问哪一个站点。提供站点评估的站点,可以帮助消费者根据以往数据和评估等级,选择合适的站点进行访问。通常一些目录和搜索站点也提供站点评估服务。

⑦电子支付。电子商务要求在网络上交易的同时,实现买方和卖方之间的授权支付。授权支付系统主要包括信用卡、电子等价物(如填写的支票)、数字现金,或通过安全 E-mail 授权支付等。目前,我国的商业银行也纷纷提供电子支付服务。

(2)电子中间商的选择

在筛选电子中间商时,必须考虑成本、信用、覆盖、特色、连续性五个方面的因素。这五个方面的因素可以称为网络间接营销的五大关键因素,也称为 5C 因素。

①成本(cost)。这里的成本是使用中间商信息服务的支出。这种支出可分为两类:一是

在中间商网络服务站建立主页的费用;另一类是维持正常运行的费用。在这两类费用中,维护费用是经常性的,不同的中间商之间有较大的差别。

②信用(credit)。这里的信用是指网络信息服务商所具有的信用程度大小。相对于其他基本建设投资来说,建立一个网络服务站所需的投资较少,因此信息服务商如雨后春笋般地出现。目前,我国还没有权威性的认证机构对这些服务商进行认证,因此在选择中间商时应注意他们的信用程度。

③覆盖(coverage)。覆盖是指网络宣传所能触及的地区和人数,即网络站点所能影响的市场区域。对于企业来讲,站点覆盖并非越广越好,而是要看市场覆盖面是否合理、有效,是否能最终给企业带来经济效益。这类似在电视上做广告。例如,"短腿"产品(如啤酒)在地区性电台做广告的效果较好;而"长腿"产品(如药品)则非常适合于在全国性电视台做广告。

④特色(character)。每一个网络站点都要受到中间商总体规模、财力、企业文化、服务态度等的影响,在设计、更新过程中表现出各自不同的特色,因而具有不同的访问群(即顾客群)。企业应当研究这些顾客群的特点、购买渠道和购买频率,为选择不同的电子中间商打下一个良好的基础。

⑤连续性(continuity)。网络发展的实践证明,网络站点的寿命有长有短。如果一个企业想使网络营销持续稳定地进行,就必须选择具有连续性的网络站点,这样才能在用户或消费者中建立品牌信誉、服务信誉。为此,企业应采取措施加强与中间商的联系,防止中间商把其他企业的产品作为经营的主要方向。

4. 电子中间商与传统中间商的区别

与传统中间商一样,电子中间商是连接企业和消费者的桥梁,同样发挥着帮助消费者选择购买商品、帮助企业掌握产品销售状况、降低达成交易的成本费用等作用。但电子中间商与传统中间商也存在着很大区别。

(1)交易主体不同

传统中间商直接参加企业和消费者的交易活动,而且是交易的驱动力,即中间商先与生产者交易,然后再与消费者交易,完成整个交易活动;而电子中间商作为一个独立主体存在,它不直接参与企业和消费者的交易活动,但它提供媒介和场所,同时为消费者提供大量的产品和服务信息,为企业传递需求信息,高效地促成企业和消费者的具体交易的实现。

(2)交易内容不同

传统中间商参与交易活动,需要进行物质、信息、资金等的交换,这些交换活动是伴随交易同时发生的;而电子中间商作为一种交易媒介,它主要提供的是信息交换场所,具体的物质、资金交换等活动则由企业和消费者直接进行,因此交易中的信息交换与产品交换是分离的。

(3)交易方式不同

传统中间商承担的是实际交换功能,包括实物、资金等;而电子中间商主要是进行信息交换,是虚拟交换,它可替代部分不必要的实体交换。

(4)交易效率不同

通过传统中间商达成生产者和消费者之间的交易需要两次,而中间的信息交换特别不畅通,造成企业和消费者之间缺乏直接沟通。电子中间商提供的信息交换可以帮助消除企业和消费者之间的信息不对称,双方在有交易意愿的前提下才实现交易,极大地减少了因信息不对称造成的无效交易和破坏性交易,最大限度地降低了交易成本,提高了交易效率和质量。

随着网络的发展和网上交易日益增多,越来越多的基于网络的新型中间商会不断产生,以满足基于网络的交易需要。与传统中间商一样,新型电子中间商起着方便企业和消费者、降低交易成本、发挥规模经济效益、提高市场交易效率的作用。

5.4.2　网络营销渠道策略

随着营销环境的变化,渠道也在变化。渠道的实质在于使消费者能够方便快捷地以最低成本获得所需产品。网络渠道不但是传统渠道的补充,也是传统渠道的延伸。在企业的营销过程中,完全可以将网络渠道和传统渠道整合在一起,从而拓展企业营销的空间。网络营销渠道策略主要有增值策略、延伸策略、整合策略、双向策略等。

1. 增值策略

增值就是价值的增加,这里主要指产品信息的增值和客户信息的增值。

(1)产品信息增值

产品信息增值主要体现在对商品信息的发布、组织和展示方面。在网络平台上,生产商可以将尽可能多的产品拍摄成图片,然后分型号、分类别、分产地、分颜色进行精心的展示,甚至使用三维技术结合视频和声音,把整个产品信息充分展示在消费者面前。

(2)客户信息增值

网络提供给企业一个收集客户信息的有效途径。通过网络渠道的建设,企业完全有能力获取大量的客户信息,并通过数据库处理或客户关系管理系统进行有效的数据挖掘,最终使企业与客户之间信息沟通的有效性不断提高。

2. 延伸策略

延伸在这里指一种多方位、立体化的延伸,它包括了信息传播的延伸、营销手段的延伸和营销范围的延伸。

(1)主动营销实现信息传播的延伸

一方面可以采取联合促销的方式,将相关联的不同商家的产品捆绑促销,达到信息广泛传递和快速传递的目的,最大可能地接触到目标客户;另一方面主动定期推荐商品,组织个性化的商品展示,提供个性化的服务,开展幸运客户、节日大送礼、商品知识有奖活动等一系列有助于商品销售的活动。网络渠道在信息传递和延伸方面具有传统渠道所无法比拟的优势。如一些中小型商家,其营销渠道不广,手段较为贫乏,资金实力有限,要实施全方位的营销,网络就是最好的延伸工具。

(2)在线交易实现营销手段的延伸

在线交易是地面交易的延伸,其关键意义在于开创了素未谋面却可以成功交易的模式。

(3)中间商介入实现营销范围的延伸

除了企业自身的网络销售平台以外,企业可以通过门户型网站、搜索引擎、电子中间商等实现营销范围的延伸。这种延伸在理论上是没有边界的,只要网络能到达的地方,都可以成为企业营销的渠道终端。

3. 整合策略

整合主要有两种方式,即上上整合和上下整合。

(1)上上整合

上上整合指企业内网、企业外网及互联网的线上整合。

（2）上下整合

简单来说，上下整合就是指利用网络强大的技术优势，通过与线下的传统营销资源和渠道完美结合，实现渠道功能的效应最大化。这包括两个方面：一是线上的客户线下做；另一个是线下的产品线上推。

4. 双向策略

双向策略主要有两种方式。

（1）网上营销与离线营销相结合

离线营销是指传统的、非网络的营销。这同整合策略中的上下整合策略相似。

（2）直销渠道和中介渠道相结合

企业可以同时使用直销渠道和中介渠道，以实施销售利益最大化的网络市场渗透策略。

5.4.3　网络营销渠道建设

1. 网络营销渠道现状

由于网上销售对象不同，网上销售主要有两种方式，第一种是 B2B，即企业对企业的模式。这种模式每次交易量很大、交易次数较少，并且购买方比较集中，因此网上销售渠道建设的关键是订货系统。企业之间通过网上结算实现付款比较便捷。另一方面，由于量大次数少，配送时可以专门运送，既可以保证速度也可以保证质量，减少中间环节造成的损失。第二种方式是 B2C，即企业对消费者模式。这种模式每次交易量小、交易次数多，而且购买者非常分散，因此网上渠道建设的关键是结算系统和配送系统，这也是目前网上购物必须面对的门槛。

2. 网络营销渠道建设

在具体建设网络营销渠道时，要考虑下面几个方面的问题。

（1）从消费者角度设计渠道

只有采用消费者比较放心、容易接受的方式来建设网络营销渠道，才有可能吸引消费者在网上购物。网络营销中渠道管理的首要因素应该是时间，因而在网上销售的企业必须使自己的信息反馈系统快捷而准确。只有这样，才能保证渠道畅通，提高消费者的满意度。

（2）订货系统要简单明了

①为了减少消费者订货的麻烦，提高订货的易操作性和信息传送的准确性，订单的设计应尽量减少消费者的劳动，要方便、简单。可以将订单放在页面上，消费者需要购买时，只需输入购买数量，按一下"提交"按钮就完成了订货。

②当消费者在网上购买不同厂家的多种产品时，为了使消费者购物方便，采用"购物车"让消费者一边看商品一边选购。"购物车"实际上是一种较高级的商品目录，它使消费者更简便地在目录中选择所需要的商品，使购物过程变得非常容易。

③要告诉消费者在什么时间内能够收到货物。企业最好能保证 24 小时内运达。

④应能让消费者选择送货方式，并在网站上专门设立一个免费的服务电话。

（3）建立完善的配送系统

建设快速而有效的配送服务系统，保证货物尽快到达消费者手中是非常重要的。在现阶段我国配送体系已基本成熟，各快递公司在全国已建立了比较完善的配送体系。提高配送服务质量、增加增值服务，成为进一步完善配送体系的主要因素。

（4）保证结算安全

应提供多种结算方式供消费者选择，还要考虑网上结算的安全性。

3. 网络营销中的物流

在社会化大生产和经济高度发展的条件下，商流与物流的分工是必然趋势。商流是实现物流的前提，物流是实现商流的保证。没有商流就没有物流，购销（商流）是产品实体运动的前提，是起主导作用的环节；没有物流，商流也不能实现，实体运动是产品购销的必要条件。物流是商流派生的，又是必不可少的因素。因此，流通过程是产品所有权的转移和产品实体运动的统一过程。如果产品实体不能以适当的批量、适当的时间与地点，从企业那里转移到顾客手中，整个市场营销活动就将落空。

网络营销物流渠道的建设有多种模式可以选择。由于从事的专业不同，互联网内容和服务提供商更多地从如何建立网络营销信息服务网络，如何提供更多的信息内容，如何保证网络的安全性，如何方便消费者接入，如何提高信息传输速度等方面考虑问题，至于网络营销在线服务背后的物流体系的建立问题则因为涉及另一个完全不同的领域，信息产业界对此疑问较多。实际上，完整的网络营销应该完成商流、物流、信息流和资金流四方面，在商流、信息流、资金流都可以在网上进行的情况下，物流体系的建立应该被看作是网络营销的核心业务之一。网络营销物流渠道体系可以有以下几种组建模式。

（1）自营物流

从企业竞争的角度来考虑，是否自营物流主要看两方面：一是是否能够提高企业的运营效率；二是是否能够降低企业的运营成本。很多跨国公司在拓展中国市场时，之所以要从本土带物流企业甚至是配套企业到我国来为其提供物流服务，主要就是因为我们的物流企业在服务理念和服务水平上无法达到其所要求的服务标准。实际上，国内网络营销企业的物流服务需求也面临同样的问题。

①自营物流的优势分析。自营物流可以使企业对供应链有较强的控制能力，容易与其他业务环节密切配合，全力服务本企业的运营管理。即自营物流可以使企业的供应链更好地保持协调与稳定。

②自营物流的劣势。自营物流除了上述的优势外，也有很多的缺陷，主要表现为投入非常大。自营物流所需的投入大，建成后对规模的要求很高，大规模才能降低成本，否则将会长期处于不盈利的境地；建成之后需要工作人员具有专业化的物流管理能力，否则只有硬件也是无法经营的。

（2）外包物流

现代物流服务的核心目标是在物流全过程中以最低的综合成本满足顾客需求。第三方物流企业所追求的最高目标应该体现为，物流企业对其所面对的可控制资源与可利用资源进行最大限度的合理开发与利用。这种合理化表现为物流企业对自身物流能力的客观评估与正确定位，对外部环境与市场需求的深刻了解与合理预期，对企业自身发展方向与发展时机的准确把握。这使物流企业能够将可控制资源与可利用资源进行有机融合，并在市场运作中以各类有效方法与措施使上述两种资源始终处于相互协调、相互支持的动态平衡中，使之成为推动和促进物流企业实现其总体发展战略目标的重要原动力。

企业利用专业的第三方物流服务，能够获得如下利益：降低成本，提高专业知识、市场信息获取能力，提高运作效率，改进对顾客的服务，使主业更集中等。

(3)物流联盟

物流联盟指与生产或销售企业形成长期互利、全方位合作关系的多个物流公司的集合体。生产或销售企业与物流企业优势互补,要素双向或多向流动,双方相互信任、共担风险、共享收益。物流联盟一方面有助于生产或销售企业的产品迅速进入市场,提高竞争力;另一方面使物流企业有了稳定的货源。物流联盟会使生产或销售企业改变物流服务供应商的行为变得困难,生产或销售企业必须对过度依赖于某些供应商的局面作周全考虑。

5.5 网络营销促销策略

5.5.1 网络促销概述

1.网络促销的概念和特点

促销是指企业以各种有效的方式向目标市场传递有关信息,以引发、推动或创造市场对企业产品和服务的需求,并引起消费者购买欲望和购买行为的一系列综合性活动。网络促销是指利用网络技术向虚拟市场传递有关商品和服务的信息,引起消费者购买欲望和购买行为的各种活动。善于经营的企业,不仅要努力开发适销对路的产品,制定具有竞争力的价格,选择合理的分销渠道,还要及时、有效地将产品或服务的信息传递给目标消费者,沟通生产者、经营者与消费者之间的联系,制定相应的网络营销促销策略。它突出地表现为以下三个特点。

(1)网络促销通过网络技术传递信息

网络促销是通过网络技术传递产品和服务的性能、功效及特征等信息的。它是建立在现代计算机与通信技术基础之上的,并且随着计算机和网络技术的不断改进而改进。因此,开展网络促销不仅需要营销者熟悉传统的营销技巧,而且需要掌握相应的计算机和网络技术知识,包括各种软件的操作和某些硬件的使用。

(2)网络促销是在虚拟市场上进行的

这个虚拟市场就是网络市场。网络是一个媒介,它在虚拟的网络社会中聚集了广泛的人口,融合了多种文化成分。所以,从事网络促销的人员需要跳出实体市场的局限性,采用虚拟市场的思维方法。

(3)网络虚拟市场是全球性的

网络虚拟市场的出现,将所有的企业,无论是大企业还是中小企业,都推向了一个统一的市场。传统的区域性市场的小圈子正在被一步步打破,全球性的竞争迫使每个企业都必须学会在全球统一的大市场上做生意,否则这个企业就会被淘汰。

2.网络促销与传统促销的区别

虽然传统促销和网络促销都是为了让消费者熟悉产品,引导消费者的关注和兴趣,激发他们的购买欲望,并最终实现购买行为,但由于网络强大的通信能力和覆盖面,与传统的促销活动相比,网络促销在时间和空间观念上,在信息传播模式以及顾客参与程度上都发生了较大的变化。

(1)时空观念的变化

以产品流通为例,传统的产品销售有一个地理半径的限制,网络营销大大地突破了这个半径,是在全球范围内竞争;传统的产品订货都有一个时间的限制,而在网络上,订货和购买可以在任何时间进行。时间和空间观念的变化要求网络营销者随之调整自己的促销策略和具体实施方案。

（2）信息沟通方式的变化

多媒体信息处理技术提供了近似于现实交易过程中的产品表现形式，双向的、快捷的、互不见面的信息传播模式，将买卖双方的意愿表达得淋漓尽致，也留给对方充分思考的时间。在这种环境下，传统的促销方法显得软弱无力。

（3）消费群体和消费行为的变化

在网络环境下，消费者的观念及其消费行为都发生了很大的变化。网上消费者具有不同于传统消费者的消费需求。这些消费者直接参与生产和商业流通，他们普遍大范围地选择和理性地购买商品。这些变化对传统的促销理论和模式产生了重要的影响。

（4）对网络促销的新理解

网络促销虽然与传统促销在促销观念和手段上有较大差别，但由于它们推销产品的目的是相同的，整个促销过程的设计具有很多相似之处。所以，对于网络促销的理解，一方面应当站在全新的角度去熟悉这一新型的促销方式，理解这种依靠现代网络技术、与顾客不见面、完全通过网络交流意愿的产品推销形式；另一方面则应当通过与传统促销方式的比较去体会两者之间的差别，学习传统促销方式的整体设计思路和行之有效的促销技巧，打开网络促销的新局面。

3. 网络促销的作用

网络促销的作用主要表现在以下几个方面。

（1）告知功能

网络促销能够把企业的产品、服务、价格等信息传递给目标公众，引起他们的注意。

（2）说服功能

网络促销的目的在于通过各种有效的方式，消除目标公众对产品或服务的疑虑，说服目标公众坚定购买决心。例如，在同类产品中，许多产品往往只有细微的差别，用户难以察觉。企业通过网络促销活动，宣传自己产品的特点，使用户认识到本企业的产品可能给他们带来的特殊效用和利益，进而乐于购买本企业的产品。

（3）反馈功能

网络促销能够通过各种网络渠道及时地收集和汇总顾客的需求和意见，迅速反馈给企业管理层。由于通过网络所获得的信息基本上都是顾客的一手资料，因而信息准确、可靠性强，对企业的经营决策具有较大的参考价值。

（4）创造需求

好的网络促销活动不仅可以引导需求，而且可以创造需求，发掘潜在的顾客，扩大销售量。

（5）稳定销售

由于某种原因，一个企业的产品销售量可能时高时低，波动很大。这是产品市场地位不稳的反映。企业通过适当的网络促销活动，树立良好的产品形象和企业形象，往往有可能改变用户对本企业产品的认识，使更多的用户形成对本企业产品的偏爱，达到稳定销售的目的。

4. 网络促销的形式

传统的促销形式主要有广告、销售促进、宣传推广和人员推销。网络营销是在网上开展促销活动，相应形式也有四种，分别是网络广告、销售促进、站点推广和关系营销。其中网络广告和站点推广是主要的网络促销形式。网络广告已经形成了一个很有影响力的产业市场,是企业首选的促销形式。

(1)网络广告

网络广告类型很多,根据形式不同可以分为旗帜广告、E-mail 广告、电子杂志广告、新闻组广告、公告栏广告等。网络广告主要是借助网上知名站点或者一些免费的交互站点(如新闻组、公告栏)发布企业的产品信息,对企业以及企业产品进行宣传推广。网络广告作为有效可控的促销手段,被许多企业用于网上促销,但所需的费用也不少。

(2)站点推广

网络营销站点推广就是利用网络营销策略扩大站点的知名度,吸引网上用户访问网站,从而起到宣传和推广企业以及企业产品的效果。站点推广主要有两种方法:一是通过改进网站内容和服务吸引用户访问,起到推广效果;二是通过网络广告宣传推广站点。前一种方法费用较低,而且容易稳定顾客访问量,但推广速度比较慢;后一种方法可以在短时间内扩大站点的知名度,但花费不菲。

(3)销售促进

销售促进就是企业利用可以直接销售产品的网络营销站点,采用价格折扣、有奖销售、拍卖销售等方式宣传和推广产品。

(4)关系营销

关系营销就是借助网络的交互功能与顾客保持密切关系,增加顾客的满意度,培养顾客的忠诚度,以促进企业产品的销售。

5.5.2 网络营销促销的实施

根据国内外网络促销的大量实践,网络促销的实施程序可以由六个方面组成,即确定网络促销对象、设计网络促销内容、决定网络促销组合、制定网络促销预算方案、衡量网络促销效果、加强网络促销过程的综合管理和协调。

1. 确定网络促销对象

网络促销对象是针对可能在网络市场上产生购买行为的消费者群体提出来的。随着网络的迅速普及,这一群体规模在不断扩大,主要包括以下三类人员。

(1)产品的使用者

这里指实际使用或消费产品的人。实际的需求构成了这些消费者购买产品的直接动因,抓住了这部分消费者,产品销售就有了稳定的市场。

(2)购买产品的决策者

这里指实际购买产品的人。在许多情况下,产品的使用者和购买决策者是一致的,特别是在虚拟市场上更是如此。因为大部分网民都有独立的决策能力,也有一定的经济收入。但在另外一些情况下,产品的购买决策者和使用者则是分离的。例如,婴儿用品很特殊,产品的使用者毫无疑问是婴儿,但购买的决策者却是婴儿的母亲或其他有关的成年人。所以,网络促销应当把购买决策者放在重要的位置。

(3)购买产品的影响者

这里指看法或建议对最终购买决策可以产生一定影响的人。在低价易耗日用品的购买决策中,购买产品的影响者的影响力较小;但在高价耐用消费品的购买决策上,影响者的影响力较大。这是因为消费者对高价耐用品的购买往往比较谨慎,希望广泛征求意见后再作决定。

2. 设计网络促销内容

网络促销的最终目标是希望产生购买行为。这个最终目标要通过传播具体的信息内容来实现。消费者的购买过程是一个复杂的、多阶段的过程,促销内容应当根据消费者目前所处的购买决策过程的不同阶段和产品所处的寿命周期的不同阶段来决定。一般来讲,一项产品完成试制定型后,从投入市场到退出市场,大体上要经历四个阶段,即投入期、成长期、成熟期和衰退期。在新产品刚刚投入市场的开始阶段,消费者对该产品还非常生疏,促销活动的内容应侧重于宣传产品的特点,以引起消费者的注意。当产品在市场上已有了一定的影响力,促销活动的内容则需要偏重于唤起消费者的购买欲望,同时要创造品牌的知名度。当产品进入成熟阶段后,市场竞争变得十分激烈,促销活动的内容除了针对产品本身的宣传外,还需要对企业形象做大量的宣传工作,树立消费者对企业产品的信心。在产品的衰退阶段,促销活动的重点在于加强与消费者之间的感情沟通,通过各种让利促销延长产品的生命周期。

3. 决定网络促销的组合方式

促销组合是一个非常复杂的问题。网络促销活动主要通过网络广告促俏和网络站点促销两种方法展开。由于企业的产品种类不同、销售对象不同,促销方法与产品种类和销售对象之间将会产生多种网络促销的组合方式。企业应当根据网络广告促销和网络站点促销两种方法各自的特点和优势,以及产品的市场情况、顾客情况,扬长避短,合理组合,以达到最佳促销效果。

①网络广告促销主要实施"推战略",其主要功能是将企业的产品推向市场,获得广大消费者的认可。

②网络站点促销主要实施"拉战略",主要的特点是与日常网上销售活动紧密结合,起到促进交易活动的作用,产生短期效益、快速反应、购买高潮。其主要功能是将顾客牢牢地吸引过来,保持稳定的市场份额。

③网络公共关系促销追求的是长期效益。

④网络人员推销中网络推销员"人的表现"是促进销售的主要原因。

一般说来,日用消费品,如化妆品、食品饮料、医药制品、家用电器等的网络广告促销的效果比较好。而大型机械产品、专用品则采用网络站点促销的方法比较有效。在产品的成长期,应侧重于网络广告促销,宣传产品的新性能、新特点。在产品的成熟期,则应加强自身站点的建设,树立企业形象,巩固已有市场。企业应当根据自身网络促销的能力确定网络促销的组合方式。

4. 制定网络促销的预算方案

(1)必须明确网络促销的方法及组合的办法

选择不同的信息服务商,宣传推广费用可能相差极大。这好比在不同的电视台上做广告。在中央电视台上做广告的价格远远高于在地方电视台上做广告的价格。企业自己设立站点进行宣传价格最低,但宣传的覆盖面可能最小。所以,企业应当认真比较不同站点的服务质量和价格,从中筛选出适合本企业的、质量与价格相符的信息服务站点。

(2)需要确定网络促销的目标

网络促销的目标是树立企业形象、宣传产品,还是宣传售后服务?围绕确定的目标策划宣传方案,包括具体宣传内容和呈现方式,宣传广告投放时间的长短、频率,广告的位置、内容更换的时间间隔以及效果检测的方法等。这些细节确定好了,对整体的投资数额就有了预算的依据,与信息服务商谈判时也有了一定的把握。

(3)需要明确希望影响的对象

需要明确希望影响的是哪个群体、哪个阶层,是国外的还是国内的消费者。因为在服务对象上,各个站点有较大的差别。有的站点侧重于中青年,有的站点侧重于学术界,有的站点侧重于产品消费者。一般来讲,侧重于学术交流的站点的服务费用较低,专门从事产品推销的站点的服务费用较高,而某些综合性的网络站点费用最高。在宣传范围上,单纯使用中文促销的费用较低,使用中英文促销则费用较高。企业促销人员应当熟知自己产品的销售对象和销售范围,根据产品选择适当的促销形式。

5. 衡量网络促销的效果

网络促销的实施到了这一阶段,必须对已经使用的促销方法进行评价,衡量一下促销的实际效果是否达到了预期的促销目标。对促销效果的评价主要依赖于两个方面的数据。一方面要充分利用网络上的统计软件,及时对促销活动的好坏做出统计。这些数据包括主页访问人次、点击次数、千人广告成本等。网络不像报纸或电视媒体那样,难以确认实际阅读和观看广告的人数。在网上可以很容易地统计出网点的访问人数,也可以很容易地统计广告的阅览人数,甚至可以告诉网民他是第几个访问者。利用这些统计数字,网络促销人员可以了解自己在网上的优势与劣势,以及与其他促销者的差距。另一方面,可以根据销售量的增加情况、利润的变化情况、促销成本的降低情况,判断促销决策是否正确。同时,应注意分析促销对象、促销内容、促销组合等方面与促销目标的因果关系,从而对整个促销工作做出正确的判断。

6. 加强网络促销过程的综合管理

网络促销要取得成功,科学的管理起着极为重要的作用。在衡量网络促销效果的基础上,对偏离预期促销目标的活动进行调整是保证促销取得最佳效果的必不可少的程序。同时,在整个促销过程中,不断地进行信息沟通和协调,也是保证企业促销活动连续性、统一性的需要。

5.5.3 网络广告

1. 网络广告的特点

网络广告就是通过网络平台,利用网站上的横幅、文本链接、多媒体等发布的广告。

(1)覆盖面广,信息量大

网络广告的传播范围极其广泛,不受时间和空间的限制,可以通过网络 24 小时不间断地把广告信息传播到世界各地。只要具备上网条件,任何人在任何地点都可以浏览到网上的信息内容,这是传统媒体所无法实现的。网络广告能够容纳难以计量的内容,它的广告信息面之广、量之大是报纸、电视等媒体无法比拟的。如报纸广告的信息量受到版面篇幅限制;电视广告的信息量受到频道播出时间和播出费用的限制。随着网络的发展,越来越多的国内工商企业和个人在网上建立站点或主页,打出广告推销自己、推销产品,使网络广告的信息量激增。

(2)交互性强

交互性是网络媒体最大的优势,它不同于传统媒体的信息是单向传播的,用户可以获取他们认为有用的信息,企业也可以随时得到宝贵的用户反馈信息。

（3）针对性强

传统媒体宣传的盲目性和无效性较大,造成了广告费的极大浪费。网络广告的受众是最具活力、受教育程度较高、购买力较强的群体。企业可以根据网站受众有针对性地投放广告,直接接触最有可能的潜在用户。

（4）统计准确性高

利用传统媒体做广告,无法准确地知道有多少人接收到广告信息。而网络广告无论是曝光次数,还是用户发生兴趣后进一步点击广告的次数,以及这些用户查阅广告的时间和地域分布,都可以被精确统计。这有助于广告客户正确评估广告效果,审定广告投放策略,把握广告目标。

（5）实时、灵活、成本低

在传统媒体上做广告,印刷或播出后将无法更改。而在网上做广告能按照需要及时变更广告内容。这样就使广告宣传方案随经营决策的变化随时变更。作为新兴的媒体,网络媒体的收费也远远低于传统媒体,可节省更多的推广成本。

（6）感官性强

网络广告基本上是多媒体、超文本格式的内容,只要受众对某产品感兴趣,轻按鼠标就能进一步了解更多、更详细和生动的信息,从而亲身"体验"产品和服务。

2. 网络广告的策划

网络的特点决定了网络广告策划的特定要求。如网络的互动性使网络广告不再只是单纯地创意表现与信息发布,广告主对广告回应度的要求会更高。网络的时效性非常重要,网络广告的制作时间短,上线时间快,受众的回应也是即时的,广告效果的评估与广告策略的调整也都必须及时。因此在网络广告的策划过程中需注意以下几点。

（1）确定网络广告的目标

广告的目标是通过信息沟通使消费者对品牌的认识、情感、态度和行为产生变化,从而实现企业的营销目标。在企业的不同发展阶段有不同的广告目标,比如说是形象广告还是产品广告。对于产品广告,在产品的不同发展阶段,广告的目标可分为提供信息、说服购买和提醒使用等。AIDA 法则是企业在确定网络广告目标过程中遵循的规律。

①第一个字母 A 是"注意"（attention）,在网络广告中意味着消费者在计算机显示器上通过阅读广告,逐渐认识和了解企业的产品或品牌。

②第二个字母 I 是"兴趣"（interest）。网络广告受众注意到企业所传达的信息之后,对产品或品牌发生了兴趣,想要进一步了解广告信息,就可以点击广告进入企业网站中了解更多的内容。

③第三个字母 D 是"欲望"（desire）。感兴趣的广告浏览者对企业的产品产生购买欲望,必定会仔细阅读广告中的内容,这时就会在企业的网站上留下网页阅读记录。

④第四个字母 A 是"行动"（action）。最后,广告受众把浏览网页的动作转换为符合广告目标的行动,可能是在线注册、填写问卷、参加抽奖或者是在线购买等。

（2）确定网络广告的目标群体

确定网络广告的目标群体就是确定网络广告希望让哪些人看到。只有让合适的用户来参与广告信息活动,才能使广告有效地实现其目标。

（3）进行网络广告创意及策略选择

①要有明确、有吸引力的标题。

②广告信息应简洁。

③开发互动性，如在网络广告上增加游戏功能，提高访问者对广告的兴趣。

（4）合理安排网络广告发布的时间

网络广告的时间安排是网络营销策略的重要方面。它包括对网络广告时限、频率、时序及发布时间等的考虑。时限是广告从开始到结束的时间长度，即企业的广告打算持续多久，这是广告稳定性和新颖性的综合反映。频率即在一定时间内广告的播放次数，网络广告的频率主要用在 E-mail 广告形式上。时序是指各种广告形式在投放顺序上的安排。发布时间是指广告是在产品投放市场之前还是之后发布。

（5）正确确定网络广告费用预算

企业首先要确定整体促销预算，再确定用于网络广告的预算。具体方法包括量力而行法、销售百分比法、竞争对等法或目标任务法等。网络广告的预算应依据目标群体情况及企业所要达到的广告目标来确定，既要有足够的力度，也要以够用为度。量力而行法即企业确定广告预算的依据是自己所能承担的费用。销售百分比法即企业按照销售额（销售实绩或预计销售额）或单位产品售价的一定百分比来计算和决定广告开支。竞争对等法是指企业比照竞争者的广告开支来决定本企业广告开支的多少，以保持竞争上的优势。目标任务法的步骤：①明确广告目标；②决定为达到这种目标而必须完成的工作任务；③估算完成这种工作任务所需的各种费用，从而确定广告预算。

最后，设计好网络广告的测试方案。

3. 选择网络广告的发布渠道及方式

网上发布广告的渠道和形式众多，各有长短，企业应根据自身情况及网络广告的目标，选择网络广告发布渠道及方式。从广告发展过程来看，可供选择的渠道和方式主要有以下几种。

（1）主页形式

建立自己的主页，对于企业来说，是一种必然的趋势。主页不但可以树立企业的形象，也是宣传产品的工具。企业的主页是企业在网上的形象，也是企业的无形资产。

（2）互联网内容服务商

新浪、搜狐、网易等提供了大量的网络用户感兴趣并需要的免费信息服务，包括新闻、评论等内容。因此，这些网站的访问量非常大，是网上引人注目的站点。目前，这样的网站是发布网络广告的主要阵地，在这些网站上发布广告的主要形式是旗帜广告。

（3）专业销售网

这是一种将专业类产品直接放在网上进行销售的方式。进入这样的网站，消费者只要在一张表中填上自己所需商品的类型、型号、制造商、价位等信息，然后按一下搜索键，就可以得到所需要商品的各种细节资料。

（4）企业名录

一些互联网服务商或政府机构将部分企业信息放入他们的主页中。如香港商业发展委员会的主页中就包括汽车代理商、汽车配件商的名录。只要用户感兴趣，就可以通过链接进入这些企业的主页。

（5）免费的 E-mail 服务

在网上有许多服务商提供免费的 E-mail 服务，很多上网者都喜欢使用。利用这一平台，企业可以将广告主动送至使用免费 E-mail 的用户手中。

（6）黄页形式

在网上有一些专门用于查询、检索信息的网站，这些站点就如同电话黄页一样，便于用户按类别查询信息。在这些站点上发布广告的好处，一是针对性强，查询内容都以关键字区分；二是醒目，广告处于页面的明显位置，易于被查询者注意。

（7）网络报纸或网络杂志

随着网络的发展，国内外一些著名的报纸和杂志纷纷在网上建立了自己的主页；更有一些新兴的报纸或杂志，放弃了传统的"纸"的媒体，完完全全地成为一种"网络报纸"或"网络杂志"，且影响非常大，访问的人数不断上升。对于注重广告宣传的企业来说，这些网络报纸或杂志也是一个较好的传播渠道。

（8）新闻组

新闻组是人人都可以订阅的一种网络服务形式，阅读者可成为新闻组的一员。成员可以在新闻组上阅读大量的公告，也可以发表自己的公告，或者回复他人的公告。新闻组是一种很好的讨论和分享信息的方式。企业可以选择与产品相关的新闻组发布公告，这是一种非常有效的网络广告。

4. 网络广告的形式

越来越多的商业网站出现后，怎么让消费者知道自己的网站就成了一个问题，企业急需一种可以吸引浏览者到自己网站上来的方法。第一种网络广告形式就是网幅广告，它和传统的印刷媒体广告有点类似。但是有限的空间限制了网幅广告的表现。网络广告界发展出了多种能吸引浏览者注意的广告形式。从网络发展过程来看，曾经在网络广告界流行过的一些广告形式主要有以下几种。

（1）网幅广告

网幅广告是以 GIF、JPG 等格式建立的图像文件，还可使用 Java 等语言使其产生交互性，用 Shockwave 等插件工具增强表现力。我们可以把网幅广告分为三类，即静态、动态和交互式。

①静态。静态的网幅广告就是在网页上显示一幅固定的图片，它是早年网络广告常用的一种方式。它的优点是制作简单，并且被所有的网站所接受。它的缺点也显而易见，在众多采用新技术制作的网幅广告面前显得有些呆板和枯燥。事实也证明，静态网幅广告的点击率比动态的和交互式的网幅广告低。

②动态。动态网幅广告拥有会运动的元素，或移动、或闪烁。它通常采用 GIF89 的格式，原理是把一连串图像连贯起来形成动画。大多数动态网幅广告由 2～20 帧画面组成，通过不同的画面传递给浏览者更多的信息，也可以通过动画的运用加深浏览者的印象。它的点击率普遍要比静态网幅广告高。动态网幅广告在制作上并不复杂，尺寸也比较小。正因为动态网幅广告拥有如此多的优点，所以它是目前最主要的网络广告形式。

③交互式。当动态网幅广告不能满足要求时，一种更能吸引浏览者的交互式广告产生了。交互式广告的形式多种多样，比如游戏、插播式、回答问题、下拉菜单、填写表格等，这类广告比只需点击打开的广告包含更多的内容。

HTML 网幅广告是交互式广告的一种,它允许浏览者在广告中填入数据或通过下拉菜单和选择框进行选择。HTML 网幅广告比动态网幅广告的点击率要高得多,它可以让浏览者选择要浏览的页面,提交问题,甚至玩个游戏。这种广告的尺寸小、兼容性好。

图 5-7 这则广告是阿里巴巴在雅虎中国上投放的 HTML 网幅广告,通过选择不同目录,用户可以直接链接到阿里巴巴相关的页面。实际上,这个网幅广告已经成为一个小型的搜索引擎入口了。

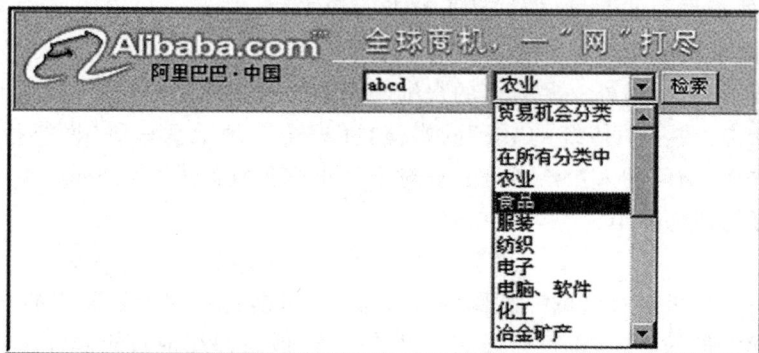

图 5-7 阿里巴巴的交互式广告

(2)文本链接广告

文本链接广告是一种对浏览者干扰最少,却最有效果的网络广告形式。图 5-8 为新浪网首页的文本链接广告。文本链接广告非常灵活,可以出现在页面的任何位置,可以竖排也可以横排,每一行就是一个广告,点击后可以进入相应的广告页面。

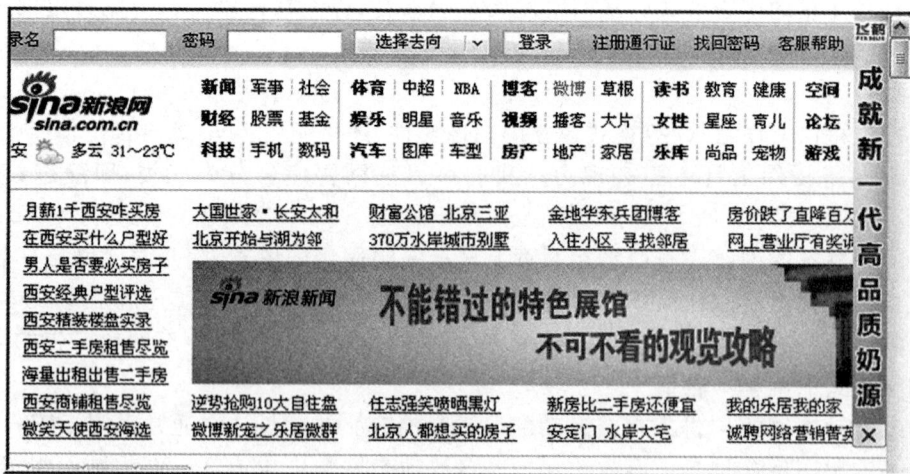

图 5-8 新浪网首页的文本链接广告

(3)E-mail 广告

调查表明,E-mail 是网民经常使用的网络工具,尤其是企业管理人员。E-mail 广告具有针对性强、费用低廉的特点,且广告内容不受限制。它可以针对某一个人发送特定的广告,这是其他网络广告方式所不及的。

E-mail 广告一般采用文本格式或 HTML 格式。文本格式就是把一段广告性的文字放置在新闻邮件或经许可的 E-mail 中间,也可以设置一个链接指向企业主页或提供产品和服务的特定页面。HTML 格式的 E-mail 广告中可以插入图片,和网页上的网幅广告没有什么区别,但是因为许多 E-mail 的系统是不兼容的,HTML 格式的 E-mail 广告并不是每个用户都能完整看到,因此把 E-mail 广告做得越简单越好。文本格式的 E-mail 广告兼容性最好。图 5 - 9 的新闻邮件广告为 HTML 格式。

图 5 - 9　新闻邮件广告形式

(4)赞助式广告

赞助式广告的形式多种多样,在传统的网幅广告之外,给予企业更多的选择。赞助式广告可分为广告置放点的媒体企划创意,及广告内容与频道信息的结合形式。

图 5 - 10 为新浪竞技风暴首页,NIKE 赞助了该频道,频道名称也相应改成了"NIKE 新浪竞技风暴",并配上不同栏目。浏览者对于他每天浏览的网站往往比较信任,所以在这些网站中夹杂企业的信息比单纯的广告更有效果。

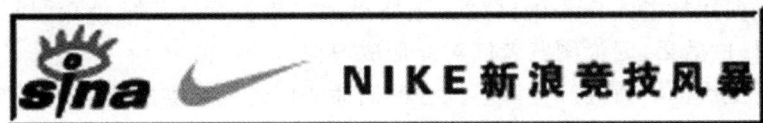

图 5 - 10　新浪网页面的赞助广告

(5)插播式广告

插播式广告有点类似电视广告,它打断正常节目的播放,强迫受众观看。弹出式广告是一种插播式广告,它有各种尺寸,有全屏的也有小窗口的,而且互动的程度不同,从静态的到全部动态的都有(图 5 - 11)。浏览者可以关闭窗口不看广告(电视广告是无法做到的),但是它们的出现没有任何征兆。

图 5-11　插播式广告

企业很喜欢这种广告形式,因为它肯定会被浏览者看到。只要网络带宽足够,企业完全可以使用全屏动画的插播式广告。这样屏幕上就没有什么能与企业的信息"竞争"了。

插播式广告的缺点就是可能引起浏览者的反感。网络是一个免费的信息交换媒介,所以最初网络上是没有广告的。有一小部分人认为网络的商业化和网络广告都是无法容忍的。大多数的普通网民有自己的浏览习惯,他们选择自己喜欢的网站,点击想看的内容。当网站或某个企业强迫他们浏览广告时,往往会引起反感。为避免这种情况发生,许多网站使用的弹出窗口式广告只有 1/8 屏幕的大小,这样可以不影响正常的浏览。

下面是使用插播式广告的几条规则。

①选择已经使用插播式广告的网站。把插播式广告投放在以前使用过插播式广告的站点,可以获得较好的效果,因为浏览者已对此形成习惯。

②使用小于全屏的插播式广告。小尺寸的插播式广告比全屏的插播式广告更容易被浏览者接受。它们通常不超过 1/4 屏幕那么大。

③当浏览者的屏幕处于空闲状态,比如在浏览者下载软件的过程中出现广告,可以避免引起他们的反感。因为这不会打断浏览者的浏览,反而能让他们在无聊的等待过程中了解企业信息。

(6)富媒体广告

富媒体广告是指能达到 2D 及 3D 的 Video、Audio、Java 等具有复杂视觉效果和交互功能的网络广告形式,其特点是互动性强,包含大量的信息,引人入胜。复杂视觉效果和交互功能的使用是否有效,一方面取决于站点的服务器端设置;另一方面取决于访问者的浏览器是否能顺利显示这种广告。

富媒体广告的特征有：表现力丰富，使用独特的智能后台下载技术；具有智能用户连接监测功能；可以充分利用空闲带宽，较一般的网络广告更具互动性；可以自动追踪用户行为，易于对广告效果的一系列指标进行监测。

富媒体广告的主要表现形式有：

①视频类广告，即广告中含有视频文件的网络广告，包括标准的视频、画中画以及产品外形等形式；

②扩展类广告，即在现有页面的广告位置上，遇鼠标触发等事件后，广告显示面积发生变化的 Flash 文件广告，包括下拉扩展、上升扩展、撕页扩展、扩展视频以及自定义扩展等形式；

③浮层类广告，即在一定时间内，网页的部分区域分层显示，广告内容在这些分层中显示或播放，包括消失型（包含全屏尺寸）、重播型等形式；

④其他富媒体广告，包括地址栏广告、网页背景等形式。

（7）信息流广告

信息流广告是在社交媒体用户好友动态或者资讯媒体和视听媒体内容流中发布的广告。这种穿插在内容流中的广告，对用户来说体验相对较好，对企业来说可以利用用户的标签进行精准投放，因此在移动网络时代到来后迎来了爆炸式的增长，几乎所有的网络媒体都推出了信息流广告（图 5-12）。

图 5-12　移动信息流广告

（8）移动视频广告

在爱奇艺、优酷等移动视频平台，常见的广告形式主要是贴片和角标两种。

①贴片。如果是非会员，一般在视频开始之前都会看到一小段精准推送的短视频广告。图 5-13 是爱奇艺的贴片广告截图。允许用户观看几秒后跳过贴片广告是一种很聪明的选择，强迫用户看就会导致体验差，对企业的宣传也没有好处。通过标记用户跳过广告的时间点可以判断这个用户对哪类广告更感兴趣，以便更精准地推送广告。

②角标是以透明的样式出现在视频播放窗口旁边的广告形式，一般有动态效果，以便能在用户观看过程中引起他们的注意。角标是允许用户关闭的。

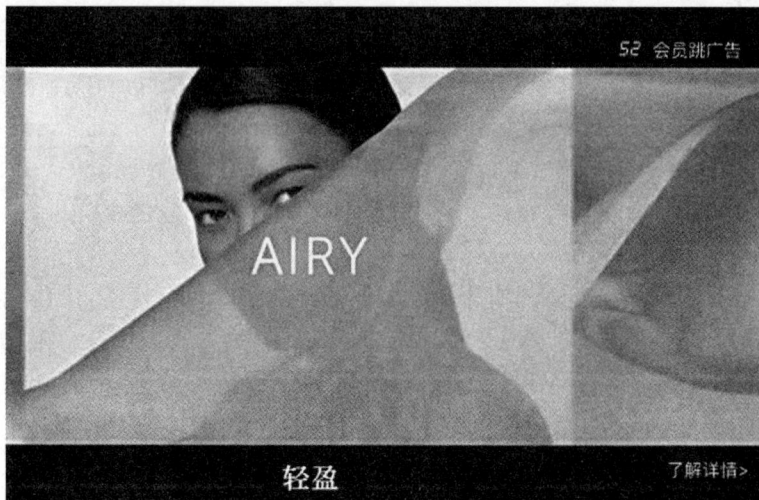

图 5-13　移动视频广告

（9）原生广告

广告内容化就是原生广告。最好的例子就是《奇葩说》节目："有房有车有钱有势不如有范儿的时尚 App""喝了才能愉快聊天的雅哈咖啡"……这些花样广告语甚至变成朋友之间的玩笑话。将广告内容化，才能将收益最大化。

（10）竞价排名

竞价排名一般是按每点击成本进行付费，最有名的就是百度和淘宝的搜索结果案例。竞价商品会出现在搜索结果靠前的位置，且与用户检索内容高度相关，增加了广告推广的精确度，容易引起用户的关注和点击，所以投放效果比较显著。

5.5.4　网络销售促进

销售促进主要是用来进行短期的刺激销售。网络市场作为新兴的市场，交易额不断上涨。网络销售促进就是在网络市场利用销售促进工具刺激顾客购买和消费产品。网络作为交互的沟通渠道和媒体，它具有传统渠道所没有的优势，在刺激产品销售的同时，还可以与顾客建立互动关系，了解顾客的需求和对产品的评价。一般来说，网络销售促进主要有下面几种形式。

1. 网上折价促销

折价亦称打折，是目前网上常用的一种促销方式。由于网络销售商品不能给人全面、直观的印象，也不可试用、触摸，再加上有配送成本，幅度比较大的折扣可以促使消费者做出购买决定。

变相折价促销是指在不提高或稍微增加价格的前提下，提高产品或服务的品质或数量，以较大幅度地增加产品或服务的附加值，让消费者感到物有所值。由于直接价格折扣容易让顾客产生品质下降的怀疑，利用增加商品附加值的促销方法更容易获得消费者的信任。

2. 网上赠品促销

在推出新产品、更新产品、对抗竞争品牌、开辟新市场的情况下，利用赠品促销可以达到比较好的效果。

（1）赠品促销的优点

①可以提升品牌和网站的知名度。

②鼓励人们经常访问网站以获得更多的优惠信息。

③能根据消费者索取增品的热情程度总结分析营销效果和产品本身的反响情况等。

（2）赠品促销应注意赠品的选择

①不要选择次品、劣质品作为增品，这样做只会起到适得其反的作用。

②明确促销目的，选择适当的能够吸引消费者的产品或服务。

③注意时间和时机，如冬季不能赠送只在夏季才能用的物品，在危机公关等情况下也可考虑不计成本的赠品活动以挽回更大的损失。

④注意预算和市场需求，赠品要在能接受的预算内，不可过度赠送赠品而造成营销困境。

3. 网上抽奖促销

抽奖促销是应用较广泛的促销形式之一，是大部分网站乐意采用的促销方式。抽奖促销是以一个人或数人获得超出参加活动成本的奖品为手段进行商品或服务的促销。网上抽奖活动主要在进行顾客调查、产品销售、庆典和推广活动及扩大用户群时采用。消费者或访问者通过填写问卷、注册、购买产品或参加网上活动等方式获得抽奖机会。

①参加的方式要简单化。因为网站浏览者兴趣不同，网上抽奖活动要策划得有趣味性且容易参加。太过复杂和难度太大的活动较难吸引匆匆的访客。

②抽奖结果要公正公平。由于网络的虚拟性和参加者的广泛性，抽奖结果的真实性要有一定的保证，应该请公证人员进行全程公证，并及时通过 E-mail、公告等形式向参加者通告活动进度和结果。

4. 积分促销

积分促销在网络上的应用比起传统营销方式要简单和易操作。网上积分活动很容易通过编程和数据库等来实现，并且结果可信度很高，操作起来较为简便。积分促销一般设置价值较高的奖品，消费者通过多次购买产品或多次参加某项活动来增加积分以获得奖品。

积分促销可以增加上网者访问网站和参加某项活动的次数，提高上网者对网站的忠诚度和商业活动的知名度等。现在不少电子商务网站“发行”的“虚拟货币”是积分促销的另一种体现。

5. 拍卖促销

网上拍卖市场是新兴的市场，由于快捷方便，吸引了大量用户参与网上拍卖活动。我国的许多电子商务公司纷纷提供拍卖服务。拍卖促销就是不限制价格在网上拍卖产品。2011 年以来，在淘宝等大型购物网站中，“秒杀”的发展可谓迅猛。所谓“秒杀”，就是网络卖家发布一些超低价格的商品，所有买家在同一时间抢购的一种销售方式。通俗一点讲就是网络商家为促销等目的组织的网上限时抢购活动。由于商品价格低廉，往往一上架就被抢购一空，有时只需要一秒钟。

6. 免费促销

一些易于通过网络传输的产品非常适合在网上进行促销。如许多软件企业为了吸引顾客购买软件产品，允许顾客通过网络下载产品，在试用一段时间后再决定是否购买。另一种形式是免费资源促销，主要目的是推广网站。免费资源促销可以说是网上十分有效的取胜法宝。站点无偿向访问者提供其感兴趣的各类资源，通过免费资源吸引访问者访问，以提高站点流量,并从中获取收益。

7. 网上联合促销

由不同商家联合进行的促销活动称为联合促销,联合促销的产品或服务可以实现一定的优势互补,互相提升价值等。如果应用得当,联合促销可起到相当好的促销效果。如互联网公司和传统商家联合,提供在网络上无法实现的服务;销售汽车的网站和润滑油公司联合等。

以上是网上促销活动中比较常见又较重要的方式,其他如节假日促销、事件促销等可结合以上几种促销方式开展。但要想使促销活动达到良好的效果,必须事先进行市场分析、竞争对手分析,以及在网上实施活动的可行性分析,并与整体营销计划相结合组织实施促销活动,使促销活动新奇、有影响力。

5.5.5　网络公共关系

公共关系是一种重要的促销工具,它通过与企业利益相关者包括供应商、顾客、雇员、股东、社会团体等建立良好的合作关系,为企业的经营管理营造良好的环境。网络公共关系与传统公共关系功能类似,只不过借助网络作为沟通渠道。网络公关的兴起源于网络和电子商务的发展、网络传播方式较传统传播方式的创新性以及公关业发展的需要。

1. 网络公共关系的定义

网络公关又叫线上公关或 e 公关,它以网络作为信息传播的手段来开展公关活动,使企业改善自身形象、提升市场知名度,以获得更多商机。网络公共关系的主体是企业,传播媒介主要是网络,客体是网络公众。

网络公共关系较传统公共关系具有一些新的特点。首先,网络媒体压缩了时空,使得消息可以在极短的时间内传播到世界各地。其次,网络媒体在降低宣传成本的同时提高了处理公共关系的效率。再次,网络打破了传统媒体对信息发布的垄断。最后,在网络环境下,公众的地位迅速上升。

所以网络公共关系越来越被企业一些决策层所重视和利用。一般说来,网络公共关系活动有下面一些目标:企业与网络新闻媒体建立良好的合作关系,通过其发布和宣传有价值的信息,以引起消费者对企业的关注,同时树立企业良好的社会形象;通过网络宣传推广企业产品;通过网络建立良好的沟通渠道,包括对内沟通和对外沟通,让企业的利益相关者能充分了解企业,以巩固与老顾客的关系,同时与新顾客建立联系。

2. 开展网络公共关系活动的方法

(1)与网络新闻媒体合作

网络被称为新兴的区别于报刊、无线电广播和电视的第四类媒体,它吸引着越来越多的用户上网获取信息,因此具有媒体功能。网络新闻媒体一般有两大类,一类是传统媒体上网,通过网络发布媒体信息。如《人民日报》建立网络版(www.peopledaily.com.cn),用户可以直接通过网络获取报纸信息;中央电视台(www.cctv.com)在网上发送新闻;一些广播电台也纷纷通过网络来播放电台节目。这些传统媒体上网的主要模式是将在传统媒体刊发或播放的内容进行数字化,转换成能在网上下载和浏览的格式,用户不用依靠传统渠道就可以直接通过网络了解媒体报道的信息。另一类是新兴的真正的网络媒体,他们没有传统媒体的依托,如一些互联网内容提供商就属于这一类型。这类媒体一方面由于没有自己完整独立的采编人员团队,要依赖传统媒体获取新闻稿源;另一方面,这类媒体通过自己的优势挖掘新的信息来源,发布自己的新闻。如新浪网有自己的体育新闻记者在全国采编体育新闻,可以在最快时间进行报道,几乎在事件结束的同时新闻就报道出去了。

对于前一类媒体,企业开展公共关系活动的手段与传统公共关系活动类似。不管是哪一类媒体,企业可以充分利用网络的信息交互特点,更好地与其沟通。如传统媒体对企业进行报道,必须亲临现场获取资料。现在可以通过网络实现远程沟通,突破过去的地理位置障碍。为加强与媒体的合作,企业可以通过网络定期或不定期地将企业信息和有新闻价值的资料直接发给媒体,与媒体保持紧密的合作关系。企业也可以通过媒体的网站直接了解媒体关注的热点和报道重点,及时提供信息与媒体合作。

(2)宣传和推广产品

宣传和推广产品是开展网络公共关系活动的重要方法之一。网络最初是作为信息交流和沟通的渠道,因此网上有许多类似社区性质的新闻组和公告栏。企业在利用直接促销工具的同时,采用讨论、介绍、展示等方法来宣传和推广产品效果会更好。在利用新闻组和公告栏宣传和推广产品时,要注意"有礼有节",要遵守网上虚拟社区的规章,发布信息时要注意方式,以免引起社区成员的反感,结果适得其反。此外,企业要关注这些虚拟社区对企业以及企业产品的评价和讨论,及时采取措施应对突发事件。

(3)建立沟通渠道

企业网络营销站点的一个重要功能就是与企业相关者建立沟通渠道。在前面分析网站建设的主要功能和设计架构时,提到的一个重要内容是网站的交互功能。通过网站的交互功能,企业可以与目标顾客直接进行沟通,了解顾客对产品的评价和顾客还没有得到满足的需求,以保持与顾客的紧密关系,维持顾客的忠诚度。同时,企业通过网站介绍自己以及产品和服务,可以让对企业感兴趣的群体充分认识和了解企业,提高企业在公众中的透明度。企业通过网络与消费者沟通的渠道主要有网页、虚拟社区(公告栏)、新闻列表等。

(4)基于网络的事件营销

事件营销有两重含义,一个是企业通过赞助事件推广企业的产品,另一个是推广事件本身。这两者密切相关,相辅相成,前者是后者的重要组成部分。事件营销的优势体现在以下几方面:消费者的信息接收障碍比较小;传播范围更广;传播成本低。

基于网络的事件营销的过程是:

①通过 E-mail 在当地进行预推广;

②通过在线互动扩大网民对事件的参与度;

③利用广告提供样品示范;

④利用网络测评事件营销的成效。

(5)危机管理

网络在危机管理中可以发挥重大作用。首先,网络能使企业内部的有关人员保持联系,不论这些人员当时身在何处,通过网络他们都能随时召开在线会议,研究解决危机的方法。其次,企业可以利用网络严密监视事态的最新进展,对情况有一个及时、清晰的了解,这有助于企业管理层做出正确的决策。最后,网络还可以提高企业的反应速度,这在危机发生的紧急关头具有极其重要的意义。最聪明的使用网络解决公关危机的方法仍然是防患于未然,亡羊补牢终究不如未雨绸缪,预防危机的一项重要工作就是流言控制。

案例分析

浪莎集团网络营销策略

浪莎集团成立于 1995 年,旗下拥有浪莎针织、蓝枫袜业、宏光针织、立芙纺织、浪莎小额贷款、浪莎房地产等十多家分公司及五个海外贸易公司,已发展成为集袜子、服饰、家居、金融等为一体的多元化产业集团,是行业的第一大品牌厂家。在 21 世纪的发展历程中,浪莎以振兴民族工业、拓展服饰文化、潜心经营服饰品牌为己任,秉持创造完美生活、服务大众的观念,伴随着全球化新经济时代共同进步、共同发展。

在瞬息万变的市场经济环境中,要发展就必须有新思路,单纯运用传统媒体进行广告宣传,势必需要大量推广费用。随着网络的快速发展,针对目标消费群在网上展开强势宣传势在必行。这不仅仅是顺应潮流,更是公司业务发展的明智之举。浪莎显然做出了正确的选择,那就是实施网络营销策略。

为了打造内衣领先品牌,继而推出多元产品,成为内衣行业先锋,浪莎没有跟着其他品牌的特点走,而是有自己独特的内衣面料、款式、色彩,借助浪莎现有的影响力,塑造专业、时尚的女性内衣品牌。

1. 网络营销产品策略

（1）产品组合策略

浪莎公司配套、健全的营销网络使其市场占有率高达 32%。为了更好地销售和增加利润,浪莎根据自身资源条件、市场状况和竞争态势,对产品组合的广度、深度进行不同的组合。一提到"浪莎",人们立刻想到的是袜子。的确浪莎袜业远近闻名,但为了扩大经营范围,满足市场需求,浪莎逐渐从袜业延伸到内衣、服饰等。

（2）品牌策略

浪莎是个偏重女性化的品牌,因此浪莎运动服饰将品牌定位为女子运动生活服饰,以浪莎红为主色,其他色彩为辅色来体现自己的品牌个性。浪莎服饰的产品包括 T 恤、牛仔服、夹克、休闲包、帽子、背包、配饰等。为了形成自己特有的品牌特色,浪莎休闲服饰在色彩与性感上大做文章。销售人员结合浪莎产品使用天然色彩的特点,发现可以用一个词来概括浪莎——秀色可餐,既能体现色彩的特点,又能表现出女性的性感。色彩的核心为自然色,广告语为"可以吃的色彩"。

（3）产品质量策略

浪莎集团领导人在创业伊始就表示,要做就做最好的袜子,创立自己的知名品牌。浪莎品牌之所以能取得今天的成就,跟其注重产品质量是分不开的,过硬的产品质量和不断创新的产品形式为其赢得了市场份额和消费者的满意。浪莎产品上市时,市场上充斥着牌杂质次的低档袜,但浪莎坚持走品牌路线和高品质路线,将品质优良、款式新颖的新产品不断推向市场。

（4）进行域名注册,提供网上自助服务

浪莎集团注册的域名为 www.langsha.com。在进入企业网站后,顾客可以直接点击进入"浪莎网上商城"（图 5-14）。除了查看产品及相关服务信息外,顾客还可以和客服展开一对一的信息咨询。

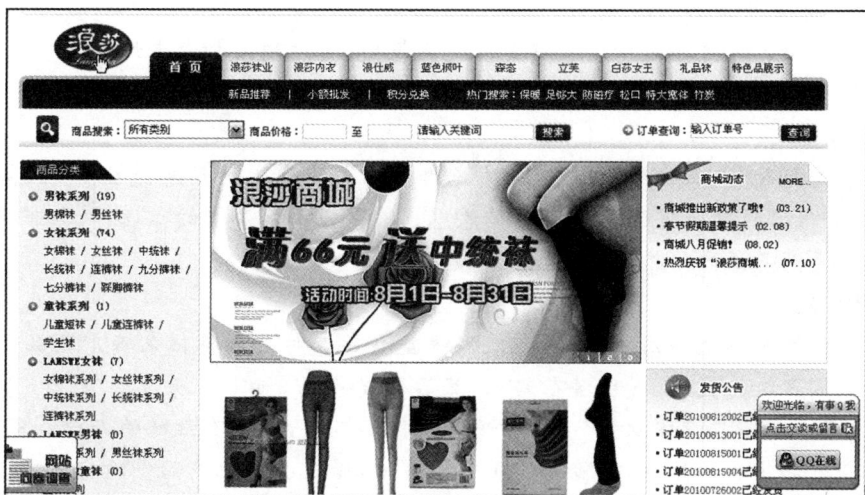

图 5-14　浪莎网上商城页面

（5）网络营销新产品战略

在浪莎网上商城，有"浪莎论坛""客户留言""帮助中心"，还有 QQ 在线服务和在线留言等。通过这些板块，企业可以广泛征求消费者对产品的意见和建议，帮助他们解决问题，并在最大程度上满足消费者的需求，与消费者进行有效及时的沟通交流，从而加快新产品的研制与开发。

2. 网络营销定价策略

（1）免费策略

浪莎袜业利用网络的发展得益于免费策略的实施。浪莎袜业将生产线延伸到上游原料包纱的生产，减少中间交易环节以降低成本，这有利于实施免费策略。在定价中制定了如购买浪莎七分裤或九分裤就赠送浪莎免洗超薄丝袜等策略。浪莎最经常采用的就是捆绑式免费策略，如图 5-15 所示。

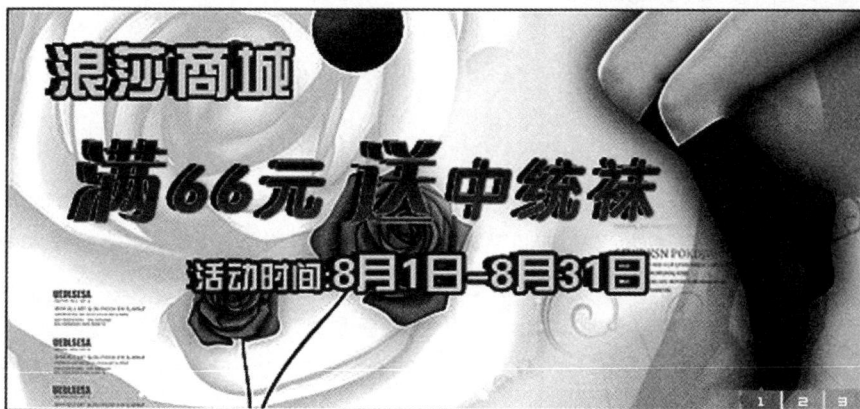

图 5-15　浪莎产品免费策略

(2)顾客主导定价策略

浪莎充分利用顾客主导定价这一双赢的发展策略,通过网上拍卖更好地满足顾客的需求。企业的收益不受影响,而且可以对目标市场了解得更充分。

(3)低价策略

借助网络进行销售,比传统销售渠道的费用低。由于网上的信息是公开的,易于搜索比较,因此网上的价格信息决定消费者的购买意愿。浪莎根据消费者的心理,对与市场无差异的产品制定比同类产品低的价格,以促进销售。

(4)个性化定价策略

个性化定价策略就是利用网络的互动性,结合消费者的需求特征来确定商品价格的一种策略。浪莎和顾客进行交流,发现潜在需求,然后研发产品。比如,浪莎把"袜子"装进了瓶子里,变成了喷雾,也就是"液体丝袜"。这种喷雾就像第二层皮肤,有丝袜的光泽和保护作用,却没有丝袜容易破和滑脚的缺点,售价高达 150 元左右,是过去其他产品平均单价的三倍。

(5)折扣定价策略

①数量折扣策略。浪莎在定价方面根据消费者购买商品所达到的数量标准,给予不同折扣。消费者购买一定数量的产品就可以享受折扣,以此鼓励消费者购买更多产品。

A. 注册成功且在商城购物的消费者可成为浪莎的会员,享受会员价,即零售价的 8.7 折。

B. 累计消费金额在 2000 元以下的消费者为银牌会员,购物享受会员价的 9.6 折优惠,同时可申请加盟网店。

C. 累计消费金额在 2000~3000 元(含 2000 元),即可升级为金牌会员,购物享受会员价的 9.1 折优惠。

D. 累计消费金额达到 3000 元以上(含 3000 元),即可升级为钻石会员,购物享受会员价的 8.4 折优惠。

②付款折扣策略。消费者在网上购买浪莎产品时,在付款页面可以看到消费提示,及时付款可以享受一定的价格折扣。这样可以鼓励消费者按时付款。

③季节折扣策略。浪莎在销售淡季采取折扣策略。如在丝袜盛行的夏季过后,通过打折和赠送等策略促进消费者购买产品。

④功能折扣策略。这是浪莎对加盟会员提供的一种折扣。加盟会员对外推广成功后,就可以享受差价利润。

3. 网络营销渠道策略

(1)增值策略

①产品信息增值。浪莎在其主页的产品中心中,主要对袜子及各种产品进行图片展示,并标以价格,这样可以更好地把自己的产品展现在顾客面前。除此以外,在营销中心还有结合视频、声音的广告,把整个产品信息传递给消费者。

②客户信息增值。浪莎主要通过以下几种方法获取客户信息或意见、建议。

A. 客户注册成为浪莎会员后,可以了解产品信息;另一方面,这有利于浪莎收集客户信息,并及时与客户交流、沟通。

B. 浪莎在网站上开设了"浪莎论坛""客户留言"等栏目,客户可以给浪莎留言或提出意见。

C. 除了以上两个方面,浪莎还有 QQ 在线服务,便于及时解决顾客的问题和疑问,同时了解顾客的购买意向等相关信息。

（2）延伸策略

①主动营销实现信息传播的延伸。浪莎在其产品中心主动向顾客提供各种产品的相关信息，介绍浪莎旗下品牌，主动向客户推荐其品牌。

②在线交易实现营销手段的延伸。当顾客注册会员以后，就可以进入网上商城选购产品。这样既可以降低销售成本，又可以为客户提供更加方便的购物渠道，也是营销手段的延伸。

③其他商户也可以通过加盟浪莎销售浪莎产品，这也拓展了浪莎的营销渠道。

（3）整合策略

①浪莎通过网络将企业内部各个环节整合起来，如产品、销售、服务等，这样便可以实现信息共享。

②浪莎和很多企业建立了合作伙伴关系，如沃尔玛、阿迪达斯、耐克等。通过链接合作伙伴的网站，促进企业间的信息交换等，提高了沟通效率。

（4）双向策略

浪莎采用了网络营销与离线营销相结合的方式，一方面直接在网上销售产品；另一方面，浪莎进驻沃尔玛等超市进行销售。浪莎还通过让其他商家加盟的形式实现直接销售。

4. 网络营销促销策略

（1）网上折扣

浪莎对大部分网上销售的商品采用不同程度的价格折扣，以求达到促进销售的效果。浪莎商城在不同时间采用不同的价格折扣。

①浪莎商城三八节优惠活动："受万千女性宠爱，宠爱万千女性"，浪莎商城三八节期间（3月8日至3月13日）全场女性商品8.8折大酬宾。

②告别寒冬，感受初春周末。

不要让潮湿的天气影响你的心情！让我们潇洒地把臃厚的棉袜扔掉，换上舒适的包芯丝袜子，在这个初春继续绽放淑女的光彩！浪莎商城本期周末优惠场隆重推荐：蕾丝花边包芯丝七分裤袜，捧在手中，轻如鸿毛，穿在身上，性感成熟，让你秀出女人最美的部分（原价26.9元，周末仅需10.8元）；包芯丝网眼短袜，脚踝处的小小性感，低调的奢华与自信，展露出最美丽的脚上风采（原价10.9元，周末仅需4.8元）。

③浪莎商城年末3折抢批，免费配送疯狂仅限2周！

因为您的厚爱，浪莎商城才拥有今天的地位，您的支持是浪莎商城不断前进的动力！为回馈广大客户的鼎力支持，浪莎商城于年末2周（1月19日至2月5日）隆重推出年末批发优惠盛宴：

- 您将享受浪莎商城全场低至3折的批发优惠价！
- 您将享受500元即可起批的超低门槛！
- 您将享受一次性批发金额满1000元运费全免！
- 琳琅满目的优质商品任您挑选！
- 批发金额越大，您享受的优惠越多！

（2）赠品

为了更好地进行网络销售促进，浪莎网上商城为消费者提供了一些赠品。购物满29元送环保袋，购物满59元送时尚旅行帽，购物满99元送时尚T恤，等等。

(3) 积分、优惠券促销

积分促销的策略不仅可以增加浪莎网上商城的访问者和参加某项活动的人数,还能增加消费者对网站的忠诚度。浪莎商城为消费者提供了很多积分好礼。

积分兑换方式:

① 会员可用积分加一定的金额兑换网站的促销产品;

② 会员可把有效期内未消费完的积分按 50% 的比例兑换成现金;

③ 会员可用积分抵付运费;

④ 会员可用商城的余额按积分兑换比例购买积分兑换礼品。

浪莎网上商城还有优惠券专区,优惠券持有者可以享受一定的优惠。长期采用优惠券促销的方法,可以培养消费者的品牌忠诚度。

(4) 网上集体议价

在浪莎网上商城专门有浪莎砍价团。购买 10 件以上相同产品即可视为团购,团购数量越多价格越优惠。

(5) 会员制营销

在会员营销中,有一条著名的马特莱法则,即在顶部的 20% 的客户创造了公司 80% 的利润。美国人威廉·谢登(William Sherden)又在此法则的基础上提出了 80/20/30 法则,即在顶部的 20% 的顾客创造了公司 80% 的利润,但其中一半的利润被在底部的 30% 的非赢利顾客丧失掉了。浪莎深知这个法则,从一开始就同步推行会员制服务,很好地维持了顶部那 20% 客户的忠诚度,有门槛的准入制度似乎又更多地避免了底部那 30% 的非赢利顾客。

浪莎商城的会员档案里面记录了每个来访顾客的基本情况:他们的意向商品、购买时间、购买金额等。不仅如此,浪莎还会定期回访会员,细心询问他们的穿着感受以及购物时的感受等。

零售客户、批发客户,甚至从来都没有购买过商品的客户,浪莎也分别建立了他们的档案,时时跟进,充分了解每个会员的购买意向。平时当浪莎商城有新货上架、促销活动等时,会及时地通知会员。

5. 公共关系

(1) 利用事件策略

浪莎利用外交部国外局参赞参观浪莎这一事件对浪莎进行宣传。

(2) 公益活动宣传

四川汶川地区发生强烈地震,四川浪莎控股股份有限公司所在地(四川宜宾)有明显震感,但公司生产经营所在地(浙江义乌)无明显震感,对公司生产经营无影响。为支援抗震救灾,公司通过浙江省义乌市红十字会向地震灾区捐款捐物。

网络营销策略的合理利用为浪莎的营销模式注入了一股新鲜的血液,为浪莎占领市场、推广品牌、营销产品、获得利润带来了极大的助力,让浪莎集团不断发展和壮大。同时这种策略也为消费者提供了更好的服务、更好的产品,既符合企业的利益,又符合消费者的利益,带来双赢的局面。

案例思考题

1. 浪莎集团运用了哪些网络营销组合策略？
2. 浪莎集团网络营销的成功点有哪些？
3. 浪莎集团网络营销组合策略有何不足之处？
4. 浪莎集团的网络营销策略对企业的网络营销策略有何启发？

思考题

1. 网络营销产品与传统营销产品的内涵有什么不同？
2. 企业对网络营销产品的定价一般采用什么策略？
3. 企业进行网络营销时，为什么要经常采用免费策略，如何实施？
4. 企业如何对网络营销的物流进行管理和控制？
5. 网络促销有哪些形式，各有什么作用？
6. 常用的网络广告有哪些类型，各有什么特点？
7. 网络广告的发布有哪些形式，在应用时要注意哪些问题？
8. 什么是网络公共关系，企业要搞好网络公共关系可以采取哪些方法和措施？

第 3 篇

方 法 篇

➡ 第 6 章　网络营销工具和方法

第 6 章

网络营销工具和方法

本章概要

本章介绍当前网络营销的主要工具和方法，包括微信营销、微博营销、二维码营销、E-mail营销、SNS营销、App营销、软文营销、事件营销、搜索引擎营销、直播营销的概念、特点、使用模式及应用等。

学习目标

- 了解网络营销的主要工具和方法。
- 理解网络营销工具和方法的特点。
- 掌握网络营销工具和方法的使用模式。
- 能应用网络营销工具和方法。

6.1 微信营销

6.1.1 微信营销概述

微信营销是网络时代个体或企业营销模式的一种创新，是伴随着微信的广泛应用而产生的。它是一种基于用户群体与微信平台的全新的网络营销方式，利用微信用户搭建一个类似朋友圈的社交关系网，借助移动网络特有的订阅、分享等功能创造全新的点对点营销方式，比如公众平台营销、朋友圈营销等，以此来达到传播产品信息、传达品牌理念，从而实现促进产品销售、强化企业品牌的目的。

微信营销是在移动客户端进行的区域定位营销，企业可通过微信公众平台，结合微店、微信会员卡、微推送、微支付、微活动等，形成一种线上线下互动的营销方式。

6.1.2 微信营销的特点

微信营销是网络时代的创新营销方式，凭借其多种优势，被越来越多的企业关注和使用。微信营销的主要特点有以下几方面。

1.海量的潜在客户

2011年1月21日腾讯公司推出即时通信工具——微信，2012年3月29日，距其推出仅400余天后，微信用户就突破了1亿。2012年9月17日腾讯

微信营销的特点

首席执行官马化腾在微信上宣布,腾讯旗下移动网络产品微信的用户数突破 2 亿人。仅仅只有 20 个月,微信的用户量从 0 增加到 2 亿。截至 2019 年第一季度,微信用户量已突破 11 亿。用户导向即市场,消费者就是市场,何况这数以亿计的海量用户。

2."一对一"互动营销

微信是一款基于个人通信的即时通信工具,用户在微信上的互动是"一对一"的互动。在完成信息的推送之后,商家可以根据客户的反馈进行一对一的交流,根据客户的需求量身定制解决方案。这种营销给客户的感觉往往是专一的、私密的。同时,基于位置服务的营销可以在明确目标客户群体所在位置的基础上收集客户数据,从而形成有效的客户关系管理系统,并通过用户分组和地域控制实现精准推送。因此,微信营销更接近于朋友化、人性化的营销,商家运用亲切动人的语言和图片拉近与用户之间的距离,从而提高了用户黏性。

3.信息到达率高

通过微信,商家可以将活动信息以及产品相关信息完整无误地发送到用户的移动终端上。微信收到未读信息时以铃声、角标等方式提醒用户阅读,加之手机端移动便携的特征,用户可以随时随地读取信息,这使微信信息的到达率很高。

4.强关系营销

微信的一对一产品形态注定了其能够通过互动的形式将普通关系发展成为强关系,从而产生更大的营销价值。通过互动形式与用户建立的联系更稳固。互动就是聊天,可以解答疑惑、讲故事,甚至可以"卖萌",从而让企业与消费者成为朋友。人们不会相信陌生人,但是会信任自己的"朋友"。

5.营销成本低

使用微信是免费的。企业可以申请自己的微信公众号,并在微信公众平台上以文字、图片、音频、视频等多种方式与用户进行全方位的沟通和互动。在微信上实现这些诉求的成本几乎为零,也就极大地降低了企业的宣传推广费用。

6.营销方式多元化

微信作为一款即时通信工具,拥有强大的功能,这使得基于微信开展营销的方式丰富多样。摇一摇、漂流瓶、附近的人、二维码、朋友圈等多种功能都是微信营销的方式。这不仅可以让商家拉近与用户的距离,还使营销活动变得更加生动、有趣,从而有利于营销活动的开展。

6.1.3 微信营销的推广模式

1.微信群营销——打造线上社群

在社群营销火热的今天,越来越多的微信营销人员开始将微信群作为产品营销推广、公众号推广的重要方式。通过持续不断地发布最新消息,以内容营销吸引更多的潜在读者成为自己的忠实用户。

2.微信朋友圈营销——社交分享式营销

共享时代下,微信朋友圈便成为一种重要的分享方式,也是一种新的营销方式。在微信朋友圈中,企业可以通过图片、视频、文字等形式开展多种推广。其中借助基于位置服务的技术,朋友圈本地推广可以精准定向周边 3~5 公里的人群。无论是新店开业、产品促销、新品上市还是会员营销,朋友圈本地广告都能有效触及顾客,提高门店顾客到访率。商户可以通过门店名称、城市位置等加强所在地用户对商家品牌的认知。

同时,微信朋友圈的原生推广页广告(图 6-1),能够很好地助力品牌提升用户的观赏体验。原生推广页广告由微信朋友圈外层展示和内层原生推广页两部分组成,点击即可直接打开原生推广页。

此外,文字、图片、链接等可灵活组合,多样的展示形式满足了个性化的创意表达要求。视频是吸引用户眼球的重要流量入口,小视频可将目标受众"自然"地带入故事情境之中,生动呈现品牌特色。

图 6-1　微信朋友圈广告

3. 微信公众平台——实现精准推送

微信公众平台简称公众号。利用公众号开展自媒体活动,简单来说就是进行一对多的媒体宣传。商家在公众号上通过二次开发展示微官网、微名片,开展微推送、微活动、微分享等,已经形成了一种普遍使用的互动营销方式。

微信公众号可分为订阅号和服务号(图 6-2)。微信订阅号每天可以群发一条信息。群发的信息直接出现在订阅号文件夹中。而微信服务号主要是为企业和组织提供强大的业务服务与用户管理功能,偏向于服务交互,一般银行和企业做客户服务时用得比较多。

服务号
给企业和组织提供更强大的业务服务与用户管理能力,帮助企业快速实现全新的公众号服务平台。

订阅号
为媒体和个人提供一种新的信息传播方式,构建与读者之间更好的沟通与管理模式。

图 6-2　微信公众号

随着微信的快速发展,它已成为大众化的移动通信工具,更有超千万的微信公众号。通过此渠道,品牌可被推广至数亿的用户,减少了宣传成本,且能有效提高品牌知名度,打造更具影响力的品牌形象。微信公众号的口号是"再小的个体,也有自己的品牌"。

正确认识订阅号和服务号

4. 二维码——O2O 纽带

手机使用的私密性和微信粉丝(本书中所说的"粉丝"都指崇拜某一明星的群体,即追星族)关系的脆弱性特征,对微信账号粉丝的黏性是很大的考验。现今二维码的广泛使用和认知为微信账号的传播提供了便利。二维码使用方便,只需结合一些营销活动即可获得粉丝的关注。通过整合企业内部的资源,如在公司官网上展示公众号二维码,企业举办线下活动时在易拉宝上印刷公众号二维码,在 E-mail 中加入公众号二维码等,可以将用户转化为企业公众号的粉丝,有利于企业开展微信营销。此外,企业还可通过二维码在微信中发起投票、视频推广等多种多样的营销活动,使得线上线下联动,更好地进行营销宣传。

5. 小程序——即时应用通道

小程序是一种不需要下载安装即可使用的应用,它实现了应用的"触手可及"。用户通过"扫一扫"或者搜索一下即可打开应用。应用随时可用,但又无需安装和卸载。对于开发者而言,小程序开发门槛相对较低,能够满足简单的需要。小程序能够实现消息通知、线下扫码、公众号关联等功能。其中,通过公众号关联,用户可以实现公众号与小程序之间的相互跳转。基于线上线下资源的整合,各个行业开发的小程序可能会使微信变成一个集合大量功能的"超级应用"。依靠微信的海量高黏性用户,小程序有可能构建一种全新的商业生态。

案例分析

MINI 公众号 5 分钟卖车 100 台

2017 年 7 月 13 日,著名汽车品牌 MINI 与拥有 450 万粉丝的时尚公众号"黎贝卡的异想世界"(以下简称"黎贝卡")合作,销售 100 台 MINI 加勒比蓝色限量版汽车,在 5 分钟内售空,50 分钟内全部完成付款。

2017 年 7 月 9 日,黎贝卡发出一张预热海报,透露 7 月 13 日 MINI 将联合黎贝卡为 100 位车主带来蓝色 MINI 汽车的信息,如图 6-3 所示。

7 月 13 日,黎贝卡发出 MINI 加勒比蓝色限量版汽车的预约通道,规定每个手机号只能预约一次,提交预约信息后才有机会抢购限量版 MINI 汽车。同日,MINI 官方微信订阅号首次发布与黎贝卡合作的信息。到 14 日下午,预订人数就已超过 1000 人。截至 21 日晚上 8 点,共有 1568 人完成了预订。

7 月 21 日晚 9 点,MINI 官方预定平台开启抢购通道。100 台 MINI 加勒比蓝色限量版汽车仅用 5 分钟就销售一空,而且所有支付交易在 50 分钟内完成。黎贝卡通过朋友圈也表示:"后台晒单的读者都激动坏了,搞得我也很激动!"如图 6-4 所示。

MINI x 黎贝卡

只有**100人**

才有机会驾驭的蓝

7月13日 敬请期待

图 6-3　MINI 联合黎贝卡的售车海报

黎贝卡

黎贝卡 X Mini 限量加勒比蓝100辆,五分钟售空,五十分钟内全部付完款!后台晒单的读者都激动坏了,搞得我也很激动!

图 6-4　黎贝卡的朋友圈发布的汽车售空信息

案例思考题

　　1.此次微信营销的成功之处在哪里?

　　2.此次营销活动利用了微信营销的哪些特点?

　　3.结合自身经历,分析微信营销的未来。

思考题

　　1.微信营销的特点是什么?

　　2.微信营销的主要模式有哪些?

　　3.微信营销与其他营销方式有哪些不同之处?

6.2　微博营销

　　微博即微型博客,是一种通过关注机制分享简短实时信息的广播式的网络社交平台。我们也可以将微博理解为一个基于用户关系的信息分享、传播的社交平台。

　　微博经历了十几年的快速发展,已进入了成熟期。尤其是移动网络时代的来临,使微博渐渐融入人们的生活。在经过激烈竞争后,新浪微博逐渐发展成为微博市场业务最大的社交平台。本节主要以新浪微博为例介绍微博营销。

6.2.1　微博营销的特点

　　作为社会化媒体中用户极其活跃的平台之一,微博因其内容精短、发送方便的特点改变了信息传播的方式,再加上病毒式传播的可能性,使微博具有巨大的营销价值。微博营销是指企业或非营利组织利用微博这种新兴的媒体影响受众,通过在微博上进行信息的快速传播、分享、互动,实现市场调研、产品推介、客户关系管理、品牌传播、危机公关等功能的营销行为。

　　微博作为新媒体的代表,是品牌传播的利器、客户关系管理的助手、市场调查与产品开发的创新工具、危机公关的理想选择。其在营销过程中具有鲜明的特点,具体表现为多样化、传播快、覆盖面广、成本低等。

1.多样化

　　随着现代技术的发展,微博营销可以同时利用文字、声音、图片、视频等多种形式,并通过转发、评论、点赞等功能实现多种营销效果。从人性化角度看,微博使企业品牌拟人化,更具亲和力及互动性。

2.传播快

　　传播速度快是微博最显著的特征之一。在网络时代,微博实现了瞬时产生、即时沟通、实时更新。一条微博触发引爆点后在短时间内被转发、评论,就可以抵达微博世界的每一个角落。在企业进行危机公关时,它具有较快的反应速度。

3.覆盖面广

　　微博信息的发布非常方便,体现了网络无时间、空间的限制。信息被发布的同时上亿的微博用户都可以看到。微博热搜榜 24 小时动态变化,利用名人效应能够使信息的传播量呈几何级数增长。广泛的覆盖面带来了强大的影响力。

4. 成本低

140 个字的信息,远比发布博客内容容易,却比同样效果的广告更加经济。与传统的大众媒体相比受众同样广泛,并根据一定的人群分类实现精准营销。前期一次投入,后期维护成本低廉。

6.2.2 微博营销的定位

1. 品牌推广型微博

该类型的微博定位于推广企业品牌,目的在于树立企业的品牌形象。例如宝马中国官方微博,主要发布宝马公司的重大活动、新品发布等内容,通过微博树立企业品牌形象,提高企业知名度,提升品牌亲和力,塑造良好的企业形象。

2. 内容互动型微博

内容互动型微博的主要功能在于维系企业与粉丝以及用户之间的关系,强化企业在消费者心中的形象。因而该类型微博发布的主要内容是向用户表达关怀,突出企业的用户导向理念。

3. 业务型微博

从本质上说,企业开展微博营销的目的就是为了赢利,因而还可将企业微博直接定位为产品销售或者服务购买渠道,通过微博直接为企业带来经济收益。

6.2.3 微博营销的模式

1. 意见领袖模式

社会影响力在营销中有巨大作用,关键意见领袖活跃在各个领域,通常拥有较强的社会影响力。在微博世界中,意见领袖主要包括明星、网红、商业领袖人物、自媒体人等。企业可以通过业内知名的意见领袖的肯定和支持进行推广,借用他们的名人影响力迅速地吸引人气。例如小米创始人雷军,在展现人格魅力的同时,其巨大的社会影响力为品牌和产品均带来了极大的关注度。

2. 媒体模式

微博是传统媒体转向新媒体的典型代表。传统媒体是单向传播,只能听、只能看,而新媒体的特点在于互动性。在微博客户端发布新闻具有更大的便利性,可以随时随地获取反馈信息,还有可能因与用户的互动而改变事件的发展。这类媒体如头条新闻、中国新闻网、央视新闻(图 6-5)等。

图 6-5 央视新闻的微博

3. 自媒体模式

李开复曾发过一则微博,他认为个人品牌会超越机构品牌。在自媒体的时代,个人微博更鲜活立体,也更具亲合力,其影响力和号召力丝毫不弱于企业微博。在网络时代,自媒体独树一帜。

4. 专家模式

在微博上汇聚了各个行业、领域的专业人士,而随着微博的发展,其传播路径及商业模式都发生了很大的变化。这些有专业知识的专家也更具影响力。微博的功能在时时更新,其中打赏、付费阅读(图 6-6)等的出现,为专家带来了新的盈利模式。

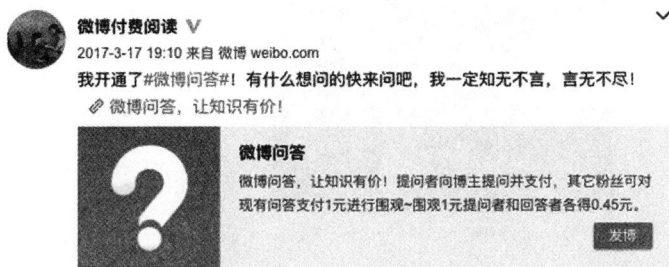

图 6-6　微博付费阅读功能

5. 社会化电子商务模式

微博橱窗、淘宝直联、寻找商机、品牌宣传……微博和阿里巴巴联手使社会化电子商务有了更多的可能性。因其良好的活跃度、互动性以及传播性,微博也成为了很多电商品牌推广的首选平台。

6.2.4　微博营销活动

1. 微博营销活动形式

(1)有奖转发

该活动形式以企业官方微博发布的博文为主,通常会设置诱人的奖品刺激和吸引粉丝转发该微博的活动内容。有奖转发适合刚开通官方微博的企业,此时急需吸引更多用户的关注,或发布新品期间需要加大宣传力度。还有一种情况是已经拥有大量粉丝的企业微博为了与粉丝互动,定期举办有奖转发活动(图 6-7)。

(2)有奖征集

有奖征集是就某一问题向广大网民征集解决方案或创意,以吸引用户参与活动。常见的有奖征集活动有征集广告语、段子、祝福语以及创意想法等,通过调动用户参与活动的兴趣,实现与用户的互动,以吸引更多粉丝(图 6-8)。

(3)免费试用

企业通过微博发布产品免费试用的广告促销信息,以免费的形式吸引目标用户积极参与活动。免费试用的产品将根据用户填写的申请理由发给目标用户(图 6-9)。

图 6-7 微博有奖转发活动示例

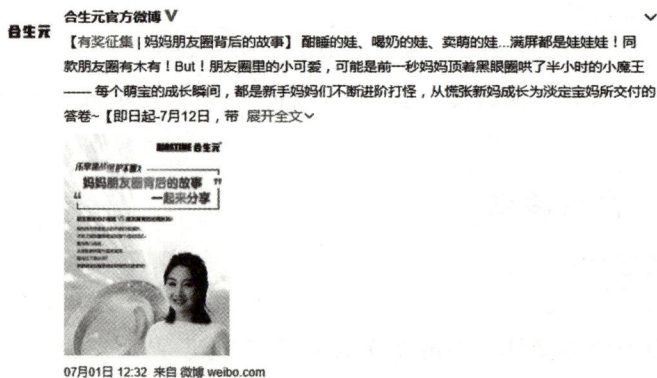

图 6-8 微博有奖征集活动示例

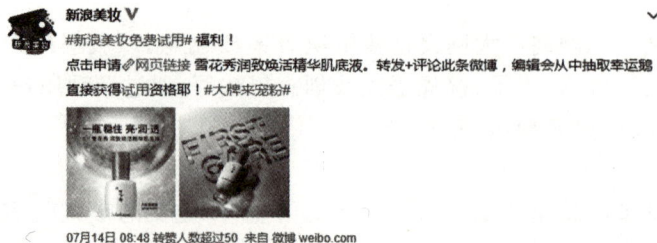

图 6-9 微博免费试用活动示例

（4）预约抢购

预约抢购活动大行其道得益于小米公司的"饥饿营销"策略，其在发布新品期间，通过各大网络平台对新品进行高度的曝光宣传，然后以预约抢购、限量销售模式出售产品。企业发售新品或者开设新业务时非常适合采用这一活动形式（图 6-10）。

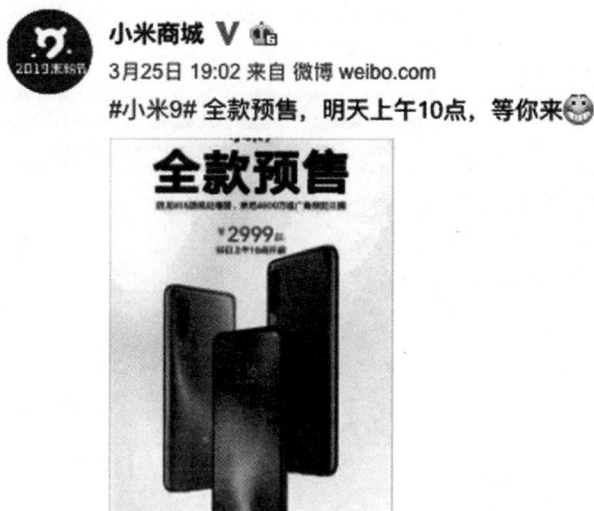

图 6-10　微博预约抢购活动示例

（5）抽奖活动

抽奖活动是指企业在指定的时间内发起的游戏活动。活动以随机的方式抽选出获奖者。一般来说，奖品设置比较丰富，会有不同等级的奖励，用户参与活动即可抽奖（图 6-11）。

图 6-11　微博抽奖活动示例

(6)预约报名

预约报名与预约抢购的活动模式相似,也是提前邀请粉丝参与企业的活动。常见的预约报名活动有试驾、试吃等。该活动更适合于服务性行业或者开展 O2O 业务的企业(图 6-12)。

图 6-12　微博预约报名活动示例

2. 微博推广渠道

(1)粉丝服务平台——群发私信

群发私信是微博用户(这里主要指认证后的用户)与其订阅用户(粉丝)进行互动沟通以传达信息的一种有效方式,通过私信可以直接将要发送的信息快速传递给用户(粉丝),让他们了解微博活动的内容,并引导用户(粉丝)积极参与活动。

粉丝服务平台是微博认证用户为主动订阅其账号的粉丝提供精彩内容和互动服务的平台。粉丝服务平台有群发、自动回复、自定义菜单、素材管理、开发者中心等功能和栏目。登录微博后,打开个人主页→管理中心,在左侧导航栏即可点击进入"粉丝服务"(图 6-13)。

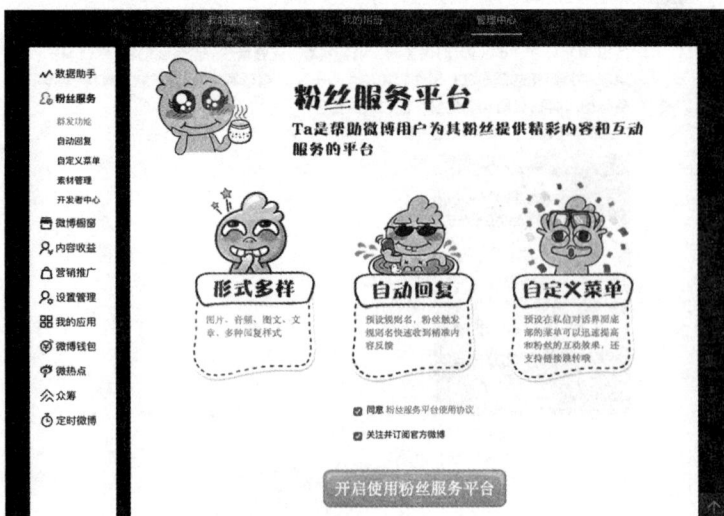

图 6-13　微博粉丝服务平台

（2）微博粉丝通

微博粉丝通是基于微博平台的海量用户,将广告信息直接推送给粉丝和潜在用户的一项广告投放服务。广告主可以根据用户属性和社交关系将信息投放给目标人群,使广告营销更加精准。此外,微博粉丝通也具有微博的其他功能,如转发、评论、收藏、点赞等,可实现广告的二次传播,从而大幅提高了广告的转化率。

粉丝通推广功能需要用户自助申请开通。用户可以通过微博广告中心完成粉丝通自助申请,申请一般在三个工作日内完成审核,以私信方式通知用户。不过,新浪微博并不支持所有行业开通粉丝通服务,目前限制推广的行业有医疗医药行业、金融行业、招商行业以及美容行业等。

粉丝通的计价方式有 CPE 和 CPM 两种。在 CPE 模式下,按照用户的互动行为收取费用,互动标准为转发、点击链接、加关注、收藏,但不包括评论,最低价格为互动 1 次 0.5 元。在 CPM 模式下,按照千次展示收费,最低价格为每 1000 人次 5 元。企业在选择粉丝通计价方式时,可根据实际需要灵活选择。企业如果对短期内曝光有比较高的要求,对用户群的精准度要求又高,如新品上市推广、公关活动、限时促销等,可以优先选择 CPM 竞价方式。企业如果是进行长期推广,对曝光没有严格要求,可优先选择 CPE 模式。

（3）微任务

微任务（图 6-14）是微博推广的重要渠道之一。用户先在微任务上发布推广任务,再由自媒体账号承接任务帮其进行推广。自媒体在完成推广任务后,用户需向其支付一定数额的佣金。微任务的活动类型有直通车推广和阅读加推广两种。

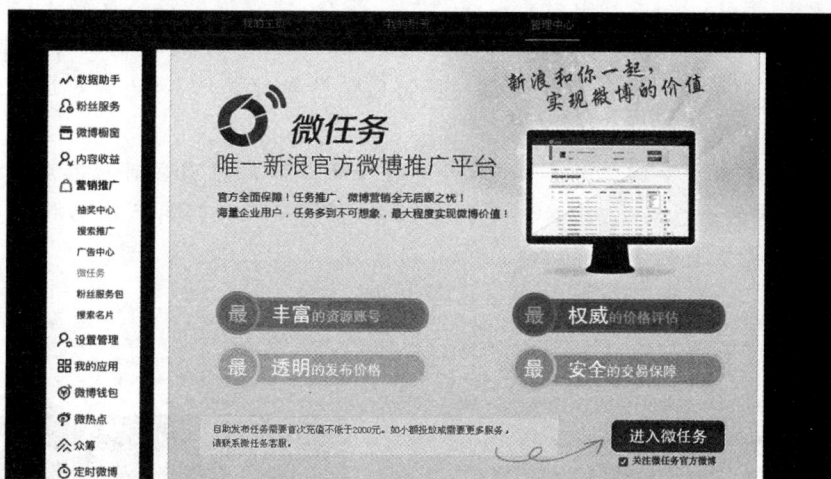

图 6-14　新浪微博的微任务

微任务对于参与活动的用户要求较低,企业认证用户无需审核,授权后即可进入微任务平台发布推广任务。不过,对于第一次进入微任务进行推广的用户,首次推广需要预付一定数额的推广费。

（4）热门话题和热门微博

热门话题和热门微博是新浪微博对微博平台上特定时段内活跃程度较高的话题和微博的客观反映,也被网民认为是网络热点的风向标。企业通过热搜榜（图 6-15）可以对粉丝关注的兴趣和话题进行实时聚焦,开展有针对性的营销活动。

图 6-15　微博热搜榜

(5)广告

除了上述几种微博营销推广方式外,还有一种推广方式在企业微博营销中也经常见到,即广告。如 2013 年,新浪推出了"推广信息流"广告系统,在用户信息流中插播推广信息。信息上方用灰色字体注明"微博推广",并划出一条分割线。

案例分析

天猫"十年一转眼"话题营销

在 2018 年 10 月 14 日,天猫商城走起了"回忆"路线,通过微博悄然发起了"十年一转眼"话题,邀请易烊千玺、孟非、蒋方舟等 20 位理想生活人物晒出十年对比变化与故事,打响天猫"双 11"十周年营销战的第一枪。整个话题的微博阅读量超过 8 亿,讨论量超过 3000 万,远远超过一些网络热点话题。

天猫号召全民参与十年回忆分享活动,并通过十年故事海报引发百位品牌蓝 V 联动(图 6-16),激发消费者的情感共鸣;同时发布时光列车(图 6-17),利用天猫品牌明星的十年故事带消费者体验实景时光列车的穿梭感。

图 6-16　天猫通过微博发起活动

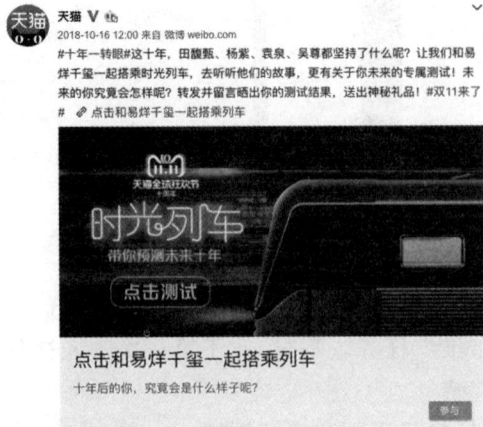

图 6-17　天猫时光列车

这波微博营销除了十周年本身的意义激起大众参与的热情外,更重要的是外界助力。天猫首位代言人易烊千玺创作十周年主题曲《精彩才刚刚开始》,以音乐的方式讲述自己的成长之路,引发"千纸鹤"(易烊千玺的粉丝昵称)的集体共鸣、集体追忆,大家的怀旧情怀瞬间被点燃。UGC(用户生成内容)加速话题的扩散传播,转发量达到百万以上(图 6-18)。可以说,天猫很巧妙地将十年这个概念与消费者建立起了"链接",拉近了与他们的距离,提高了大众的参与度。

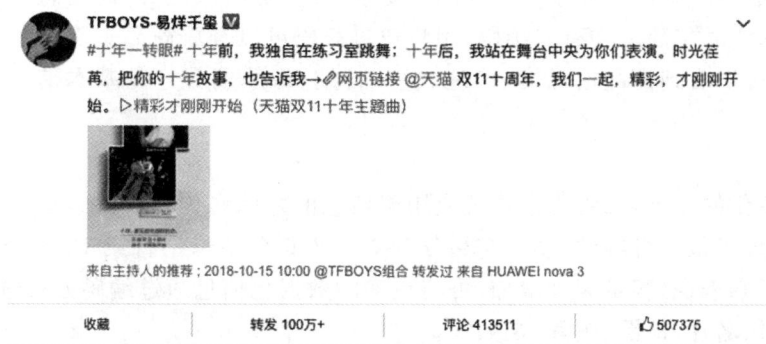

图 6-18　易烊千玺的微博

案例思考题

1.本次话题活动为天猫带来了什么?

2.微博营销的价值在于什么?

3."十年一转眼"话题活动对企业微博营销有哪些启示?

思考题

1.微博营销的特点有哪些?

2.微博营销的优点和缺点分别是什么?

3.微博营销的主要模式有哪些?

4.微信营销的营销推广活动形式及渠道有哪些?

6.3　二维码营销

6.3.1　二维码的概念

二维码是近几年来在移动设备上非常流行的一种编码方式,它比传统的条形码能存更多的信息,也能表示更多的数据类型。二维码按一定规律在平面(二维方向上)分布的黑白相间的图形上记录数据符号信息,在代码编制上巧妙地利用构成计算机内部逻辑基础的"0""1"比特流的概念,使用若干个与二进制相对应的几何图形来表示文字、数值信息,通过图像输入设备或光电扫描设备自动识读以实现信息自动处理。它具有条码技术的共性,如每种码制有其特定的字符集,每个字符占有一定的宽度、具有一定的校验功能等,同时能够自动识别不同行的信息和处理图形旋转变化点等。

6.3.2　二维码的功能

随着网络的迅猛发展,二维码被应用在各个地方,其主要功能可分为以下四种。

1. 识别、防伪

在传统领域中,二维码往往被用于物品的识别,如产品信息溯源、商品防窜货等。常见的产品包装上均有二维码,用户通过扫码可以查看商品是否为正品,进一步还可以看到商品的品名、产地、生产日期、保质期等产品基本信息及溯源信息。

二维码的功能

2. 存储

在信息数字化的今天,二维码常常被应用于信息的存储和传播。就容量而言,常见的二维码最多可容纳 7089 个数字字符、4296 个字母字符或 1817 个汉字字符。相较于普通的条形码来说,容量大大增加,可将更多的数据化信息通过编码方式进行存储。常见的信息包含网页、名片、地图、图片、视频等。

3. 引流

二维码作为移动网络的入口之一,具有非常强大的引流作用。从本质上来讲,二维码是一个互动工具,并不具备营销功能,但通过二维码可以链接微信、微博等多种线上平台,从而实现引流和营销功能。企业可通过二维码进行网站跳转、广告推送,用户扫码后可直接浏览企业推送的音频、视频广告,还可以下载电子优惠券、参加抽奖、获取电子会员信息等。

4. 支付

随着电子商务以及手机支付的发展,出现了二维码支付这种新型的支付方式(图 6-19)。二维码支付可分为个人之间的支付和个人与商家之间的支付,它极具便利性,对线下的现金支付以及银行卡支付产生了巨大的冲击。

图 6-19　二维码支付

6.3.3　二维码营销

1. 二维码营销的含义

二维码营销指通过对二维码图案的传播，引导消费者扫描二维码，以推广相关的产品资讯、商家活动，刺激消费者购买产品的新型营销方式。扫描二维码后，常见的营销互动类型有观看视频、订阅信息、参与讨论等。

2. 二维码营销的优势

二维码营销的核心就是将企业的视频、文字、图片、促销活动、链接等信息放入二维码内，再将二维码展示在名片、报刊、展会名录、户外广告、宣传单、网站、公交站牌、地铁墙壁、公交车身等处。用户用手机扫描二维码即可随时随地进行浏览、查询、支付等，使企业实现形象宣传、产品展示、活动促销、客户服务等。由此，二维码营销成为企业营销活动中的重要方式，使营销成本大大降低，同时实现精准营销且跨越线上线下。

（1）使用便利

当企业需要更改信息时，只需在系统后台更改即可，无需重新制作和投放二维码。这大大方便企业随时调整营销策略，帮助企业以最小的投入获得最大回报。

（2）运营成本低

二维码营销相比媒体广告、传单广告等有着明显的成本优势。不管企业规模大小、经营何种业务，它们都可以使用二维码进行营销，并获得数倍的回报。

（3）实现精准营销

二维码营销可以实现用户细分和信息的精准推送，以及对用户来源、路径、扫码次数等信息的统计和分析。企业可以依据用户的消费行为特征对其进行精确定位，完成精准的营销信息投放，并通过实施各种各样人性化的营销策略，方便用户拍码下单、参加促销活动等。

（4）跨越线上线下，实现立体营销

企业以二维码为入口整合网络营销，轻松打通线上线下发展瓶颈。二维码很好地承担了线上线下互动的桥梁角色，让有限的线下内容扩展到无限的线上，将营销活动、产品信息等整合为一个整体。

案例分析

"一瓶一码"开启快消品二维码营销新方式

2015 年，恒大冰泉推出"一瓶一码"的网络营销模式，多地区连续出现顾客一次性购买数千箱恒大冰泉矿泉水的罕见现象。

顾客购买了一瓶恒大冰泉的矿泉水，拧开瓶盖，发现瓶盖内侧有一个二维码。用手机淘宝"扫一扫"扫描二维码，就可看到这瓶水的水源地信息、身份编号和生产日期。页面中还有一个刮奖活动，点击"刮奖"，就会出现恒大冰泉的很多活动介绍，以及抽奖互动。从表面上看，这些活动只是简单的互动，但对商家来说，消费者的扫码行为却有着巨大的价值。仅一个月，恒大冰泉共发放了 1.9 亿个二维码，实现 350 多万次的扫码量。在扫码活动开展的四个月时间里，恒大冰泉积累了 161 万的会员。

数据显示，恒大冰泉当年 7 月销售额超过 7 亿元，比上一年同期增长 180%。年报显示，某品牌矿泉水 2014 年全年销售额为 4.43 亿元,恒大冰泉 7 月单月销售额就远超其全年销售额。

案例思考题

1.试分析二维码在网络营销中如何使用。
2.简述本案例中二维码营销的成功之处。
3.结合自身体会,分析二维码营销未来的发展方向。

思考题

1.二维码的功能有哪些?
2.二维码的营销价值在哪里? 为何如此受青睐?
3.二维码营销的优势有哪些?
4.二维码营销的模式有哪些?

6.4　E-mail 营销

E-mail 营销是在用户事先许可的前提下,通过 E-mail 的方式向目标用户传递信息的一种网络营销手段。有效的 E-mail 营销有三个基本要素:基于用户许可;通过 E-mail 传递信息;信息对用户有价值。这三个要素缺少一个,都不能称为有效的 E-mail 营销。E-mail 营销是利用 E-mail 与客户进行商业交流的一种直销方式,广泛地应用于网络营销领域。

真正意义上的 E-mail 营销就是许可 E-mail 营销(简称"许可营销")。基于用户许可的 E-mail营销与滥发邮件不同,许可营销与传统的推广方式或未经许可的 E-mail 营销相比有明显的优势,比如可以减少广告对用户的滋扰、增加对潜在客户定位的准确性、增强与客户的关系、提高客户的品牌忠诚度等。许可 E-mail 营销是网络营销方法体系中相对独立的一种,既可以与其他网络营销方法相结合,也可以独立应用。

6.4.1　E-mail 营销分类

1.按照是否经过用户许可分类

按照发送的信息是否事先经过用户许可,可以将 E-mail 营销分为许可 E-mail 营销和未经许可的 E-mail 营销。未经许可的 E-mail 营销也就是通常所说的垃圾邮件。

2.按照 E-mail 地址资源的所有权分类

潜在用户的 E-mail 地址是企业重要的营销资源。可将 E-mail 营销分为内部列表 E-mail 营销和外部列表 E-mail 营销,或者简称为内部列表和外部列表。内部列表是一个企业、网站利用一定方式获得用户自愿注册的资料,然后开展的 E-mail 营销;外部列表也被称为 E-mail 广告,是指利用专业服务商或与专业服务商一样可以提供专业服务的机构提供的资料开展的 E-mail营销,企业自己并不拥有用户的 E-mail 地址资料,也无需管理和维护这些用户资料。

3.按照营销计划分类

根据企业的营销计划,可将 E-mail 营销分为临时性的 E-mail 营销和长期的 E-mail 营销。临时性的 E-mail 营销如不定期的产品促销、市场调研、节假日问候、新产品通知等;长期的

E-mail营销通常以企业内部注册会员资料为基础,主要表现为新闻邮件、电子杂志、顾客服务等各种形式。

4. 按照 E-mail 营销的功能分类

根据 E-mail 营销的功能,可分为顾客关系 E-mail 营销、顾客服务 E-mail 营销、在线调查 E-mail 营销、产品促销 E-mail 营销等。

6.4.2　开展 E-mail 营销的基础条件

E-mail 营销强调三个基本要素:基于用户许可;通过 E-mail 传递信息;信息对用户有价值。这三个要素缺少一个,都不能称为有效的 E-mail 营销。可见,开展 E-mail 营销需要一定的基础条件,尤其是内部列表 E-mail 营销,是网络营销的一项长期任务。在许可营销的实践中,企业最关心的问题是:许可 E-mail 营销是怎么实现的呢? 获得用户许可的方式有很多,如用户为获得某些服务而注册为会员,或者用户主动订阅新闻邮件、电子刊物等。也就是说,许可营销是以向用户提供一定有价值的信息或服务为前提的。可见,开展 E-mail 营销需要解决三个基本问题:向哪些用户发送 E-mail;发送什么内容的 E-mail;如何发送这些E-mail。

这里将这三个基本问题进一步归纳为 E-mail 营销的三大基础。首先是 E-mail 营销的技术基础,从技术上保证用户可以加入、退出邮件列表,并实现对用户资料的管理,以及邮件发送和效果跟踪等功能。其次是用户的 E-mail 地址资源。在用户自愿加入邮件列表的前提下,获得足够多的用户 E-mail 地址资源,是 E-mail 营销发挥作用的必要条件。再次是 E-mail 营销的内容。营销信息是通过 E-mail 向用户发送的,邮件的内容对用户有价值才能引起用户的关注,有效的内容设计是 E-mail 营销发挥作用的基本前提。当这些基础条件具备之后,才能开展真正意义上的 E-mail 营销,E-mail 营销的效果才能逐步表现出来。

内部列表和外部列表各有自己的优势,两者并不互相矛盾,如果必要,有时可以同时采用。对于外部列表来说,技术平台是由专业服务商所提供的,因此 E-mail 营销的基础也就相应地只有两个,即潜在用户的 E-mail 地址资源的选择和 E-mail 营销的内容设计。

利用内部列表开展 E-mail 营销是 E-mail 营销的主要方式,也是重点讨论的内容。一个高质量的邮件列表对于企业网络营销的重要性已经得到众多企业实践经验的证实,并且成为企业增强竞争优势的重要手段之一,因此建立一个属于自己的邮件列表是非常有必要的。很多网站都非常重视内部列表的建立,但是建立并经营好邮件列表并不是一件简单的事情,涉及多方面的问题。

首先,邮件列表的建立通常要与网站的其他功能相结合,并不是一个人或者一个部门可以独立完成的工作,将涉及技术开发、网页设计、内容编辑等内容,也可能涉及市场、销售、技术等部门。如果是外包服务,还需要与专业服务商进行功能需求沟通。

其次,邮件列表必须是用户自愿加入的,是否能获得用户的认可,本身就是很复杂的事情。要能够长期保持用户的稳定增加,邮件列表的内容必须对用户有价值,邮件内容也需要专门制作。

最后,邮件列表的用户数量需要较长时期的积累。为了获得更多的用户,还需要对邮件列表本身进行必要的推广,这同样需要投入相当的营销资源。

6.4.3　E-mail 营销的原则

1. E-mail 营销应基于用户的许可

E-mail 营销的目的是提升会员客户的活跃度,增加销售。但在中国市场,E-mail 营销很多还停留在非许可式的阶段,常被用于市场引流,通过向目标邮箱发送大量的非许可邮件增强曝光、吸引客源。这就导致很多用户误以为营销邮件就是大量的垃圾邮件,甚至会开始排斥营销邮件。

邮件列表中联系人的不精准是造成这一现象的重要原因。注册用户不等于订阅用户,企业在设计网站时应充分考虑到这二者的区别。只有对产品真正感兴趣并订阅邮件的人才是优质客户,当邮件列表中都是这样的优质客户时,营销的效果自然会非常好。

2. 让用户掌握自主选择权

在营销过程中要尊重用户,如果用户不喜欢企业提供的服务,应让他们有权利随时取消对企业的关注。这和得到用户许可的重要性是一样的,订阅和退订都是用户选择的权利。在显眼的位置提供退订按钮,且退订操作简单,这样不仅能赢得用户信任,也增强了用户体验。这与淘宝卖家在提供服务时,明确告诉买家不满意就退货是一样的道理。有的时候,舍弃不感兴趣的用户其实是一种得到,它维持了企业的品牌形象,也避免过多用户将邮件标记为垃圾邮件而影响企业其他邮件的传播。

3. 持续给用户带来价值

用户订阅某品牌的邮件,主要是希望收到感兴趣并觉得有价值的内容,包括优惠信息、各类资讯,邮件内容绝不能是一成不变的服务推销或者"假打折"信息。用户只有先对邮件的内容感兴趣,才会持续关注企业,逐渐转变为忠实客户,继而转化为购买者。邮件中过于急切地催促、逼迫用户点击购买产品,其实是适得其反的。网络用户在每天海量的信息中很容易迷失,浏览单条信息的时间越来越短,对信息的信任度越来越低,目的性也越来越强。所以只有显示出真诚,让操作简单,并带给他们看得见的好处,才能获得他们的信任与青睐。

4. 不断提高用户体验

一切以用户为中心的原则应该贯穿在 E-mail 营销中。E-mail 营销的整个流程可以概括为四步:用户分析—邮件制作—邮件送达—用户反馈,这四个步骤都可以在体验上下功夫。比如,精心设计图文的风格、退订功能、便捷的链接操作等;在发送之前,需要筛选邮件接收地址,避免无效地址影响互联网服务供应商的评分,细分联系人以争取精准投放;还需对邮件进行完全的测试,如邮件是否兼容,图片是否显示,阅读是否流畅等;在反馈阶段,以解决问题的态度积极与用户沟通,分析数据以优化邮件。用心去对待用户,提供他们想要的服务,结果就不会太糟糕。

6.4.4　E-mail 营销策略

在实施 E-mail 营销时,最重要的莫过于设计好进入和退出的策略。简单的进入和退出技巧将使营销变得更加有效。设计进入和退出策略能给企业带来切实的利益:降低客户潜在的对垃圾邮件的抱怨;确认邮件阅读人数;通过削减无回复成员提高邮件回馈量;通过个性化定制信息提高目标消费者的有效性。这种策略可能因为不同情况而有所不同。进入策略是对企业邮件信息收到与否或是否被阅读的一个确认,而退出策略是明确在什么时间用什么方式,从

E-mail 列表中移去部分客户的名单。

在制定进入和退出策略之前,有几个关键的问题需要搞清楚。

(1)对进入策略而言

①这是顾客从企业收到的第一封信吗?

②如果是,那么从顾客收到邮件到订阅邮件有多长时间?

③如果不是,那么从顾客收到企业发的最后一个邮件到现在有多长时间了?

④这封邮件确实符合接收者设定的优先接收条件吗?

(2)对于退出策略而言

①是否有针对同一群体进行直邮或者电话营销的计划?

②当发送邮件时,这个目标群体是否也能接收到其他公司的邮件信息?

③如果将他们暂时从这次发送对象的名录中剔除,什么时候他们能再次收到企业的邮件?

④在他们决定加入时,企业将为他们做怎样的准备工作?

联合利华的"家庭护理系列"产品提供了一个简单的进入策略的例子。新会员收到一份声明:"我们非常激动地获知您订阅了我们的信息,您可以随时任意更改您的参数设定。"刚退出的会员也同样会收到一封邮件:"您收到这个邮件是因为您之前同意联合利华给您发送特定的信息,我们希望您能喜欢所收到的信息,您可以随时任意更改您的参数设定。"这种关系的简单确认,可以获得消费者的认可。

如果在一段时间内(例如 2 个月到 12 个月,主要取决于邮件发送的频率),邮件接收者没有点击邮件或者所提供的链接,那可能就是一种暗示:接收者对此不感兴趣。如果还不愿放弃,可以再发一封邮件用以确认,告诉顾客如果想要继续获得此类信息的话,需要提供一个反馈信息,否则将停止向他们发送此类信息。

6.4.5　E-mail 营销技巧

有调查显示,在多种销售的引流方式中,邮件仍然是营销人员常用的一种沟通方式,且多达 50%的消费者也更喜欢通过邮件接收优惠信息。借助邮件企业可以达成日常的促销推广、售后服务、顾客消费体验改善等目标。

1. 邮件地址库的收集和整理

要实现精准营销,邮箱地址必须精确,才能够将邮件发送到目标客户手中。邮件地址的收集工作尤为重要,以下是收集邮箱地址的几种方法。

(1)网站注册用户资料

电子商务网站的特殊性要求用户注册时输入正确的邮箱地址,以方便认证密码或者接收验证等。这为收集用户邮箱地址提供了方便。

(2)QQ、微博认证登陆

开放式的社交平台为实现 QQ、微博等认证登陆提供了可能,采用此方式登陆的用户在登陆后,需要进一步填写自己的个人信息才能浏览商品信息,其中个人信息中会包含邮箱地址。用户登陆的 QQ 号码是另外一种形式的邮箱,也是值得去收集整理的。

(3)电子商务网站促销活动

电子商务网站往往会进行一系列的促销活动,以此来吸引访问、带动消费。这种促销活动有一定的阶段性,可以在旁边添加邮件订阅功能以满足用户的需要。

（4）有奖调查

有奖征集用户对企业网站的改善意见，会调动起大家积极参与的兴趣。通过邮件通知用户是否中奖，就可以收集到所需要的邮箱地址。

2. 邮件主题的确定

在邮件标题或者摘要中，务必要突出顾客最关心的内容，是特别的折扣还是行业最新消息等。要确保邮件的主题和企业开展的业务相关，且邮件主题简洁明了，有高度的概括性、权威性以及新颖性。

3. 邮件内容的准备

E-mail 营销的内容应该涵盖以下几方面：账号长久未登陆提示信息、促销信息、优惠券信息、最新产品信息、产品使用提示信息等。将这些对目标用户确实有用的信息发送给他们，才会让他们体会到企业时时刻刻在其身旁，从而赢得他们的信赖。

4. 关于发送邮件的其他事宜

邮件发送完成之后，需要对其进行统计，建立相关信息的 Excel 表格，把邮件的发送时间、发送数量、反馈数量等记录下来，用于分析 E-mail 营销的效果，以便为下一步的营销推广找出路，除劣补优。

6.4.6 E-mail 营销中的注意事项

通过定期发送邮件来告知目标用户企业的动态，是吸引浏览者的一个好办法，将会给企业网站带来长期的持续流量。但 E-mail 营销只是吸引用户持续浏览企业网站的手段，最重要的还是产品质量以及相关服务。

1. 不要在未经用户允许的情况下发送 E-mail

这种在不尊重用户权利的情况下，将邮件发送到用户邮箱，违背了 E-mail 营销的基本原则，一方面降低了企业网站的品牌美誉度；另一方面有可能被拉入黑名单，从而将潜在用户拱手让与他人。

2. 邮件的内容要精挑细选

邮件内容的可读性决定着阅读者是否愿意花费时间进一步了解企业的产品。邮件的内容一定是对用户来说非常重要的，如商品打折、免费服务的相关信息。例如一名会员付款购买了一款笔记本电脑，企业发送的邮件内容最好包含电脑使用诀窍、电脑保养说明，以及如何更健康地上网等。总之要时刻站在用户的角度，思考他们想要收到哪些信息，这才能让 E-mail 营销实现最佳效果。

3. 及时回复邮件

E-mail 营销者一定要及时回复用户发来的疑问。一个潜在的消费者在发送了一封关于产品的咨询邮件后，一定会等待着回复，如果两三天后仍得不到回复，他可能就转向竞争对手了。

4. 邮件格式应规范

虽说 E-mail 的格式并没有形成统一的要求，但是作为一封商业性营销邮件，必须要形成特有的格式，至少要包括称呼、邮件正文、发件人签名、信息来源、退订按钮等。

5. 用户的订阅以及退订要简单易操作

一封营销类的邮件，在其顶部或者底部应有订阅及退订按钮，能够让用户有权选择订阅及退订信息。简单有效的操作方法能够对用户的体验起到重要作用,相反,复杂的操作流程会让用户反感。同时要分析数据,寻找用户退订邮件的原因。

6. 每封邮件的底部要有邮件来源说明

邮件底部应写明发送邮件的企业信息,收信者通过查看此信息能够清楚地知道信息的来源,从而验证信息的权威性及真实性。此类信息对于企业网站品牌的树立也起着至关重要的作用。来源说明中要有简单的网站概述及网址。总之,信息来源声明注重的是方便邮件阅读者访问企业网站。

7. 邮件发送频率要恰到好处

频繁的邮件往往会使接收者对发送者产生厌倦之感,轻者将所有邮件删除,重者将其拉入黑名单。所以,一定要注意邮件发送的频率,具体可以根据大多数邮件订阅者的习惯确定,企业网站是否有值得阅读的内容也是参考标准之一。

案例分析

杰克琼斯的 E-mail 营销

这是一个具有大胆创意的推广活动。截至活动结束时,目标消费人群(男性,年龄介于 22～30 岁,居住在北京)中有 47% 打开了杰克琼斯的推广信息邮件。比点击量更有说服力的是,数百名消费者前往指定的专卖店购买了杰克琼斯的商品。

1. 测试邮件标题

在活动正式开始之前 15 天,杰克琼斯发出的第一封 E-mail 的标题是"跟女人没有关系"。就是这封邮件在活动期间的回应率高达 47%。

2. 邮件创意

一打开邮件,闯入大家眼帘的是一个叫 Lany 的人的光光的后脑勺。脑袋旁边的文字注解是:"嗨,哥们儿! 不用剃光头,你也可以像我那么酷! 我回头告诉你!"(经统计,约有 6000 个人想知道答案。)

点击后出现的邮件画面上,Lany 转过头来,向消费者讲解有关活动的详情,告诉他们可以在指定的时间到指定的专卖店找到他,并享受一个特别优惠的价格。为了更好地达到跟踪的目的,杰克琼斯在活动中还设置了一个密码,需要每个到现场的消费者说出密码。邮件里面还设置了一个转发功能,用户可以与有共同兴趣的朋友分享邮件内容。(经统计,有超过 600 人将邮件转发给了朋友。)

3. 提醒邮件

杰克琼斯希望可以再次接触表示出兴趣的用户,在活动开始前 3 天,向曾经打开过第一封邮件的用户发出第二封邮件。这次的创意还是沿用了上一封邮件中 Lany 的光头,但这次他只是从邮件页面上走过,好像在提醒大家见面时间快到了。

4. 线下活动

在活动当天,当 Lany 比预定时间提前一小时到达现场的时候,就已经有慕名前来的用户守候在现场了。在接下来的 3 个小时里,Lany 见证了消费者是如何对一封设计合理、基于许可的 E-mail 做出回应的,他一直都在应接不暇地接待着他们。在这 3 个小时里,杰克琼斯平均每 2 分钟售出一件 POLO 衬衣。

案例思考题

1.杰克琼斯是怎样通过使用基于许可的 E-mail 实现品牌推广的?

2.该案例对应用 E-mail 营销有什么启示?

思考题

1. E-mail 营销的分类有哪些?

2 开展 E-mail 营销的基础条件有哪些?

6.5 SNS 营销

6.5.1 什么是 SNS 营销

SNS 的全称是 social networking services,即社会性网络服务,专指旨在帮助人们建立社会性网络的互联网应用服务。SNS 的另一种解释是 social network site,即社交网站或社交网。

SNS 营销指的是通过社交网络建立产品和品牌的群组,利用 SNS 分享的特点进行病毒性营销之类的营销活动。SNS 营销平台如图 6-20 所示。

社群营销的定义

| QQ | 微信 | 微博 | 百度贴吧 |
| 陌陌 | 知乎 | 豆瓣 | 其他 |

图 6-20 SNS 营销平台

6.5.2 SNS 社区的特点

1.用户互动交流

在 SNS 社区中,用户之间可以非常方便地进行互动交流,随时随地发表自己的建议和观点。无论身处何方,相互之间是否见过面都不重要,只要大家志同道合、兴趣相投,利用网络就可以互相学习交流,达成共识。

2. 内容的产生和共享

传统网站内容由网站编辑制作,如典型的新闻门户,其中大量内容都是转载信息,原创性内容较少。而 SNS 社区绝大部分内容由用户原创,观点鲜明犀利,内容鲜活有趣,用户共享内容的积极性很高,传播性很强。

3. 用户关系

在 SNS 社区中,网站与用户之间的关系,以及用户之间的关系都发生了彻底的改变。用户因为共同的话题聚集在网站上,而同一个网站的用户也很容易因为共同的爱好,在网站内形成更小的圈子进行深度交流。用户与用户之间相互帮助,这其中可能不包含任何利益关系,完全是用户之间的经验交流,因此信息的可信度高,用户之间通过现身说法进行营销的效果非常好。

4. 传染力和爆发力

SNS 社区的用户数量庞大,就中国而言,随着网络的普及,使用 SNS 的用户也会随之增加。人们把大量的时间用在社交上,有了用户体量和使用时间,再加上 SNS 的时效性强、反应快、精确度高,当出现有价值的信息时,大家就会聚焦热点,加速传播效率,因而 SNS 社区有极大的传染力和爆发力。

6.5.3 SNS 营销的优势

1. 满足企业不同的营销策略

SNS 营销是一个不断创新和发展的营销模式,越来越多的企业愿意尝试在 SNS 营销上有所突破。无论是开展各种各样的线上活动,还是丰富多彩的线下活动,SNS 都可以发挥巨大的作用。SNS 最大的特点就是可以充分进行人与人之间的互动,而这恰恰是一切营销的基础。只要有人聚集的地方,就是营销的重要阵地。

2. 有效降低企业的营销成本

SNS 社交网络的网状信息传递模式具有很强的互动性,也很容易受到更多人的关注。随着网络的日益成熟,SNS 的社交趣味性越来越强,用户更乐意主动获取信息和分享信息,社区用户显示出高度的参与性、分享性与互动性。SNS 营销传播的主要媒介是用户,主要方式是"众口相传",因此与传统广告相比,无需大量的广告投入。相反因为用户的参与性、分享性与互动性的特点,他们很容易对一个品牌和产品产生深刻的印象,从而形成好的传播效果。

3. 实现对目标用户的精准营销

SNS 社交网络中的用户通常都是认识的朋友,用户数据相对来说都是较真实的。企业在开展网络营销的时候可以很容易地按照地域、收入状况等对用户进行筛选,从而有针对性地与这些用户进行互动。如果企业营销的经费不多,但又希望能够获得一个比较好的营销效果时,可以只针对部分区域开展营销,例如只针对北京、上海、广州、深圳的用户开展线上活动,从而实现对目标用户的精准营销。

4. 符合网络用户的需求

SNS 营销模式符合网络用户的真实需求,参与、分享和互动是网络用户的基本需求,没有任何一个媒体能够把人与人之间的关系拉得如此紧密。无论是朋友的一篇日记、推荐的一个视频、参与的一个活动,还是朋友新结识的朋友,人们都可以在第一时间给予关注,并与他们分享感受。只有符合网络用户需求的营销模式才能在网络营销中发挥更大的作用。

6.5.4 社群运营

1.社群的构成

在搭建社群之前,首先要了解社群的构成。一个社群由同好、结构、输出、运营、复制五方面构成,想要搭建一个社群也要基于这五个构成因素,如图 6-21 所示。

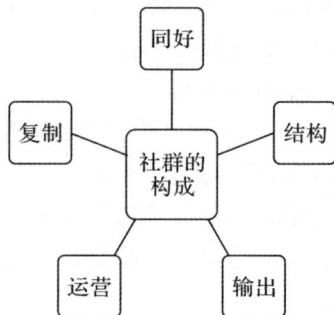

（1）同好

同好是社群成立的前提条件。所谓同好,是对某种事物的共同认可,可以基于某一个产品,比如华为手机、苹果手机、小米手机;可以基于某一种行为,比如爱阅读;可以基于某一种标签,比如星座、某明星的粉丝;可以基于某一种空间,比如某生活小区的业主群;也可以基于某一类观点和认识。

图 6-21　社群的构成

（2）结构

结构决定了社群是否能存活。很多社群之所以会很快走向沉寂,是因为最初就没有对结构进行有效的规划。这个结构包括组成成员、交流平台、加入原则、管理规范等。这些做得越好,社群存活的时间就越长。

（3）输出

输出决定了社群的价值。所有的社群在成立之初都有一定的活跃度,但是若不能持续提供价值,活跃度就会慢慢下降,最后沦为广告群。没有足够价值的社群迟早会成为"鸡肋",群主和群成员就会选择解散群或者退群。也会有一些人再去加入一个新的"好"群或选择创建一个新群。还有另外一种情况是群成员也不退群,继续留在这个群看它还能不能够带来价值,如果观察一段时间以后发现这个群完全不能给他带来想要的东西,就会在这个群里捣乱(如发一通广告信息),因为他已经不在乎会不会被踢出这个群。

（4）运营

运营决定了社群的寿命。不经过运营管理的社群很难有比较长的生命周期。一般来说运营过程始终要建立"四感"。

①仪式感,比如加入社群要通过申请,入群要自我介绍,群成员要接受群规和奖惩等,以保证社群的规范。

②参与感,比如通过有组织的讨论、分享等,保证群内成员有话说、有事做、有收获。

社群运营的"四感"

③组织感,比如通过对某活动的分工、协作、执行等,保证社群的战斗力。

④归属感,比如通过线上线下的互助、活动等,保证社群的凝聚力。

（5）复制

复制决定了社群的规模。由于社群的核心是情感归宿和价值认同,所以社群越大,情感分裂的可能性就越大。一个社群想形成巨大的规模,应先思考三个问题:是否已经构建好自组织;是否已经组建了核心群;是否已经形成了群文化?

社群构成的五要素

2. 树立社群运营目标

在创建社群之前，一定要想好为什么创建社群。一般来说建群的动机主要有以下几种：售卖货品、兴趣所致、扩展人脉、宣传品牌、增加影响力等。

创建社群就需要寻找目标用户，那么去哪里找目标用户群体呢？在每个人的社交网络关系的"关系"中寻找。每个人的社交网络关系可以分为强、中、弱三层，强关系是指个人的社会网络同质性较强，人与人的关系亲密，有很强的情感因素维系着人际关系，比如亲戚、朋友、同学、同事等。弱关系的特点是个人的社会网络异质性较强，人与人关系不亲密，也没有太多的情感维系，也就是所谓的泛泛之交。中关系就是介于两者之间。

每个人在现实生活中都有自己的角色，在社群中也不例外，社群中也有角色分配。每个不同性质的社群都会有不同的角色分配，但是可以大致分为以下三大类：组织者、专家、积极分子等，不同的角色在不同的社群平台中应该发挥不同的作用。

不同的网络平台有不同的优势和缺点，应该根据自己所创建的社群的属性、目标群体、社群类型等选择合适的社群平台进行建设。

3. 社群搭建

(1) 目标用户精准定位

一个社群能否发展起来，第一批成员至关重要，而社群早期的成员需要有核心人物。建立社群首先要设计联系群成员的纽带，可以是产品、内容或工具。社群必须要有一个载体作为入口，如产品、服务或解决方案。

(2) 寻找意见领袖

产品型社群的发展轨迹大都是首先从万千潜在用户中筛选若干关键意见领袖。那么这些关键意见领袖从哪里找，需要符合哪些条件？第一批关键意见领袖只能靠创始人的人脉资源来定向邀请，或从垂直论坛上找"大咖""达人"。这些人的名气不一定大，但在细分领域有绝对的话语权和影响力，还有一定的语言表达能力，讲话幽默风趣。更重要的是这些关键意见领袖都有一个共同的爱好——喜欢分享。

(3) 策划群活动，强化身份认同

社群是一群志同道合的人聚集在一起，线下活动是保持社群生命力和活跃度最为重要的因素之一。

(4) 构建一套文化体系，提升成员专业认知

文化是社群的灵魂，社群文化体系至少包括社群目标、价值观、社群公约。共同目标和价值观可以增加成员之间的情感连接，让弱关系升级为强关系。社群目标不仅可以激发人们的潜能，也是吸引新成员加入的关键要素。对于产品型社群而言，最重要的就是打造一套文化体系，塑造文化氛围，类似小米的"为发烧而生"。

案例分析

小米公司的 SNS 营销之路

小米公司在创建之时就以"为发烧而生"作为其品牌的初衷，将用户视作企业创造品牌价值的参与者，建立线上社群，号召用户积极参与到产品的设计、研发、生产以及营销活动全过程中，经由用户主动自发的口口相传取得了卓越的市场成效。小米公司能够拥有现在的骄人成

绩,与它贯穿始终的网络思维以及独具特色的营销模式是分不开的。

1. 小米同城会

小米社区每隔一段时间都会组织开展小米同城会活动,有关人员会提前在小米论坛中发布关于活动内容的通知,并将报名参加活动的人员拉进聊天群中,小米同城会活动的动态进展会在聊天群中实时更新。在举办小米同城会时,有关人员会组织社群成员欣赏文艺演出,并设置抽奖环节,让每一位到场的成员都可以获得奖品。从本质上讲,小米同城会已经变成了小米产品发烧友的派对聚会,通过定期组织一些有意义的活动,可以将那些具有同样爱好与兴趣的成员汇集到一起。这种做法既可以增加参加相关活动的社群用户对企业的归属感,建立起社群用户之间的情感纽带;也可以让越来越多的社群用户亲身体验并加入到小米产品的推广活动中,为社群用户留下深刻的记忆。小米同城会这种仪式一样的活动,内容新颖多样,用户参与度高,让用户对社群文化有了进一步的理解。其他相关企业应参照小米社区的社群活动方式,通过举办加入社群仪式、定期组织活动等,逐渐形成企业与众不同的品牌社群文化。

2. 爱心公益活动

小米公司每隔一段时间会号召社群成员参加爱心公益活动,组织社群成员帮助那些社会上需要帮助的贫困群体。每期爱心公益活动都会有一批赋有爱心和社会责任心的社群成员积极参加。社群公益活动的内容包含捐赠一些衣服和生活必需品、闲置物品义卖、环保活动的推广宣传等。小米社群定期开展公益行动:一方面向公众传达了自身的企业文化,企业的经营目的不只是赚取利润,还有一定的社会责任;另一方面,公益活动为小米社区组织的活动增添了更多的人文关怀色彩,用企业的实际活动传播了社群文化。企业可以通过开展不同内容和形式的社群活动来传播企业自身的社群文化和社群理念,以实际行动对社群成员施加积极影响,并通过其影响力吸引更多的人加入到社群活动当中,从而实现传播社群文化的目标。

3. 意见领袖

小米社区将对小米产品极度热爱的粉丝即发烧友当作意见领袖,而意见领袖最重视的就是产品的性能以及高性价比。产品只要在性能、体验、外观、价格等方面做到值得称赞,就会受到发烧友的极力追捧和宣传,这正是小米手机一直力求产品性能及性价比高的原因所在。当前信息化社会高速发展,意见领袖通过社交媒体发布的信息能轻易地被社群成员发现并影响其决策。所以,充分利用意见领袖在社群中传递信息,可以收到良好的传播效果。为了加强成员和成员之间的互动关系,小米在两个方面鼓励成员间的交流互动。首先是与小米品牌和产品紧密相关的交流。小米社区内建立了便捷的互动导航机制,所有小米旗下的产品被分为小米手机、红米手机、电视、MIUI和智能设备等若干个大类,在每一大类中又进一步细化到具体的机型。社群成员可以随时以最快的速度迅速找到所购买产品所属的板块,分享产品的购买、使用、维修等体验。其次,小米更加关注社群成员生活中的情感、经历等的交流。社群成员对家庭、社会等方面话题的深入交流,加上小米同城会等线下粉丝的聚会交流,加深了成员对社群的归属感,提高了社群的凝聚力。

案例思考题

1. 小米公司为什么使用 SNS 营销?
2. 案例中小米公司使用了哪些方法进行营销?

思考题

1. 什么是 SNS 营销？
2. SNS 营销的特点有哪些？
3. 运营社群需要建立哪"四感"？
4. 社群的构成有哪些要素？
5. 简要分析一个你了解的 SNS 营销的成功案例。

6.6　App 营销

6.6.1　什么是 App 营销

近年来，随着智能手机等移动终端设备的普及，人们使用计算机的时间越来越少了。伴随着智能终端而产生的 App（手机软件）营销已经成为各大企业重要的营销方式。

App 营销通过移动终端运行的应用程序开展营销活动。App 营销具有精准传递的特点，从筛选客户、吸引客户、黏住客户，到管理客户、开始促销，再到最终达成销售目的，整个营销过程都在 App 上进行。

App 营销配合大数据技术，可以将个性化内容推荐给用户。每个用户在浏览 App 时看到的广告可能都是不同的，这种不同的精致广告就是精准营销的体现。

6.6.2　App 营销的优势

1. 投入少

广告商将产品广告植入 App 应用中供用户下载，通过其完成信息传播。这种移动网络时代的 App 营销模式，费用相对于电视、报纸等传统媒体营销方式甚至是传统网络营销方式都要低很多。

2. 持续久

用户将 App 下载到手机中，如果觉得效果好就会持续使用，还会向周围的人推荐。有了 App 的竞争优势，企业就可以时刻接触客户，从而增加对产品的营销推广力度。

3. 精准营销

借助先进的数据科学技术、网络通信技术、计算机技术等手段，企业和客户的密切沟通成为可能。企业不断满足客户的个性化需求，打造私人定制，建立稳定的忠实客户群，从而达到长期、稳定、高速发展。

4. 实用性强

App 应用本身是具有很强实用价值的工具，用户通过应用程序可以让手机成为一个生活、学习、工作上的好帮手。每一款手机都或多或少要安装一些应用，App 营销的发展前景广阔。

5. 信息展示全面

可以根据企业的需求设计、开发 App，全面展现产品信息，让用户在没有购买产品之前全面了解产品的特点、感受产品的魅力,从而刺激用户的购买欲望。

6.品牌力提升

一个受到人们普遍认可并且有大量忠实粉丝的 App 应用,对于提升企业的品牌形象、让用户了解品牌有极大的推动作用。良好的品牌实力是企业的无形资产。

7.服务方便快捷

用户通过 App 应用对要购买的产品有了比较全面的认识,就可以随时随地在线上下单。如果对产品有建议和反馈,可以利用 App 进行留言或联系在线客服及时解决问题。另外,App 还可以把大量兴趣相同、爱好相仿、需求相近的人联系在一起,大家可以在一个平台上利用移动通信设备进行交流,客户的偏好、使用习惯也容易被产品提供商所掌握。这对产品设计、开发、定价、推广、服务等均有重要意义。

6.6.3 App 营销模式

1.广告营销模式

广告营销模式,顾名思义,即借助第三方的 App 平台,将企业的广告以硬性广告的形式直接植入到第三方平台上,开展营销推广。具体来说,就是在其他第三方应用上曝光企业的广告,借助用户规模较大的具有行业相关性的 App 推广企业的产品。该营销模式下常见的 App 广告形式有开屏广告、页内轮播广告、封底广告、封面广告等,计费方式通常为 CPC 模式,即按照点击次数付费。

2.App 植入模式

App 植入模式是指将产品或服务的信息转化为一个应用的情景植入到该应用中,当用户下载该应用后可以通过该应用看到产品或服务的信息。App 植入模式主要包括内容植入、道具植入及背景植入三种形式。

(1)内容植入模式

这种模式是将产品或服务信息转化为应用的内容展现在应用中,比较典型的例子是较为流行的游戏类应用"疯狂猜图"。该游戏融入品牌营销,把 Nike 等品牌名称作为游戏题目的关键词,既达到了宣传效果,又给用户带来了有趣的游戏体验,强化了用户与应用程序之间的互动,效果很好。

(2)道具植入模式

该模式一般出现在游戏类应用中,将现实生活中的产品或服务作为游戏中的道具。例如在人人网开发的人人餐厅 App 游戏中,将"伊利舒化奶"作为游戏的一个道具,用户在玩游戏的同时对伊利舒化奶产生独特诉求、认知与记忆,从而提升了品牌或产品的知名度。

(3)背景植入模式

在某款抢车位游戏中,一眼看去,最突出的就是 MOTO 手机广告。将 MOTO 的手机广告作为停车位的一个背景图标,使用户无形中注意到 MOTO 的品牌形象。游戏中还提到"用 MOTO 手机车位背景,每天可得 100 金钱",这样的奖励广告驱使游戏玩家使用该背景。

3.用户参与模式

这种营销模式主要是企业通过开发具有趣味性或使用价值的 App,吸引目标用户使用,在其使用过程中达到潜移默化地提升品牌知名度、塑造企业良好形象或者提升顾客满意度等目的。例如宜家推出的 IKEA 移动应用,就是采用了用户参与模式。软件所显示的家具并不是一张平面照片,借助一些辅助工具可以调整角度,用户可以从商品目录中选择一件家具并将其摆放到"家"中,具有较强的现实感。

4. 购物网站模式

这种模式是将购物网站移植到智能手机、平板电脑等移动终端上的一种营销模式。用户可以随时随地地浏览网站,获取商品信息,并可以直接支付下单。该模式的优势是快速便捷,内容丰富。同时为了促进用户购物,这类 App 通常还会向其提供一些优惠。例如淘宝客户端的手机专享价等。

5. 内容营销模式

在移动网络时代,手机已成为用户获取信息的重要渠道。用户的需求就是企业的市场,因而给用户提供优质的内容也成为企业开展 App 营销的重要盈利点。内容营销模式以满足用户的实际需求为核心,通过提供优质的内容服务帮助用户解决生活、学习中的实际问题,吸引目标用户,从而达到营销的目的。

6.6.4　App 运营推广的四个阶段

1. 拉新

拉新是指拉来新用户,最直接的指标就是新增用户数。用户是 App 的生命源泉,是 App 价值的共同创造者,有了新用户才能给 App 带来新的价值。

App 拉新的方法

(1)各大应用商店推广

App 在应用商店上架是推广的第一步,也是初期获得用户的主要来源。各大应用商店都有免费的首发资源位。针对行业的 App,可以借助 Ad Insight 广告素材智能监测引擎,了解同行在市场推广中的广告情况,做到知己知彼。

(2)建百科,借助搜索引擎推广

在某一 App 刚开发出来的时候,网上的介绍一片空白,建立百科词条可以让用户快速了解该 App。

(3)新媒体运营

通过在新媒体的运营推广吸引用户注意并引导用户下载使用 App。常用的新媒体平台有微信、微博、今日头条等。

(4)地面推广人员推广

在人流量多的地方进行地面推广人员推广,比如发传单、贴广告等。

(5)寻找平台推荐

在新 App 发布的时候,可以争取各个应用商店的首发资源,包括新品推荐、豌豆荚的设计奖等曝光机会。

(6)应用商店优化

通过优化,在用户搜索相关关键词时,App 能够排到靠前的位置。

(7)换量互推

可以找其他 App 应用的内置推荐位进行换量互推。

（8）活动营销

通过策划运营推广活动来拉用户，是一个比较简单直接的方法。有趣的活动内容、参与方式等可以让用户了解 App，并激励用户去下载注册。

2. 留存

留存反映的实际上是一种转化率，即使 App 用户由初期的不稳定用户转化为稳定用户、活跃用户、忠诚用户的过程。随着用户的不断增长，这个阶段的主要任务是减少用户的流失、提高用户的留存率。

App 留存的方法

用户留存率指的是在某一段时间内，新增用户打开 App 的情况。从用户的留存率可以看出 App 对用户的吸引力。统计留存率需要长期坚持。推广 App 时，需要特别注意次日留存、3 日留存、7 日留存、14 日留存、30 日留存等数据。这些数据可以反映不同时期用户流失的情况，通过分析这些数据能够快速找到用户流失的原因。次日留存数据统计是针对新用户，这些用户的流失情况会比较严重。这就需要结合 App 的新手引导设计和新用户来源渠道分析用户的流失原因。经过一个星期的时间，用户通常已经体验过一个完整的 App 操作流程。如果用户能够在一个星期后留下来，就有很大的可能成为 App 的忠实用户。如果这一阶段用户流失严重，可以从 App 自身的功能去寻找问题。月留存阶段是最能体现 App 用户留存情况的。经过一个月的时间，留下来的用户一般都是忠实用户，并对 App 产生了一定的依赖。

下面介绍提高 App 用户留存率的方法。

（1）筛选渠道，提高渠道用户转化质量

用户质量是提高用户留存率的重要因素。新用户在使用 App 初期最容易流失，因此在运营推广方面应该做好渠道的筛选，提高渠道用户转化质量。

（2）提高 App 品牌的认知度

朋友推荐、应用市场的高评价等，是 App 推广的重要方法。这些方法提高了用户对 App 的认知度，因此打好品牌基础非常重要。

（3）做好 App 新用户的引导

应做好新用户的使用引导，尤其是游戏、购物、金融、理财等类型的 App，在新用户刚开始使用时，对 App 内的特定操作不熟悉，需要通过新用户引导功能帮助其更好地体验 App。

（4）优化 App 的性能

虽然现在的手机性能在不断提高，但是 App 依旧需要做好性能优化，避免出现闪退、占内存、运行慢等问题。目前市场上的 App 产品同质化相当严重，用户的可替代选择相对较高，优化 App 体验以及产品性能，在一定程度上能更好地留住用户。

3. 促活

促活是指促进 App 用户的活跃度，直接指标是活跃用户数。活跃用户数一般分为日活跃用户数、周活跃用户数、月活跃用户数。与用户建立了稳定的关系后，就需要提高用户的活跃度，只有活跃的用户才能对 App 产生价值。

App 用户的活跃度低，一定是有原因的，有可能是 App 体验差或存在问题等。要通过科学的数据分析找到原因，及时解决隐患，提高用户的活跃度。

组织活动是提高用户活跃度的一种比较好的方式，不管是线上还是线下活动，内容和形式应尽量多样化，可以根据一些重要的节日或相关热点进行活动的策划。平时也可以通过日常性的活动来提高用户的活跃度,比如签到、登录后获取积分等方式。

4. 营收

App 在积累了一批忠实用户,进入正常运营后,就可以实现用户流量和商业价值的转化,使 App 开始获得营收。

①在 App 用户量大、用户活跃度较高的情况下,可以通过引进各种广告来收取费用。

②提供增值服务。只要 App 能提高用户黏度,用户自然会购买相应的增值产品。

③通过积分商店进行电子商务转化,实现变现。

④用户的数据也是有价值的。

App 运营推广的四个阶段需要有数据支撑,在某些决策上,数据能起决定性作用。在拉新阶段,需要关注用户的点击量、下载量、注册量等推广指标;在留存阶段,需要留意用户的次日留存、3 日留存、7 日留存、30 日留存等数据;在促活阶段,需要监控用户使用 App 的次数、在线时长等活跃度数据;在营收阶段,需要统计用户对增值服务的付费率等数据。

第三方广告效果追踪和监测平台可以实现对 App 推广全流程的数据监控。通过对推广数据的分析,调整 App 运营推广方案,可以有针对性地细化运营推广方式,最终实现营收目的。

案例分析

豆果美食 App

豆果美食互动平台建于 2008 年,其前身是为网友提供食谱服务的"我菜网"。豆果美食经过 3 年创业,发展成为国内首家发现、分享、交流美食的互动平台,并形成了四大特点。第一大特点是豆果美食建立了自己的食材百科库,百科库里除了食材搭配常识外,对不适宜搭配的相克食材也作了明确标识。第二大特点是豆果美食拥有强大的食谱体系,食谱来源除了普通用户上传的内容,还有专业美食达人上传的内容。豆果美食与一些美食家和出版社合作,有权威的食谱来源。第三大特点是豆果美食有懒人食谱、素餐食谱、减肥食谱、食疗食谱等个性化搭配方案,对用户进行细分,以满足不同用户的需求。第四大特点是为了吸引更多用户,主动创造用户需求。豆果美食还设立了"美食日记"等特色内容,以扩大豆果美食的影响力。

1. 品牌定位

豆果美食在移动网络营销的大环境下,于 2011 年 2 月正式上线豆果美食 App,为用户提供在线厨艺交流、美食分享的平台,是国内免费的美食菜谱、生活资讯类手机应用软件。豆果美食 App 通过市场细分,将热爱美食的人群作为自己的目标用户,通过一系列的营销活动向目标用户传递企业理念和产品信息,让用户关注豆果美食 App 并下载。用户不仅可以在豆果美食上看到数十万计的菜谱,还可以随时随地与他人分享交流美食。

2. 产品与服务

豆果美食 App 包含"食谱""圈圈""优食汇""我的"这四个功能模块。豆果美食 App 的"食谱"模块中有超过 30 万道菜谱,豆果美食根据用户登陆时间提供早中晚餐食谱。首页有精选菜谱推荐,还有搜索端口供用户按照菜谱、食材等元素进行搜索,帮助用户查找自己需要的食谱内容。"圈圈"模块是分享、交流美食的社区平台,也是用户与用户之间、用户与豆果美食之间的互动平台,是最能体现豆果美食 App 美食社区这一品牌定位的模块。这里有美食界的热点话题、最新的活动以及最火的帖子,能让用户通过此平台深入挖掘自己的需求。

3.市场定位

豆果美食 App 将目标用户精准定位在年轻吃货群体,其中女性用户占比为 75%。受家庭分工影响,大部分家庭仍然是女性下厨居多,故而女性群体依旧是美食圈的主力军。年轻的群体也是豆果美食 App 的重要客户,"90 后"用户占比达 38%,比"80 后"只少 4 个百分点。这些年轻人追求新奇而刺激的美食,并有自己的独特品味,已经成为吃货的主力军。豆果美食 App 根据不同用户的年龄提供其所需要的服务,比如家常菜谱适合已婚的"80 后",而喜欢新奇刺激的"90 后"则更喜欢通过美食社区交流和分享美食,他们喜欢烧烤、西餐、甜点等美食食谱。

豆果美食 App 根据市场的竞争态势、同行的实力以及豆果美食可调用的资源状况,综合考虑确定豆果美食 App 的产品与服务,使自己的产品与服务更趋向于专业化和精细化。美食社区类 App 竞争激烈,同质化问题相当严重,下厨房、好豆菜谱都占据着一部分美食市场。目前豆果美食的优势是有自己的技术研发团队和超过 30 万个食谱,并根据不同功能、材料为菜单设置多个标签,方便用户查找。通过"大家都在看""秀美食""精选菜单"等栏目,豆果美食向用户推荐优秀食谱。如今豆果美食正展开"食谱+社群+电子商务"的商业布局,O2O 模式着重于用户体验。作为美食类垂直社区,豆果美食的电子商务方向与传统电子商务不一样。豆果美食 App 中的"优食汇"介于单纯的电子商务平台与以朋友圈的口碑为基础的电子商务模式之间,通过垂直社区内容及用户互动产生的信任感、参与感、真实感实现商业转化。豆果美食采用的是轻商业模式,是以用户体验为基础的美食社区 App。豆果美食会基于用户需求充分发挥用户的主动性,引导其推荐和购买商品,基于信任实现用户的高复购率。

4.发展状况

豆果美食 App 开始涉足广告是在 2014 年,目前年收入过千万。其在电子商务方面寻求与更多的商家进行合作,推出更受欢迎的定制商品。目前"优食汇"中的复购率高达百分之四十几。在数据输出上,豆果美食联合智能厨电企业生产相关产品。

案例思考题

1.豆果美食的特点有哪些?
2.豆果美食 App 的市场定位是什么?
3.豆果美食未来应如何发展?

思考题

1.什么是 App 营销?
2.App 营销的优势有哪些?
3.App 营销模式有哪些?
4.常用的 App 拉新方法有哪些?
5.常用的 App 留存方法有哪些?

6.7　网络软文营销

6.7.1　软文营销的特点

随着人们对电视、报纸的硬性广告的关注度及接受度逐渐下降,软文营销显得越来越重要,已经成为企业品牌推广的有效手段。软文营销本质上就是广告推广,精妙之处在于一个"软"字,它凭借着"以柔克刚"的独特营销策略,达到润物细无声的传播效果,充分调动人感性的一面,以摆事实、讲道理的方式使消费者走进企业设定的"思维圈"。其主要特点如下。

1. 眼软

软文营销最重要的特点就是使用一切资源避免用户抵触和反感,只有让用户观看了,才有营销的机会。这些资源包括新闻资讯、企业文化、技术技巧、管理思想、评论说明等。

2. 心软

心软是用户作决策的关键。软文营销的宗旨就是让用户心软,心软的前提是产生信任,因此建立信任是软文营销的重要目标。

3. 脑软

软文营销一定要能够使用户深刻理解和认识到产品的众多优点或在市场上的优势地位。如果用户对产品的优点如数家珍,觉得特别适合自己,距离成交就不远了。

4. 手软

软文营销的着力点是用户的兴趣和利益,把部分利益让给用户,可能是很好的营销策略。

5. 嘴软

口碑相当重要,用户口口相传的效果远远超过其他营销形式。把海量用户变成活广告,效果好、成本低。

6.7.2　软文营销的流程

1. 确定软文的中心思路

开展软文营销工作之前,首先需要搞清楚此次营销活动的目的,可能是对某一事件进行传播,可能是打击竞争对手,可能是品牌宣传,也可能是新产品的推广。明确了软文的中心思想后才能开始创作内容。软文的内容一定要围绕中心思想进行深入浅出的分析,以有血有肉的内容夺人眼球,最后让用户真正行动起来,以达到营销目的。

软文营销的流程

2. 植入关键词和链接

应该把当下流行和容易传播的元素提炼成关键词或链接,然后恰到好处地植入到软文中。注意是植入而不是插入,植入需要潜移默化、水到渠成。这些容易传播的元素是软文成功达到效果的基础。

3. 软文发布

软文营销不但要有好的软文,还需要借助网络进行传播。企业可以通过自建的网站、各大门户网站、网络社区论坛,以及微博、微信、QQ、抖音等 App 发布软文。切记,不要只选择一个或一类平台,多类平台会提升软文的传播效果。

4. 效果评估测试

效果评估有两个目的,一是明确这次软文营销是否达到了最初的目的;二是为下次营销活动积累数据。效果好的平台下次继续使用,同时根据数据报表作进一步分析,比如新闻投放量、转载量和媒体的新闻收录情况等,微博、微信则侧重于影响力指标。

6.7.3 软文营销的策略

软文营销有其特殊性,需要使用一定的技巧才能达到相应的效果,下面介绍几种常见的策略。

软文营销的技巧

1. 新闻策略

人们每天都会阅读大量的新闻,如果软文的内容有新闻的特性,就可以把其设计成新闻的形式进行推广。使用新闻策略,切记内容一定要有新奇性,接地气,充满正能量,是人们不知道、不了解、不熟悉的知识、观点、话题等,这样便于传播推广。软文的呈现形式也要符合新闻写作规范。

2. 经验策略

对于经验分享绝大部分用户一定不排斥,甚至会乐于接受。在分享的过程中,从心理上感动用户,有助于最终达到宣传推广或成交的目的。

3. 话题策略

我们生活在网络时代,尤其是近年来移动网络的发展,使信息的传播更加快速。每天都会产生大量的热点话题,如果能将这些热点话题与企业的品牌或产品联系起来,会有非常好的营销效果。但在使用话题策略时一定要正面引导,不能产生负面影响。

4. 技术策略

学习新技术对于每个职场人而言都十分重要,通过技术内容吸引用户,可以达到营销目的。技术内容要具有先进性,确实能为用户解决实际问题,同时要有较高的普及性。

5. 炒作策略

软文炒作是企业宣传不得不考虑的一个重要手段,恰当的炒作能够让企业的知名度迅速提升,从而引来大量的关注。在实际应用中可以使用活动炒作法、名星炒作法、悬念炒作法、争议炒作法、借势炒作法、纠纷炒作法、双簧炒作法等。

6.7.4 软文的创作

软文营销成本低、效果好,对于提高口碑、宣传品牌、提升产品知名度至关重要,已经成为各企业不可缺少的营销模式,为企业实现更多商业价值提供了必要的支持。下面介绍一下软文的创作。

1. 找准切入点

在创作软文之前,应该先想好主题和角度,如打算从哪个方面切入;软文的受众是谁;计划达到什么目标;准备在什么样的平台发布等。依据以上几个问题进行话题切入,确定软文的主题。

2. 标题要引人入胜

网络时代充斥着各种各样碎片化的信息,软文的标题至关重要。没有好的标题,无法引起用户的注意,就没有点击率,再好的内容没有人点击也就无法传播。软文的题目从字数上来说当然是越少越好,字数越少,越便于记忆,而且用户在用搜索引擎搜索的时候只需输入很少的关键词就可以检索出所需的内容。

3. 篇幅短且精

如今生活节奏飞快,手机和平板电脑的使用频率相当高,人们已经逐步养成了快餐阅读的习惯,工作和学习的压力导致人们没有大量闲暇时间阅读长篇内容,更何况是广告。所以软文的篇幅要短且精,让读者愿意花时间去看。设计软文时要条理清晰、环环相扣,尽可能做到易读易懂。

4. 正文内容要满足消费者的诉求

好的软文一定要抓住消费者的诉求。一件商品,有的人关注的是样式,有的人关注的是功能,有的人关注的是价格,有的人关注的是品牌。对于不同的消费者群体应该有不同的侧重点。软文也要抓住用户诉求的差异化特点。

案例分析

一个成功的软文广告

一条题为"千万不要用猫设置手机解锁密码"的华为手机软文广告获得了 16 万次转发、3 万条评论、6 万个点赞(图 6-22)。这个软文广告具有典型性,下面对其软文文本进行分析。

图 6-22 软文营销微博

1. 第一人称的人物设定

这个软文广告一共 99 行字,其中"我"字出现了 72 次,出现频率极高。天才小熊猫在人物设定方面大都使用第一人称"我",在他最近的 20 条软文广告中,有 16 条软文广告使用了第一人称进行阐述。这种方式不仅能够吸引受众阅读,让受众有亲切感,而且使故事更显真实性。

2.注重软文的内容

天才小熊猫在这条软文中对产品是这样描述的:"在手机的背面有一个刷指纹的地方","而且设置不同的指纹能进入不同的界面","将猫爪子放上去1秒钟就能解锁","看到手机快没电了,已经两天没充电了"。天才小熊猫在文本中利用这些细节描述,使受众了解这款华为手机具有指纹解锁快、电池耐用、解锁模块操作多样等特点。虽然只用了不多的字对产品进行描述,但他把这些文字都放在了显要位置,单独一行行列出来。这种描述方式加上图片展示,很好的将产品立体地展现给受众,增加了受众对产品的了解。

3.引入社会规则

天才小熊猫在文本中将自己设定为尊老爱幼、工作努力、遵守规则、具有正能量的人。许多企业在对产品进行宣传时,都试图展现企业主动承担社会责任的良好形象。天才小熊猫的软文也有对社会规则的描述,如将"禁止吸烟"和"禁止带宠物"的图标放在文本当中,说明他不能带宠物乘坐地铁,必须遵守这一规定。这一情节显然是天才小熊猫故意设置的,但受众在阅读的时候并不觉得他是刻意的,并且对这一情节印象深刻。

4.语言直白,情节搞笑

广告公司在发布软文时都会追求语言描述的简洁明了,但对故事的描述在情节上显得平淡无奇,效果有待提高。受众在阅读软文时往往读不到一半就看不下去了。因此,软文语言的使用和情节的设置是非常重要的。"千万不要用猫设置手机解锁密码"这条软文的文本内容偏向生活化,语言直白,以对话的方式来推动故事情节的发展。因为用猫爪设置了手机的指纹解锁,手机没电,又不能不带手机,天才小熊猫只好带着猫去上班。在与地铁工作人员的对话中他是这样描述的:

然后那个人指着墙上贴的一个标志对我说,看见没有。

我:你这上面画的是狗,我这是猫啊。

工作人员:只要是宠物就不行。

我:这不是宠物,我平常根本就不宠它。

工作人员:滚!

搞笑的情节加上文字语言的直白增强了故事的可读性。

案例思考题

1.为什么这个软文广告能获得成功?

2.天才小熊猫对产品进行描述时使用了哪些技巧?

思考题

1.软文营销的特点有哪些?

2.软文营销的流程是什么?

3.软文营销有哪些策略?

4.软文的创作要注意什么?

6.8　事件营销

6.8.1　事件营销概述

1. 事件营销的概念

事件营销是指通过策划、组织和利用有新闻价值以及社会影响力的事件,引起媒体、社会和消费者的兴趣和关注,以求提高企业或产品的知名度、美誉度,树立良好的品牌形象的一种营销手段和方式。由于这种营销方式受众面广、突发性强,在短时间内使信息达到最大、最优的传播效果,可以节约大量的宣传成本,近年来越来越成为国内外流行的一种公关传播与市场推广手段。简单地说,事件营销就是通过把握事件规律,制造具有新闻价值的事件,然后让这一新闻事件得以传播,从而达到广告的效果。

事件营销

事件营销集新闻效应、广告效应、公共关系、形象传播、顾客关系为一体,并为新产品推介、品牌展示创造机会,是一种快速提升品牌知名度与美誉度的营销手段。21 世纪 90 年代后期,网络的飞速发展给事件营销带来了巨大契机。通过网络,一个事件或者一个话题可以更轻松地进行传播和引起关注,成功的事件营销案例开始大量出现。

2. 事件营销的作用

（1）新闻效应

热门事件的发生往往引起新闻媒体争相报道,有了媒介的介入及大力传播,效果及回报是巨大的。事件引发的新闻传播完全是免费的。在策划事件营销之前,企业应充分了解媒体,理解事件的新闻价值。

（2）广告效应

无论使用什么营销手段,最终目的都是为了达到广告效应。事件营销的广告效应,要高于其他手段。一个热门事件往往都是社会焦点、热点话题,人们对事件保持了高度的关注,自然会记住事件背后的产品和品牌。

（3）公共关系

事件营销可以改善公共关系,提升企业的公共形象。例如,在封杀王老吉的营销事件中,王老吉的正面公众形象一下子就树立起来了,顾客对于王老吉的认可程度达到了史无前例的高度,王老吉的知名度和销售量也被拉向了一个新的高潮。

（4）形象传播

对于那些默默无闻的企业,快速建立知名度,迅速传播品牌形象是个不小的难题。事件营销可以攻克这个难题。事件营销的裂变效应,可以在短时间内帮助企业树立形象,提高知名度和影响力。

3. 事件营销的特点

（1）目的性

事件营销有明确的目的,这一点与广告的目的性是完全一致的。事件营销策划的第一步就是要确定自己的目的,然后明确通过怎样的新闻可以让受众了解企业及其产品。通常某一领域的新闻只会有特定的媒体感兴趣,并最终进行报道。而这个媒体的读者群也是相对固定的。

（2）风险性

事件营销的风险来自于媒体的不可控制和新闻受众对新闻的理解程度。媒体对事件的宣传报道如果与企业的营销目标不一致，甚至相反，就会产生负面效果，最终伤害到该公司的利益。

（3）成本低

事件营销一般主要通过软文形式来开展，从而达到传播的目的，所以事件营销相对于媒体广告来说成本要低得多。事件营销最重要的特点是利用现有的完善的媒体渠道，达到传播的目的。由于新闻传播是免费的，所以营销过程不需要花钱。事件营销应该归为企业的公关行为而非广告行为。虽然绝大多数的企业在进行公关活动时会列出媒体预算，但从严格意义上来讲，一件新闻意义足够大的公关事件会引起新闻媒体的关注和报道。

（4）多样性

事件营销是国内外十分流行的一种公关传播与市场推广手段，它具有多样性的特点。事件营销的实施过程没有统一步骤，产生的作用也会因企业的不同营销策划方案而有所不同。

（5）新颖性

事件营销往往是通过当下的热点事件来进行营销，因此它不像宣传广告那样让用户觉得千篇一律。事件营销因事件的多样性和突发性体现出新颖性，从而吸引用户关注。

（6）效果明显

一般事件营销可以引发众多用户参与讨论，然后很多门户网站都会进行转载，从而产生宣传效果。

4. 事件营销的要素

（1）重要性

重要性指事件的重要程度。判断事件重要与否的标准主要是其对社会产生影响的程度。一般来说，对越多的人产生越大的影响，事件的新闻价值就越高。

（2）接近性

越是心理上、利益上和地理上与受众接近和相关的事件，新闻价值越高。心理接近包括职业、年龄、性别等因素。在策划事件营销时必须关注受众的特点。

（3）显著性

新闻中的人物、地点的知名度越大，新闻价值越高。国家元首、政府要人、知名人士、历史名城、古迹胜地等往往都有媒体关注的新闻。

（4）趣味性

大多数人对新奇、反常、有人情味的内容比较感兴趣。有人认为，人类本身就有天生的好奇心。

6.8.2 事件营销的内容策略

1. 情感牌

俗话说，人心都是肉长的，只要我们心里想着消费者，能够为消费者做一些实事，消费者一定不会无动于衷。一个比较经典的案例就是海尔首席执行官张瑞敏砸冰箱的事件。

2. 热点牌

每每出现社会热点话题时，媒体都会闻风而动，到处搜集相关新闻素材。这些社会热点，也是老百姓关注的焦点。所以如果巧妙围绕这些社会热点来策划营销事件,则会收到事半功倍的效果。

3. 争议牌

争议是永恒的热点,是最容易引发大众关注的话题。在策划事件营销时,争议越大,事件的影响面就越广。但争议牌也是比较难打的,如果做不好,就会适得其反。

4. 公益牌

企业发展离不开社会发展,没有社会的发展也就没有企业的发展。企业在做事件营销的过程中可以打出公益牌,借助公益活动与消费者进行沟通,在产生公益效果的同时,使消费者对企业的产品和服务产生偏好,并由此提高品牌知名度和美誉度。

5. 名人牌

名人效应不可小觑,与名人有关的事件往往会成为被关注的热点。

6. 新奇牌

对于新鲜的人和事,公众总是充满兴趣,保持着高度的关注。如果我们在策划事件营销时,能够满足人们的好奇心,自然会受到大众关注。

6.8.3　事件营销的操作要点

1. 不能盲目跟风

成功的事件营销有赖于深厚的企业文化底蕴,不能盲目跟风。事件营销的策划关键要适合自己,针对企业自身的情况和社会环境有效实施。

2. 符合新闻法规

无论如何策划事件营销,一定要符合相关的新闻法规。

3. 事件与品牌关联

事件营销无论怎么策划,一定要与品牌有关联,最后一定要能对品牌起到宣传的作用。

4. 控制好风险

在策划营销方案之前,一定要考虑到风险要素,要控制好风险,不能对企业造成负面影响。一个典型的案例是"肯德基秒杀门事件"。

2010 年 4 月 5 日,"超值星期二特别秒杀优惠券"活动在肯德基的淘宝旗舰店隆重推出。秒杀活动在 4 月 6 日 10 时、14 时、16 时分别进行三轮,最受欢迎的 32 元半价全家桶在最后一轮活动中秒杀。2010 年 4 月 6 日上午 10 时,第一轮"上校鸡块"的秒杀活动正常进行,顾客持优惠券都买到了 6 元的鸡块,但下午持优惠券去购买全家桶的顾客却遭到拒绝,工作人员称活动已取消。针对第二、三轮优惠活动暂停一事,肯德基没有给出正面回应,却在官网上发表了活动声明,称个别网站上已出现后两轮秒杀活动的假电子优惠券,为此肯德基临时决定停止第二、三轮秒杀活动中优惠券的使用。肯德基秒杀活动突然暂停之后,投诉肯德基的各类帖子开始在网络中盛行,网友对肯德基的这一行为纷纷表示不满。本来挺好的营销活动,却由于策划时考虑不够周全,给企业带来了一场公关危机。

5. 曲折的故事情节

好的事件营销,应该像讲故事一样一波三折,让人们持续关注,这样新闻效应才能持久。

6. 找好借力点

不是每一个营销事件都需要企业从头到尾策划,借助热点事件进行营销往往能达到更好的效果。但应注意一定不能牵强附会,要和自己的品牌有效结合。

7.吸引媒体关注

营销事件要有新闻价值,以引起媒体关注。

案例分析

中国锦鲤

要说 2018 年营销热词,"锦鲤"绝对绕不过。把锦鲤营销推向高潮的莫过于国庆期间支付宝的抽锦鲤活动。2018 年 9 月 29 日,支付宝推出了一个转发中国锦鲤的活动,在转发支付宝"祝你成为中国锦鲤"微博(图 6-23)的用户中,支付宝将会在 10 月 7 日抽出一位集全球独宠于一身的幸运者,他可获得全球免单大礼包!

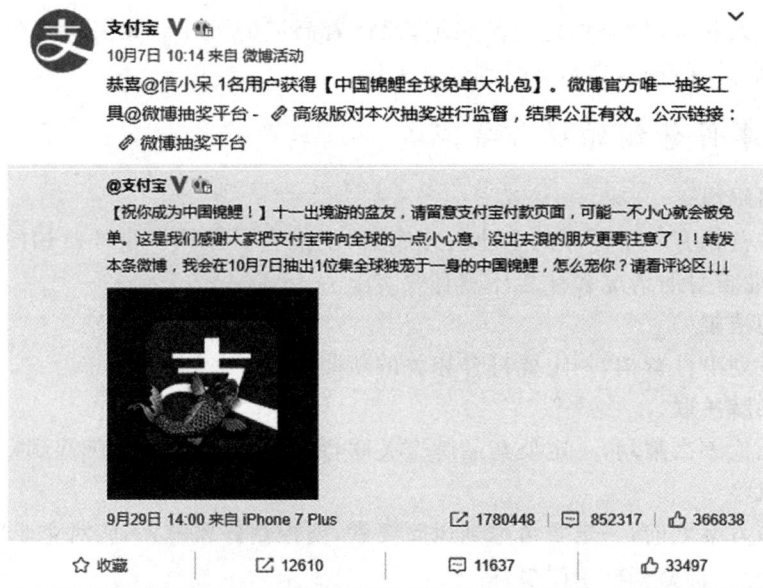

图 6-23 支付宝微博的"祝你成为中国锦鲤"活动

在活动通知发布一个小时之后,奖品清单的海报就出现在了留言区。礼包的合作商分布海内外,提供的礼品不仅丰盛且含金量相当高,大致包括鞋包服饰、化妆品、各地美食券、电影票、手机、机票、酒店住宿等。网友估值总价超百万的礼包,果不其然在微博掀起了一股转发参与热潮,不到六小时转发量破百万,国庆一周累计转发破三百万。在这期间,支付宝的微博账号反复提到三百万分之一的获奖概率,让人们意识到这件事情是多么地不可思议。另外,拥有700 万粉丝的微博大 V"回忆专用小马甲"也适时地发布了"三百万分之一意味着什么"的海报。

10 月 7 日上午 10 点 14 分,支付宝中国锦鲤揭晓了,来自南京航空航天大学的"信小呆"瞬间成为了"史诗级锦鲤"。她获得由 200 多家支付宝全球合作伙伴组团提供的中国锦鲤全球免单大礼包!支付宝官微直接爆出礼物清单,小视频用了足足 40 秒才勉强展示完所有东西(图 6-24)。由于礼包内含礼物太多,怕"锦鲤"头晕眼花,支付宝还为她提前做了一个礼物消耗计划表供她参考。数以万计的网友也一度前去围观，"信小呆"顺势上了微博热搜。

图 6-24　支付宝微博的"礼物清单"

获奖后，"信小呆"在微博上只回复了一句话："我下半生是不是不用工作了???"而支付宝的回复是"我下半生还要工作"（图 6-25）。奖励公布后，支付宝鼓励大家去"信小呆"的微博下回复以沾染好运。诸多大 V 借势转发，事件几度冲上微博头条。

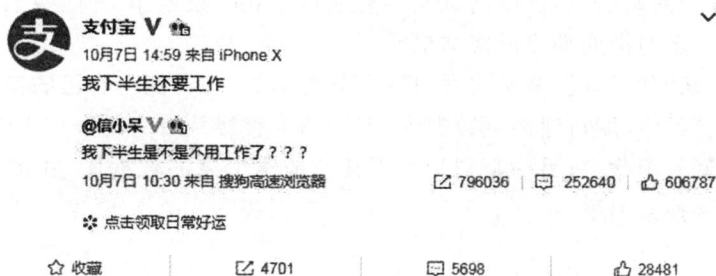

图 6-25　支付宝微博互动

无疑，支付宝成为这场营销活动的最大受益者。以往在社交平台上，锦鲤的代表一直是杨超越，她有挥之不去的腾讯的影子。但是此次事件过后，支付宝接管了锦鲤，大家提起锦鲤，不再只是杨超越。最重要的是，支付宝在这场营销活动中只是动用了客户资源，所有的礼品都是合作商家提供的，支付宝并没有出钱。

案例思考题

1.试分析支付宝的中国锦鲤活动属于什么营销方式。
2.本案例中支付宝的营销活动是如何取得成功的？

思考题

1. 什么是事件营销,事件营销有哪些特点?
2. 事件营销的内容策略有哪些?
3. 简述事件营销的操作要点。

6.9 搜索引擎营销

6.9.1 搜索引擎营销概述

1. 搜索引擎的概念

搜索引擎的
工作过程

搜索引擎是网络上所有可用信息的聚合器和分类器,指根据一定的策略、运用特定的计算机程序从网络上搜集信息,在对信息进行组织和处理后,为用户提供检索服务,将用户检索的相关信息展示出来。用户总能在搜索引擎中找到他们所关心的信息,其巨大的营销价值就蕴藏在搜索结果中。如果企业的网站能在相关搜索结果中出现,那么就可以向目标客户展示自己的产品和服务。通过搜索结果访问网站的用户极有可能是企业产品和服务的潜在客户。

2. 搜索引擎的分类

(1)全文搜索引擎

全文搜索引擎是名副其实的搜索引擎,国外代表有 Google,国内则有著名的百度搜索。它们从网上提取各个网站的信息(以网页文字为主),建立起数据库,并能检索与用户查询条件相匹配的记录,按一定的排列顺序返回结果。

根据搜索结果来源的不同,全文搜索引擎可分为两类:一类拥有自己的检索程序,俗称"蜘蛛"程序或"机器人"程序,能自建网页数据库,搜索结果直接从自身的数据库中调用,上面提到的 Google 和百度就属于此类;另一类则是租用其他搜索引擎的数据库,并按自定的格式排列搜索结果,如 Lycos 搜索引擎。

(2)目录索引

目录索引虽然有搜索功能,但严格意义上不能称为真正的搜索引擎,它只是按目录分类的网站链接列表而已。用户完全可以按照分类目录找到所需要的信息,不依靠关键词进行查询。目录索引中最具代表性的莫过于大名鼎鼎的雅虎、新浪的分类目录索引。

(3)元搜索引擎

元搜索引擎接受用户查询请求后,同时在多个搜索引擎上搜索,并将结果返回给用户。著名的元搜索引擎有 InfoSpace、Dogpile、Vivisimo 等,中文元搜索引擎中具有代表性的是搜星搜索引擎。在搜索结果排列方面,有的直接按来源排列搜索结果,如 Dogpile;有的则按自定的规则将结果重新排列组合,如 Vivisimo。

3. 搜索引擎营销的优势

搜索引擎营销即通过搜索引擎平台向潜在客户推销产品或服务的行为。搜索引擎营销作为重要的网络营销方式之一,有着不可替代的优势:

①搜索引擎覆盖范围广,是网民使用最频繁的网络服务之一;

②针对性强,信息的接收者极可能是潜在客户。

目前常见的搜索引擎营销方式包括关键字广告、搜索引擎联盟广告及搜索引擎优化。前两种方式以搜索引擎为后盾,占据天时、地利;搜索引擎优化具有低投入、高产出的独特优势,占据相当重要的地位。

6.9.2　搜索排名方式

搜索排名方式以百度搜索为例进行介绍。

1.自然排名

自然排名是根据搜索引擎算法获得排列结果。当我们搜索某个关键词时,搜索引擎根据对与该关键词相关网页的分析结果,把与关键词最相关的页面展示在最前面的位置(图 6 - 26)。

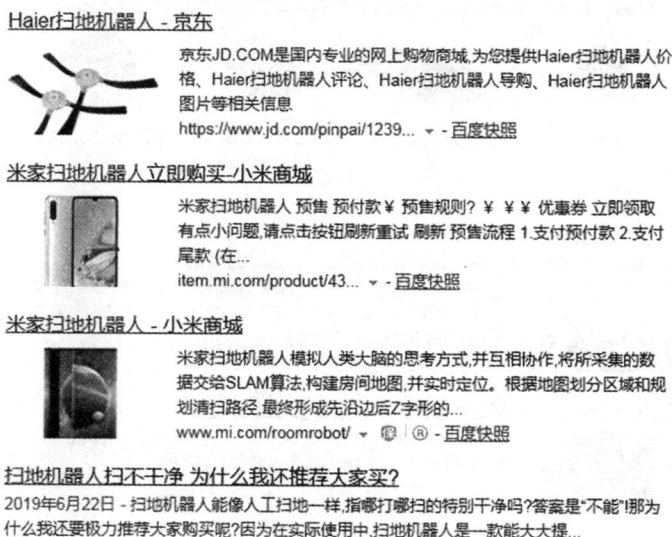

图 6 - 26　百度自然排名示例

(1)优点

①整体效果很明显,可以发挥长尾效应。

②费用低,相对竞价排名费用会低很多。

③不必再投入人力进行管理,因为不涉及点击费用。

④更能展示企业实力。同样是排在第一页,如果访客发现企业的网站不需要做竞价就能排在前面,更能说明企业的实力。用户也能了解到这家企业减少了广告投入费用,可以降低产品价格,让用户买到更实惠的产品。

(2)缺点

①需要一个优化排期,从开始优化到实现效果,一般需要 1～3 个月时间。

②如果是百度优化并且已经有人做竞价排名,那么自然优化的结果只能排在百度竞价排名的下面。

自然排名与
竞价排名

2. 竞价排名

竞价排名的基本特点是按点击量付费,推广信息出现在搜索结果中(一般是靠前的位置)。如果没有被用户点击,则不收取推广费,如图 6-27 所示。

图 6-27　带有广告字样的竞价排名示例

品牌专区与传统搜索推广在付费方式上有所不同:品牌专区按月付费,传统搜索推广按点击量付费,如图 6-28 所示。

(1)优点

①见效快,设置关键词价格后即刻就可以进入排名。

②关键词数量无限制,可以在后台设置无数个关键词进行推广。

③关键词不分难易程度,无论多么热门的关键词,都可以通过竞价使自己的排名靠前。

(2)缺点

①恶意点击、无用点击会造成成本的加大。

②长期投入费用较高。

③管理时间较长,一般需要专人看管,并合理控制关键词价格及费用。

图 6-28　品牌专区

6.9.3　搜索引擎营销策略

近几年搜索引擎营销市场发展很快,其策略的制定和实施应注意以下几方面的问题。

1. 基本思路

企业制定搜索引擎营销策略首先要从市场环境分析入手,进行市场细分,解决营销定位和目标客户群划分的问题,然后再考虑整合各种营销手段,提高知名度和传播率。同时根据客户的特点、搜索行为和企业营销策划诉求来优选关键词,通过企业提供的信息满足搜索者对信息的需要,并达到推广的目的,让潜在客户主动来找企业。

2. 搜索引擎营销的四个层次

搜索引擎营销可以分为四个层次,即存在层、表现层、关注层和转化层。

(1)存在层

存在层的目标是在主要的搜索引擎/分类目录中获得被收录的机会,这是搜索引擎营销的基础,离开这个层次,搜索引擎营销的其他目标也就不可能实现。搜索引擎登录包括免费登录、付费登录、搜索引擎关键词广告等形式。存在层的目标就是让企业网站中尽可能多的网页被搜索引擎收录。

(2)表现层

表现层的目标则是在被搜索引擎收录的基础上尽可能获得好的排名,即在搜索结果中有良好的表现。因为用户关心的只是搜索结果中靠前的少量内容,如果利用主要的关键词检索时企业网站在搜索结果中的排名靠后,那么有必要利用关键词广告、竞价广告等形式作为补充手段来实现这一目标。

(3)关注层

关注层的目标则直接表现为网站访问量指标,也就是通过搜索结果点击率的增加来达到提高网站访问量的目的。只有受到用户关注,经过用户选择后的信息才可能被点击,因此称为关注层。从搜索引擎的实际情况来看,仅仅做到被搜索引擎收录并且在搜索结果中排名靠前是不够的,这样并不一定能增加用户的点击率,更不能保证将访问者转化为顾客。要通过搜索引擎营销实现访问量增加的目标,则需要从整体上进行网站优化设计,并充分利用关键词广告等有价值的搜索引擎营销专业服务。

(4)转化层

转化层的目标即将访问量的增加转化为企业最终收益的提高。转化层是前面三个目标层次的进一步提升,是各种搜索引擎营销方法所实现效果的集中体现,但并不是搜索引擎营销的直接效果。从各种搜索引擎营销策略的实施到产生收益,中间效果表现为网站访问量的增加,网站的收益是由访问量转化而来的,从访问量转化为收益则是由网站的功能、服务、产品等多种因素共同作用而决定的。因此,第四个目标在搜索引擎营销中属于战略层次的目标。

3. 搜索引擎营销方案设计

(1)投放目标分析

只有定准目标、了解受众以及洞察市场情况,方可制定出有针对性的搜索引擎营销方案。投放目标分析主要包括确定营销目标、研究市场环境、分析受众类型、制定营销策略、建立营销关系关键指标等。

(2)选词分析

关键词选择分析是为了通过网民的搜索行为寻找网民的搜索动机,并通过关键词锁定受众,展开精准营销。只有选取更多适合企业的关键词才能够被更有效地搜索到。选词分析主要是从寻找核心词、扩展关键词、筛选关键词、分类关键词等这几个步骤进行的。

(3)创意表现

创意表现指通过企业提供的信息满足搜索者对信息的需要,并达到推广的目的。信息需要简明精练,围绕核心关键词进行撰写,强调提供的产品或服务的独特性、专业性。还应结合词性和商品品类做创意组合。

(4)账户设置

优质的账户设置建立在清晰的账户结构、各种账户功能的灵活运用和合理的出价/匹配的基础上。账户设置主要包括关键词出价、关键词否定、预算设置、推广地域设置、IP排除、关键词匹配方式等。关键词出价可以参照账户内的估价工具。

案例分析

百度推广让壹品装饰走向全国

新疆壹品装饰工程有限公司(以下简称"壹品装饰")成立于2009年,是全国首家透明式整体家装的倡导者。其经营范围涉及一站式整装、智能家居、装饰材料等领域,纵向一体化整合了装饰产业链的资源,真正实现了从工厂直达千家万户的工厂价装修。壹品装饰推出的"透明式环保整体装修""工厂化装修""全责环保"等行业新概念是资源整合后的行业突破,并迅速吸引了众多业主。

壹品装饰以全新的整体装修模式彻底颠覆了传统装修,成立至今服务上万用户。然而面对激烈的市场竞争,及装修原材料价格的逐步增加,利润空间不断被挤压。建立线下门店成本高,且开拓分销渠道难。传统推广渠道逐渐失去优势,人流少,获客难,最终导致订单量难以增加。

　　为了更好地发展,壹品装饰转变过去的营销策略,2015 年 4 月正式与百度合作,进行了小规模的百度推广,反响不错。2016 年开始,公司成立了一个部门专门规划百度推广,选择不同的关键词、推广地域及时间段,灵活设置推广方式,广告投放效果立竿见影。2017 年,随着网络推广的深入以及线上线下业务的结合,业务量不断增长。2017 年下半年,壹品装饰在浙江杭州、广东佛山等地开办了分公司,得到进一步发展,推广项目也慢慢从专门推广产品转向品牌宣传。2017 年 12 月 1 日至 2017 年 12 月 31 日,壹品装饰再次与百度推广合作,以进一步提升品牌知名度,促进线下销售。公司将目标人群锁定为"80 后"和"90 后",并选择在乌鲁木齐、昌吉等几个区域重点投放广告。推广人员通过提高出价使与公司相关的部分关键词的搜索结果排在首页靠前的位置。如用户只要搜索"新疆装修公司",就会看到壹品装饰投放的广告。通过 31 天的推广,公司的客户量有了明显增加,销量大幅提升,网络展现量日均超过 4000 次,点击率达到8.57％。壹品装饰借助百度庞大的用户量以及百度竞价推广关键词技术,让有装修需要的客户找到壹品装饰、选择壹品装饰。

　　经过这几年的发展,壹品装饰深受全国消费者、政府主管部门、行业协会、媒体等的高度认可,先后荣获乌鲁木齐家装行业诚信品牌奖、全国住宅装饰行业示范单位、新疆行业品牌榜样年度测评五星级企业等众多殊荣,在装饰业被誉为诚信知名品牌。

案例思考题

　　1.结合案例分析百度竞价推广的优势。

　　2.简要分析壹品装饰是如何开展百度推广的,推广后效果如何?

思考题

　　1.搜索引擎营销的优势是什么?

　　2.简述搜索引擎的工作过程。

　　3.自然排名与竞价排名有何区别?

　　4.简述搜索引擎营销的层次。

6.10　直播营销

6.10.1　直播营销概述

1.直播营销的概念

　　"直播"一词由来已久,在传统的媒体平台上就是基于电视或广播的现场直播形式,如晚会直播、体育比赛直播等。随着网络的发展,尤其是智能手机的普及和移动网络的速度提升,直播的概念有了新的延展,出现了基于网络的直播形式。

　　网络直播是指用户在手机上安装直播软件后,利用手机摄像头对发布会、采访、旅行等进行实时呈现,其他网民可以在相应的直播平台上直接观看和进行互动。

　　直播营销是指企业以直播平台为载体进行营销活动,以达到品牌提升和销量增加的目的。2015 年起网络直播迅速发展,花椒、映客、熊猫 TV 等众多平台纷纷上线,直播平台超过 300

家,用户超过 2 亿人,这标志着全民直播时代的到来。

与传统媒体(电视、广播)的直播营销相比,网络直播营销有以下两个显著的优势:

①参与门槛低,网络直播不再受制于固定的电视台或广播电台,无论企业是否接受过专业的训练,都可以在网上创建账号进行直播;

②直播内容多样化,除传统媒体上的晚会、访谈等直播形式外,利用网络还可以进行户外旅行直播、网络游戏直播、发布会直播等。

2. 直播营销的特点

直播营销之所以受到越来越多企业的青睐,主要是因为其具备以下三大特点。

(1)即时性

由于直播过程与事件的发生、发展进程同步,因此可以第一时间反映现场状态。无论是晚会节目的最新投票结果、体育比赛的最新比分,还是新闻事件的最新进展,都可以直接呈现。

(2)互动性

使用计算机、手机等设备即可随时了解事件进展。受众之间的相互推荐变得更加方便,从而更有利于直播的传播。

(3)直达受众

与录播节目相比,直播过程不会做剪辑和后期加工,所有现场信息直接传给观众和网民。因此,直播节目的制作方或主办方需要花更多的精力去策划直播流程,并筹备软硬件,否则一旦出现失误,将直接呈现在受众面前,从而影响制作方或主办方的品牌形象。

3. 网络直播的发展史

网络直播从兴起到今日的盛行经历了如下几个阶段。

(1)图文直播

在直播 1.0 时代,拨号上网与宽带上网刚兴起,网速普遍较慢,网民上网以聊天、看新闻、逛论坛为主。因此,这一时期的直播形式仅支持文字或图片,网民通过论坛追帖、即时聊天工具分享等形式了解事件的最新进展。

互联网直播发展史

(2)秀场直播

在直播 2.0 时代,随着网速的提升,视频直播开始出现。但受制于计算机运行速度及内存容量的限制,网民无法同时打开多款软件一边玩游戏、一边直播,或一边看体育比赛、一边做解说等,仅能利用网页或客户端观看秀场直播。

秀场是公众展示自己能力的平台,2005 年开始在国内兴起。2005 年 9158 网站成立,平台上汇集了草根明星和平民偶像。它是用户展示自我的空间与天地,成为网络红人、草根明星的发源地之一。2006 年"六间房"网站成立,与 9158 网站共同成为早期主流的视频直播平台。

(3)游戏直播

在直播 3.0 时代,随着计算机硬件的发展,网民可以进行多线操作,一边听 YY 语音直播、一边玩游戏的形式开始出现,游戏直播开始兴起。与此同时,国内外出现了一系列游戏直播平台。

2008 年,主打语音直播的 YY 语音面世,并受到游戏玩家的推崇。在早期网游领域,使用 YY 语音进行沟通成为游戏爱好者的共识。

2013 年 YY 游戏直播上线,2014 年斗鱼直播上线,国内计算机游戏直播平台初具规模。

(4)移动直播

在直播 4.0 时代,随着智能终端设备的普及和移动网络逐步提速降费,移动直播开始兴起。2015 年,国内映客、花椒、熊猫等新兴的移动直播平台不断涌现,市场上最多曾有 300 余个直播平台。2016 年,直播市场迎来了真正的爆发期,直播内容涉及生活的各个方面,包括聊天、购物、游戏、旅游等,甚至美妆、体育、健身、财经等领域的直播也纷纷出现,直播进入泛娱乐化时代。据有关数据预测,到 2020 年网络直播行业的市场规模将由 2015 年的 120 亿增长到 1065 亿,由此可见直播行业发展潜力巨大。

4. 主流直播平台及其特点

（1）综合类直播平台

综合类直播平台通常包含较多的直播类目,网友进入平台后的可选择余地较多,包括游戏直播、户外直播、校园直播、秀场直播等。目前属于综合类的直播平台有一直播、映客、花椒等,其中较典型的是一直播。

直播营销的分类

（2）游戏类直播平台

游戏类直播平台主要是针对游戏的实时直播。与体育爱好者痴迷于某项体育比赛甚至某位体育明星相似,游戏爱好者通常会较为规律地登录游戏直播平台,甚至追随某位游戏主播。目前属于游戏类的直播平台有熊猫、斗鱼、虎牙、龙珠等,其中较典型的是熊猫直播(图 6-29)。

图 6-29　熊猫直播

（3）秀场类直播平台

秀场直播从 2005 年开始便在国内兴起,是直播行业起步较早的模式之一。秀场直播是主播展示自我才艺的最佳形式,观众在秀场直播平台浏览不同的直播间,类似于走入不同的演唱会或才艺表演现场。目前属于秀场类的直播平台有六间房、YY、新浪秀场、花样直播等,其中较典型的是六间房。

（4）商务类直播平台

与游戏、秀场等直播平台不同,商务类直播平台具有更多的商业属性,因此在商务类直播平台进行直播的企业,通常带有一定的营销目的。利用商务类直播平台,企业可以尝试以更低的成本吸引观众,并产生交易。商务类直播平台又分为两类,即常规商务直播平台和电子商务直播平台。其中,脉脉、微吼等直播平台属于常规商务直播平台,而京东、天猫、苏宁易购等直播平台属于电子商务直播平台。比较典型的常规商务直播平台是脉脉直播,电子商务直播平台是京东直播(图6-30)。

图6-30　京东直播

（5）教育类直播平台

传统的在线教育平台以视频、语音、PPT等形式为主,虽然呈现形式足够丰富,但互动性不强,无法做到实时答疑与讲解。因此,教育类直播平台应运而生。其中网易云课堂(图6-31)、沪江CCtalk等都是在原有在线教育平台的基础上增加了直播功能;而千聊、荔枝微课等平台则属于独立开发的教育直播平台。

图6-31　网易云课堂

5．直播营销的优势

（1）更低的营销成本

网络营销刚兴起时，企业可以用较低的成本获取用户、销售产品；但随着淘宝、百度等平台用户数量的增加，无论是搜索引擎广告还是电子商务首页广告的营销成本都开始增加，部分自媒体"大号"的软文广告甚至超过 50 万元。而直播营销对场地、物料等需求较少，是目前成本较低的营销形式之一。

2016 年 5 月 25 日晚，小米公司举办了一场纯在线直播的新品发布会，小米公司总经理雷军直接在办公室通过十几家视频网站和手机直播 App，以及自家的"小米直播"App 发布了其生态链产品小米无人机。采用线上直播的形式，无需租借会议酒店、准备户外宣传、进行大型会场布置，所花费的成本仅十余台手机而已。

（2）更直观的营销场景

用户在网站浏览产品图文或在网店翻看产品参数时，需要在大脑中自行构建场景。而直播营销完全可以将主播试吃、试玩、试用等过程直观地展示在观众面前，更快捷地将用户带入营销所需的场景中。

（3）更直接的销售效果

消费者在购买商品时往往会受环境影响，由于"看到很多人都下单了""感觉主播使用这款产品效果不错"等原因而直接下单。因此在设计直播营销时，企业可以重点策划主播台词、优惠政策、促销活动，同时反复测试与优化在线下单页面，以收获更好的销售效果。

（4）更有效的营销反馈

在产品已经成型的条件下，企业营销的重点是呈现产品价值、实现价值交换；但为了持续优化产品及营销过程，企业需要注重营销反馈，了解顾客意见。直播互动是双向的，主播将直播内容呈现给观众的同时，观众也可以通过弹幕的形式分享体验。因此企业可以借助直播，一方面收集已经用过产品的消费者的使用反馈；另一方面，收获现场观众的观看反馈，便于在下一次直播营销时修正。

6.10.2　直播营销的设计思路

1．直播营销"五步法"

直播活动背后都有着明确的营销设计，应将企业营销目的与直播各环节巧妙融合。直播营销的整体设计思路主要包括五个环节，如图 6-32 所示。

图 6-32　直播营销"五步法"

（1）整体思路

在做营销方案前，企业运营团队首先必须把整体思路厘清，然后有目的、有针对性地进行策划和实施。如果没有整体思路的指导，直播很容易进入误区，只是好看、好玩而已，并不能达到企业的营销目的。直播营销的整体思路设计包括目的分析、方式选择和策略组合。

①目的分析。对企业而言直播是一种营销手段，因此企业直播不是简单的线上才艺表演或网络游戏分享，而需要综合产品特色、目标用户特点、营销目标等提炼出直播营销的目的。

②方式选择。在确定直播目的后，企业新媒体团队需要在颜值营销、明星营销、稀有营销、利他营销等方式中，选择一种或多种组合。

③策略组合。方式选择完成后，企业要对人物、场景、产品、创意等模块进行组合，设计出最优的直播策略。

（2）策划筹备

①撰写完善的直播营销方案。

②在直播开始前将直播过程中用到的软硬件测试好，并尽可能降低失误率，防止因为筹备疏忽而产生不良的直播效果。

③为了确保直播当天的人气，新媒体运营团队还需要提前进行预热宣传，鼓励粉丝提前进入直播间，静候直播开场。

（3）直播执行

直播营销的第三大环节是直播执行。前期筹备是为了现场执行得更流畅。为了达到已经设定好的直播营销目的，主持人及现场工作人员需要尽可能按照直播营销方案，将直播开场、直播互动、直播收尾等环节顺畅地推进，并确保直播的顺利完成。

（4）后期传播

直播营销的第四大环节是后期传播。直播结束并不意味着营销结束，新媒体运营团队需要将直播中的图片、文字、视频等继续通过网络进行传播，让未观看现场直播的粉丝了解直播内容，使直播效果最大化。

（5）效果总结

直播营销的第五大环节是效果总结。直播的后期传播完成后，新媒体团队需要进行反思，一方面统计直播数据，并与直播前的营销目的作比较，判断直播效果；另一方面组织团队讨论，总结本场直播的经验与教训。

每一次直播营销结束后的总结与反思，都为下一次直播营销提供了优化依据或策划参考。

2. 直播营销目的的分析方法

任何一场直播营销都必须围绕营销目的开展，可以从产品、用户、企业目标三方面进行提炼。首先，通过产品分析梳理出产品优势；其次，借助用户分析挖掘用户需求，在策划时围绕用户需求设置互动环节；再次，在企业年度目标或月度目标中找到与直播契合的关键点。

（1）直播产品分析

直播产品通常分为两大类：一类是实物产品，如护肤品、手机、衣服等；另一类是虚拟产品，如软件、音乐、游戏等。对产品进行分析有助于理解产品价值并提炼产品优势，进而加深受众对产品的认知。

（2）直播用户分析

企业开展直播营销需要对用户进行分析，这主要有两个方面的原因：一方面，直播平台上的内容可选择性大，不能吸引用户注意力的直播不会被选择观看；另一方面，为了达到营销目的，新媒体团队必须想方设法引导用户下单或分享，而巧妙的引导来自于对用户的分析判断。用户分析主要包括属性特征分析和行为特征分析两方面。

（3）企业整体目标

营销目的必须与企业的整体目标相结合，而企业的新媒体营销又必须依托于企业的市场营销总体目标。结合 SMART 原则，即具体（specific）、可度量（measurable）、可实现（attainable）、相关（relevant）、时限（time-bound），在梳理企业整体目标时要尽可能科学化、规范化、明确化。

①具体：目标切中特定成果，如提升企业的大众点评星级。

②可度量：目标是数量化或行为化的，如利用直播平台实现 100 万元的销售额。

③可实现：目标可实现，如上次直播有 3 万人参加，这次的目标提升为 5 万人。

④相关：目标与新媒体工作的其他目标是相关联的，如网站流量在 24 小时内提高 80%。

⑤时限：注重完成目标的特定期限，如直播结束后 48 小时内新品销售 5 万件。

3. 直播营销的基本方式

根据直播吸引点的不同，直播营销的常见方式有七种，包括颜值营销、明星营销、稀有营销、利他营销、才艺营销、对比营销和采访营销等。企业在设计直播方案前，需要根据营销目的选择一种或多种方式。

（1）颜值营销

在直播经济中，"颜值就是生产力"的说法已经得到多次验证。颜值营销的主持人多是帅气靓丽的男主播或女主播，高颜值吸引着大量粉丝围观与打赏，而粉丝围观带来的流量能够为企业带来高曝光量。

（2）明星营销

明星的一举一动会受到粉丝的关注，因此当明星出现在直播中与粉丝互动时，会有极热闹的直播场面。明星营销适用于预算较为充足的项目。在明星筛选方面，应尽量在预算范围内寻找最贴合产品及消费者属性的明星进行合作。

（3）稀有营销

稀有营销适用于拥有独家信息的企业，包括独家冠名企业、拥有专利权的企业、唯一渠道方等。稀有营销可以利用稀有内容直接提高直播室的人气，对于企业而言是绝佳的曝光机会。

（4）利他营销

直播中常见的利他行为主要是知识的分享和传播，旨在帮助用户提高生活技能。企业可以借助主持人或嘉宾的分享，向用户传授关于产品的使用技巧、生活知识等。利他营销主要适用于美妆护肤类及服装搭配类产品，如淘宝主播"潮女可可"经常使用某品牌化妆品向观众展示化妆技巧，观众在学习美妆知识的同时，企业的产品也增加了曝光度。

（5）才艺营销

直播是才艺展示的舞台，只要主播才艺过硬，就可以吸引大量的粉丝围观。才艺营销适用于与才艺有关的产品，比如花椒主播"琵琶小蜜"经常使用某品牌琵琶进行表演。

（6）对比营销

有对比就会有优劣之分，消费者往往会偏向于购买更具有优势的产品。当消费者无法识别产品的优势时，企业可以通过与竞争产品或自己上一代产品的对比，直观展示差异，以增强说服力。

（7）采访营销

采访营销指主持人采访名人、路人、专家等，以互动的形式通过他人的介绍表达对产品的看法。采访名人嘉宾有助于增强受众对产品的好感；而采访路人则有利于拉近与受众之间的距离，增强信任感。

4. 直播营销策略组合

在分析直播目的并选择合适的直播方式后,企业运营团队需要设计直播营销的策略组合。人物、场景、产品、创意四部分的综合效果会影响直播的总体效果,因此在设计直播营销的组合策略时,要将四部分有机结合起来。

借助人物、场景、产品可以形成营销策略的大致思路,即什么人(消费者)在什么场所(销售渠道)购买了该产品(直播中展示的产品),并在什么场所(使用场景)使用后获得了什么样的效果(产品功能及效果),而他(消费者)正在通过直播的形式把以上环节展示给受众,让更多的人知道和购买(实现直播目的)。

除了人物、场景、产品外,创意对直播营销的影响最为关键。没有价值的内容是无法让用户参与进来的,失去用户,营销也就无从谈起。一个好的内容创意会使视频的传播率得到明显提升,所以企业在进行直播之前一定要多花心思去策划内容,不能生搬硬套地走模仿路线,趣味性的内容可以提高直播的可看性。

案例分析

春秋航空与花椒直播的"巅峰之战"

1. 背景介绍

最近几年,文化娱乐消费的市场规模迅速扩大,越多越多的人追求消费过程中的精神意义和乐趣。春秋航空作为民营航空公司,长期以优惠的价格让利旅客,让更多人享受到了飞行的便利。在文化娱乐消费日益兴盛的市场环境下,春秋航空打出了全新的理念:一家"个性化航空公司",敢于尝试新型的营销方式去触动目标人群。春秋航空和花椒直播展开了合作,他们利用全网主播争霸赛策划了一系列有趣的营销活动,得到用户的一致好评,打造了业内第一次深度的社会化直播营销。

2. 方案策划

(1)目标

①提升春秋航空品牌影响力。

②会员拉新,提升营收。

③为第四季度淡季航线营销储备资源。

(2)洞察

目前单纯的价格促销手段已经不能吸引和满足所有消费者,消费者更注重服务与品牌,所以需要从多领域去拓展销售渠道,站在消费者的角度打造新模式下的营销内容,贴近消费者的日常生活、得到他们的认同才是最重要的。

(3)媒介策略

传播平台:春秋航空 App、官网、微信,花椒直播 App、微博,以及机上手册、机内舱广告、户外媒体等。

(4)核心创意

用花椒直播平台上的万名主播一个月的比赛直播,提升春秋航空的品牌曝光度;用60强主播之间的激烈排名竞争和粉丝的热情吸引新用户注册,领取春秋航空的新人礼包;利用主播的人气实现后续航线的推广;还可以根据主播的地域属性以及花椒直播 App 的城市页面,有针对性地去宣传推广航线,围绕社会化营销展开。

（5）策略

对花椒直播 App 中活跃的年轻人群的日常行为轨迹进行分析,从主播与其粉丝微妙的情感关系入手,植入春秋航空品牌信息。注册用户可用送出虚拟礼物的方式支持自己喜爱的主播,还可以获得新人礼包。

①以虚拟礼物的形式将品牌信息植入直播中,粉丝在观看直播时可以用金币购买礼物给主播打赏。用户每次购买春秋航空的专属道具时,都会在屏幕中看到春秋航空的飞机特效。

②在投票环节进行春秋航空专属拉新营销。

③将品牌信息植入线下决赛现场。

④打造"飞行体验官"和花椒主题航班,胜出的主播将成为春秋航空的"飞行体验官"。根据淡季航线以及新航线的需求,主播乘坐指定航班开启直播。

3. 执行

具体活动安排如表 6-1 所示。

表 6-1　活动安排

时间	内　容
2 月 14 日至 5 月 14 日	在春秋航空 12 架 320 飞机内的行李盖板、小桌板、枕巾及航空杂志上宣传活动内容
2 月 14 日至 3 月 14 日	春秋航空 App、官网、微信公众号,花椒直播 App、微信公众号及贴片广告等陆续发布活动信息
4 月 20 日至 5 月 30 日	春秋航空新人礼包上线
5 月 5 日	双方微信公众号推送活动信息
5 月 8 日至 5 月 24 日	60 强主播诞生,双方平台同步开启投票页面
6 月 20 日	5 位百万级主播推广上海—曼谷航线
7 月 15 日至 7 月 20 日	春秋航空安排从 10 个城市飞济州的航线,"主播带你畅玩济州岛"活动开启
10 月以后	10 城联动,召开春秋航空航线发布会,线下主播 K 歌夜活动开启

4. 成果及转化

直播活动的推出提升了春秋航空的品牌形象,大量平台粉丝对春秋航空这样的品牌宣传方式感到惊喜。该活动带来了 48 万新注册用户。

在 6 月上海—曼谷航线的直播中,同时在线观看人数最高达 78 万人。在 7 月天津—济州岛航线的直播中,同时在线观看人数最高达 36 万人。这两条航线的机票销量在之后 2 周显著增加。

5. 总结

本次活动抓住了直播平台主播与粉丝社群的关系,从外部预热开始,将品牌信息植入直播平台,进一步提升了春秋航空的品牌形象,丰富了品牌传播形式。

案例思考题

1. 结合案例分析春秋航空直播活动采用了哪些直播营销方式?
2. 本案例中春秋航空的直播活动取得成功的关键是什么?

思考题

1. 结合某一直播平台说明其特点。
2. 直播营销的形式有哪些?
3. 简述直播营销的设计思路。

第 4 篇

整 合 篇

➡ 第 7 章　网络推广整合

➡ 第 8 章　网络整合营销

➡ 第 9 章　网络营销策划

第 7 章

网络推广整合

本章概要

本章介绍了网络推广的概念、方法与技巧,重点讲述了几种常见的网络推广方法。

学习目标

- 理解网络推广的概念。
- 熟悉网络推广的相关方法。
- 掌握网络营销推广技巧。

7.1　网络推广概述

7.1.1　网络推广的概念

从广义上讲,企业开始申请域名、租用空间、建立网站就算是介入了网络推广活动,而通常我们所讲的网络推广是指通过网络手段进行的宣传活动。通过与一些概念进行比较,可以更清楚地认识网络推广。与网络推广相近的概念有网络营销(搜索引擎营销、邮件营销、论坛营销等)、网站推广、网络广告等。

网络推广和网络营销是不同的概念,网络营销偏重于营销层面,更重视网络营销后是否产生实际的经济效益;而网络推广重在推广,注重的是通过推广给企业带来的网站流量、访问量、注册量等,目的是扩大被推广对象的知名度和影响力。可以说,网络营销中必须包含网络推广这一步骤,而且网络推广是网络营销的核心工作。

另外一个容易混淆的概念是网站推广。网站推广是网络营销极其重要的一部分,因为网站是网络的主体。很多网络推广都包含着网站推广。这两个概念容易混淆是因为网络推广活动贯穿于网站的生命周期,网站策划、建设、推广、反馈等一系列环节中都涉及网络推广活动。

网络广告则是网络推广所采用的一种手段。除了网络广告以外,还可以利用搜索引擎、友情链接、网络新闻等方法进行推广。对企业而言,做好网络推广可以带来经济效益;对个人而言,可以让更多人了解自己,认识更多的朋友。

7.1.2 网络推广的分类

1.按范围分

（1）对外推广

顾名思义，对外推广指针对站外潜在用户的推广，主要是通过一系列手段针对潜在用户进行营销推广，以达到增加网站页面浏览量、会员数或收入的目的。

（2）对内推广

与对外推广相反，对内推广是专门针对网站内部的推广。比如如何增加用户浏览频率，如何激活流失用户，如何增加频道之间的互动等。以友答网举例，其旗下有几个不同域名的网站，如何让这些网站之间的流量相互转化，让网站不同频道之间的用户互动，这些都是对内推广的重点。

很多人忽略了对内推广的重要性，其实如果对内推广使用得当，效果不比对外推广差。毕竟在现有用户基础上进行二次开发，要比开发新用户容易得多，投入也会少很多。

2.按投入分

（1）付费推广

付费推广指需要花钱才能进行的推广。比如各种网络付费广告、竞价排名、杂志广告、千人成本广告、每点击成本广告等。在做付费推广时，一定要考虑性价比，即使有钱也不能乱花，要让钱花出效果。

（2）免费推广

这里说的免费推广是指在不用额外付费的情况下就能进行的推广。这样的方法很多，比如论坛推广、资源互换、软文推广、邮件群发等。随着竞争的加剧、成本的提高，各大网站都开始倾向于此种方式了。

3.按渠道分

（1）线上推广

线上推广指基于网络的推广方式，比如网络广告、论坛推广等。越来越多的传统企业认可线上推广这种方式，它和传统方式相比非常有优势。

（2）线下推广

线下推广指通过非网络渠道进行的推广，比如地面活动、户外广告等。线下推广通常投入比较大，所以一般都是以树立品牌形象或是增加用户黏性为主要目的，如果是为了提升页面浏览量等，效果不一定很好，要慎重考虑。

4.按手段分

（1）常规手段

常规手段是指一些良性的、非常友好的推广方式，比如正常的广告、软文等。不过随着竞争的加剧，这种方式的效果越来越不明显了，通常需要开发新的方法，或是在细节上狠下功夫才能达到更好的效果。

（2）非常规手段

非常规手段是指一些恶性的、非常不友好的推广方式，比如群发邮件、恶意网页代码，甚至在软件里插入病毒等。这种方法对于品牌形象可能会有负面影响。

5. 按目的分

（1）品牌推广

品牌推广是以建立品牌形象为主的推广。这类推广一般采用常规方法，而且通常都会考虑付费广告。品牌推广有两个重要任务：一是树立良好的企业和产品形象，提高品牌知名度、美誉度；二是将相应的品牌产品销售出去。

（2）流量推广

流量推广是以提升流量为主的推广。

（3）销售推广

销售推广是以增加收入为主的推广，通常会由销售人员来实施，具体情况具体对待。

（4）会员推广

会员推广是以增加会员注册量为目的的推广，一般采用的方法如有奖注册或是其他激励手段。

7.2 网络推广方法

7.2.1 网站推广

1. 网站推广的定义

我们前面已经提到网络推广就是通过一定的方式或方法对商品、服务甚至人进行宣传和推广，而其中的媒介就是网络。网站推广在其中占了很大一部分。网站推广主要是通过一定的技术和方法将企业或个人等的网站推广出去，达到一定的知名度，进而产生经济效益，其主体是网站。

网站推广的目地在于让尽可能多的潜在用户了解并访问网站，从而实现利用网站向用户传递营销信息的目的。用户通过网站获得有关产品、服务等信息，为最终形成购买决策提供支持。一般来说，除了大型网站，如提供各种网络信息和服务的门户网站、搜索引擎、免费邮箱服务商等，一般的企业网站和其他中小型网站的访问量通常都不高，有些企业网站虽然经过精心策划设计，但在发布几年之后访问量仍然非常小，每天可能才区区数人，这样的网站自然很难发挥其作用。因此网站推广被认为是网络营销的主要任务之一，是网络营销工作的基础。尤其对于中小型企业而言，用户了解企业的渠道比较少，网站推广的效果在很大程度上也就决定了网络营销的最终效果。

2. 网站推广方法

网站推广策略是对各种网站推广工具和资源的具体应用。制定网站推广策略是在分析用户获取网站信息的主要途径的基础上，发现推广网站的有效方法。根据网络营销实践经验以及中国互联网络信息中心近年来发布的《中国互联网络发展状况统计报告》等研究报告，用户获取网站信息的主要途径包括搜索引擎、网站链接、口碑传播、E-mail、媒体宣传等。通过这些渠道进行网站推广需要相应的网络工具和资源。网站推广的基本工具和资源都是一些较为常规的网络应用内容，由于每种工具在不同的应用环境中都会有多种表现形式，因此建立在这些工具基础上的网站推广方法相当多。这就大大增加了用户了解网站的渠道，也为网站推广提供了更多的机会。

3.网站推广的阶段和任务

通过对大量网站推广运营规律的研究,从网站推广的角度看,一个网站从策划到稳定发展要经历四个基本阶段,即网站策划与建设阶段、网站发布初期、网站增长期、网站稳定期。

(1)网站推广的各个阶段

①网站策划与建设阶段。此时真正意义上的网站推广并没有开始,网站没有建成发布,当然也就不存在访问量的问题。不过这个阶段对后期的网站推广仍然具有非常重要的意义。在这一阶段要注意以下几方面。

A.不可忽视推广的需要。大多数网站在策划和设计中往往没有将推广的需要考虑进来,这个问题很可能在网站发布之后才被认识到,然后才回头考虑网站的优化设计等问题。这样不仅浪费人力,也影响了网站推广的时机。

B.一般来说,无论是自行开发,还是外包给专业服务商,一个网站的设计开发都需要由技术、设计、市场等方面的人员共同完成。不同专业背景的人员对网站的理解会有比较大的差异,因此在这一阶段要形成共识。

C.在网站建设阶段所采取的优化设计等,是建立在网站建设相关人员的主要经验上的。是否能真正满足后期网站推广的需要,还有待网站正式发布一段时间之后的实践来验证,并进一步完善网站的设计。

②网站发布初期。网站发布初期通常指从网站正式对外宣传之日开始大约半年的时间。网站发布初期推广的特点表现在以下几方面。

A.网络营销预算比较充裕。企业用于网站推广方面的网络营销预算,通常在网站发布初期较多,这是因为一些需要支付年度使用费的支出通常发生在这个阶段。另外,为了在短期内获得明显的成效,新网站通常会在发布初期加大推广力度,如发布广告、新闻等。

B.网络营销人员具有较高的热情。在网站发布初期,网络营销人员非常注重尝试各种推广手段,对于网站访问量和用户注册数量等指标也非常关注。

C.网站推广具有一定的盲目性。尽管营销人员具有较高的热情,但由于缺乏足够的经验、必要的统计分析资料,加之网站推广的成效还没有表现出来,因此对网站推广策略的实施有一定的盲目性。

D.网站推广的主要目标是提高用户的认知程度。推广初期网站访问量快速增长,产品推广和销售促进通常居于次要地位。在这一阶段营销人员更为注重引起用户对网站的注意。

③网站增长期。经过网站发布初期的推广,网站拥有了一定的访问量,并且访问量仍在快速增长中。这个阶段仍然需要保持网站推广的力度,并通过分析前一阶段的推广效果,发现最适合本网站的推广方法。网站增长期推广的特点表现在以下几方面。

A.网站推广方法具有一定的针对性。与网站发布初期的盲目性相比,由于尝试了多种网站推广方法,并取得了一定效果,因此在进一步的推广上往往更有针对性。

B.网站推广方法的变化。与网站发布初期相比,网站增长期的推广需要有独创性,以达到针对性的效果。

C.网站推广效果的管理得到重视。网站推广的直接效果之一就是网站访问量的上升,网站访问量可用统计分析工具获得。对网站访问量进行统计分析可以发现哪些网站推广方法对访问量的增长效果更为显著,哪些方法可能存在问题,同时可以发现更多有价值的信息。

D.网站推广的目标由用户认知向用户认可转变。网站发布初期的网站推广使网站获得了一定数量的新用户。如果用户肯定网站的价值,将会重复访问网站以继续获得信息和服务。因此在此阶段,既有新用户又有重复访问者,网站推广要兼顾两种用户的不同需求。

④网站稳定期。网站从发布到进入稳定阶段,一般需要一年甚至更长的时间。稳定期推广的特点表现在以下几方面。

A. 网站访问量增长速度减慢。

B. 访问量增长不再是网站推广的主要目标。当网站拥有一定的访问量后,网络营销将注重用户资源的价值转化,这取决于企业的经营策略和盈利模式。

C. 网站推广的工作重点由外向内转变。也就是将以面向新用户为重点的网站推广工作逐步转向维持老用户,以及网站推广效果的管理等方面。

(2)网站推广各个阶段的主要任务

在网站发展的不同阶段,网站推广各有特点,而这些特点也决定了该阶段的任务会有所不同。为了制定有效的网站推广策略,我们还需要进一步明确这四个阶段网站推广的任务。

①网站策划与建设阶段:制定网站总体结构、功能、服务、内容、推广策略等方面的策划方案;控制网站开发设计及管理;贯彻实施网站的优化设计;测试网站和作好发布准备等。

②网站发布初期:实施常规的网站推广方法;尽快提升网站访问量,使网站被尽可能多的用户了解。

③网站增长期:分析常规网站推广方法的效果;制定和实施更有效的、针对性更强的推广方法;重视网站推广效果的管理。

④网站稳定期:保持用户数量的相对稳定;加强内部运营管理和控制工作;提升品牌和综合竞争力;为网站进入下一轮增长作准备。

4. 企业网站的总体特点

(1)企业网站注重的是效益

目前企业通过网站推广获得的效益已经显而易见了,但是这仅限于一些大型企业,对于中小企业来说,网站推广无疑会是一个挑战。以目前中小企业的状况来看,他们都没有自己的推广团队,大都依赖互联网公司做推广,而网站推广所带来的效益是这些中小企业关注的重点。

(2)企业网站具有自主性和灵活性

企业网站完全是根据企业本身的需要建立的,并非由其他互联网服务商所经营,因此在功能上有较大的自主性和灵活性,同时每个企业网站的内容和功能会有较大的差别。企业网站推广效果的好坏,取决于推广人员对企业网站的正确认识。企业网站应适应企业的经营需要。

(3)企业网站是主动性与被动性的结合

企业通过自己的网站可以主动发布信息,这是企业网站主动性的一面。但是发布在网站上的信息不会自动传递给用户,只能"被动地"等待用户来获取信息,这又表现出企业网站被动性的一面。主动性与被动性也是企业网站与搜索引擎和 E-mail 等网络营销工具在信息传递方式上的主要差异。从网络营销信息的传递方式来看,搜索引擎完全是被动的,只能被动地等待用户检索。只有用户检索时使用的关键词和企业网站相关,并且点击检索结果中的信息,这一次网络营销信息的传递才得以实现。E-mail 传递信息则基本上是主动的,发送什么信息、什么时间发送,都是营销人员自己决定的。

(4)企业网站的网络营销价值

企业网站的网络营销价值,是通过网站的各种功能以及各种网络营销手段体现出来的。

网站的信息和功能是基础,网络营销方法的应用是条件。如果建设一个网站而不去合理应用,企业网站这个网络营销工具将不会发挥应有的作用。无论功能多么完善的网站,如果没有用户来浏览也就成为了摆设。在实际应用中,一些企业网站由于缺乏专业人员维护管理,于是呈现给浏览者的网站内容往往数年如一日,甚至用户的咨询邮件也没有给予回复,这样的企业网站没有发挥其应有的作用也就不足为怪了。

(5)企业网站的功能具有相对稳定性

企业网站功能的相对稳定具有两方面的含义。一方面,一旦网站的结构和功能被设计完成,网站正式开始使用,其在一定时期内将基本稳定。只有在运行一个阶段后才会根据需要进行功能升级。网站功能的相对稳定无论对于网站的运营维护还是常规网络营销方法的应用都很有必要,一个不断变化的企业网站是不利于网络营销的。另一方面,功能的相对稳定也意味着,如果存在某些功能方面的缺陷,在下次升级之前的一段时间内,网络营销的效果将受到影响。因此在企业网站策划的过程中,应充分考虑到网站功能的这一特点,尽量做到在一定阶段内功能适用,并具有一定的前瞻性。

(6)企业网站是其他网络营销手段的基础

企业网站是一个综合性的网络营销工具,这也就决定了企业网站在网络营销中的作用不是孤立的,不仅与其他营销方法具有直接的关系,也是开展网络营销的基础。整个网络营销体系可分为无站点网络营销和基于企业网站的网络营销,后者在网络营销中居于支配地位,这也是在网络营销体系中不能脱离企业网站的根本原因。

7.2.2　网络广告推广

有很多企业拥有自己的网站,但他们并不是主要推广自己的网站,而是将自己的产品或服务广告放在某些大型的网站(比如新浪、搜狐等)上展现给大众,从而推广自己的产品或服务。

1. 网络广告的特征及其营销价值

(1)网络广告的特征

一般来说,网络广告主要有以下特征:

①网络广告需要依附于有价值的信息和服务载体;

②网络广告的核心思想在于吸引用户关注和点击;

③网络广告具有强制性和用户主导性的双重属性;

④网络广告应体现出用户、广告客户和网络媒体三者之间的互动关系。

(2)网络广告的营销价值

网络广告是常用的网络营销策略之一。在这里,我们可以把网络广告的营销价值分为六个方面,即品牌推广、网站推广、销售促进、在线调研、顾客关系及信息发布。

①品牌推广。网络广告最主要的效果之一表现为对企业品牌价值的提升,这也说明了为什么用户浏览而没有点击网络广告同样会在一定时期内产生效果。在所有的网络营销方法中,网络广告的品牌推广价值最为显著。同时,网络广告丰富的表现手段也为更好地展示产品信息和企业形象提供了必要条件。

②网站推广。网站推广是网络营销的主要职能,获得尽可能多的有效访问量是网络营销取得成效的基础。网络广告对于网站推广的作用非常明显,通常在网络广告中会出现"点击这里"按钮,该按钮链接到相关的产品页面或网站首页。用户对网络广告的每次点击,都意味着

增加了网站的访问量。

③销售促进。通过各种形式的网络广告向用户传递产品信息,已成为影响用户购买行为的因素之一,尤其当网络广告与企业网站、网上商店等网络营销手段相结合时,产品促销活动的效果将更为显著。网络广告对于销售的促进作用不仅表现在直接的在线销售,也表现在用户通过网络获取产品信息后在线下购买产品。

④在线调研。网络广告对于在线调研的价值可以表现在多个方面,如对消费者行为的研究、对在线调查问卷的推广、对各种网络广告形式和广告效果的测试、对用户喜好的了解等。通过专业服务商的邮件列表开展在线调查,可以迅速获得特定用户群体的反馈信息,大大提高了市场调查的效率。

⑤顾客关系。网络广告所具有的对用户行为跟踪分析的功能为深入了解用户的需求和特点提供了必要的信息,这种信息不仅成为网上调研内容的组成部分,也为建立和改善顾客关系提供了必要条件。通过网络广告对顾客关系的改善也促进了其品牌忠诚度的提高。

⑥信息发布。网络广告是向用户传递信息的一种手段,因此可以理解为信息发布的一种方式。通过投放网络广告,不仅可以将信息发布在自己的网站上,也可以发布在用户数量更多、用户定位程度更高的网站,或者直接通过 E-mail 发送给目标用户,从而获得更多用户的注意,这大大增强了网络营销的信息发布功能。

2. 确定网络广告的目标群体

确定网络广告的目标群体,简单来说就是确定希望让哪些人看到广告。只有让合适的用户参与广告中的活动,才能使广告有效地实现其目标。

企业的产品特性是准确定位广告目标群体的关键,因为广告的目标群体是由企业的产品消费对象决定的。网络营销人员要深入调查和分析目标群体的性别、年龄、职业、爱好、文化程度、收入、生活方式、消费心理、购买习惯及平时接触网络媒体的习惯等。了解了目标群体的特征,才能有的放矢地调整企业的营销策略。还要清楚了解目标群体的网络操作水平,这决定着网络广告中所能采用的技术。对那些熟悉网络操作技能的广告受众,可以采用较复杂的展现形式以增加广告的互动性和趣味性。

现在开发的广告管理系统具有定向发布和定向反馈的功能,网络营销人员能更准确地了解广告目标群体的情况。企业在进行网络营销时,必须分析网络的既有群体与企业整体营销策略的目标市场之间的重合度有多大,以避免盲目的网络营销决策。企业应充分考虑网络广告目标群体的容量,这主要包括目标群体的人数、购买力及偏好。同时,要考虑企业、产品及竞争对手在消费者心目中的形象。

3. 网络广告推广方式

(1)网络视频广告

如果企业的产品具有一定的操作性,一段视频是最好的广告形式。

(2)主题游戏

为自己的品牌做一个有趣的主题游戏是很好的网络广告推广方式。

(3)弹窗

在重要的网络平台的首页可以设置一个产品的弹窗,这是非常容易吸引流量的广告。

(4)网幅

在重要的网站上展现的极有动感的网幅,也是一种很受关注的广告形式。但费用比较高,要注意时间周期。

(5)专栏

为企业的产品开设一个专栏,让顾客系统地了解产品的技术与使用知识,也是一个很好的品牌价值的提升方法。

(6)网站

企业的网站一定要建设好,这是访客的大本营。

7.2.3　网络软文推广

一篇好的文章很可能拥有数万计的浏览量,而在文章中附带一些商业信息,比如某企业的名字或者产品,便对该企业及其产品进行了一次宣传和推广。

1. 网络软文概述

网络软文以网络作为传播媒介,主要以文字为载体,是企业进行网络宣传的一种方式。网络软文推广在企业形象宣传、产品市场推广与销售、品牌建设等方面起到了不同程度的作用。网络软文具有传播面广、受众多、扩散迅速等优点。它有一般文字作品的特点,用文字表达不同的思想或主题;又具有网络特色,在文字内容、标题吸引度、热点追踪等方面有不同的要求。

网络软文推广受到越来越多企业的重视,是市场推广和品牌建设的一种重要方式。发布网络软文也已成为许多广告策划公司的一项业务。网络软文的具体形式包括企业新闻稿、公关软文、广告软文等。

2. 网络软文推广的原则以及实施效果

(1)推广原则

网络软文是一种软文广告,其形式上的隐蔽性,表达上的悬念性、完整性和可看性,抓住了消费者的心理,为企业的宣传起到了立竿见影的作用。网络软文推广需要遵循以下原则:

①必须确保每一次网络软文推广都促进了企业的品牌宣传;

②必须有利于产品的销售;

③必须有利于企业影响力的不断提升和企业的可持续发展。

(2)网络软文的效果

①首先要让用户有机会直接在门户网上的相关频道看到关于企业产品的新闻,进而点击或者评论。

②当潜在用户运用百度等搜索引擎搜索企业的名称或者产品的关键词时,页面上各大网站的相关新闻报道有助于用户了解企业产品,进而产生购买欲望。

③把各大网站发表的关于企业的报道按照原网页的形式收集起来,链接在企业网站上供用户阅览,将有助于增加其对企业的信任度。

④网络软文还具有二次传播的特性,可以不断扩大传播范围。

7.2.4　网络炒作

网络炒作是一种很有效的网络营销方法,只要企业的产品或服务足够好,经得起用户检验,那么网络炒作是绝对行之有效的。

1. 网络炒作的定义

简单地说,网络事件营销就是网络炒作,其特点是有策划的传播推广。网络炒作总的说来就是利用网络媒体,通过推手或者幕后人发动网络写手对某个人物或者公司、机构进行两个方面的评论,一个方面是正面的,另一个方面是负面的,从而引起网友的关注。当人气达到一定程度的时候,这个人或者公司、机构的知名度就会快速提升。

2. 网络炒作的形式与方法

(1)网络炒作的形式

①论坛炒作。顾名思义,论坛炒作就是通过在论坛发布热点话题聚集人气。论坛炒作一定要选择拥有潜在客户、人气非常高且具有权威性的论坛。论坛炒作如果运作得好,可以以最低的成本最大程度地赢得受众的关注,从而达到预期的效果。

②话题炒作。话题炒作是网络炒作的一种形式,主要是以时事新闻为载体,利用新闻的话题来吸引媒体以及广大网民的关注。这种炒作有一个明显的优势,就是它的传播度和关注度比普通网站的广告要高很多。现在的网民对新闻话题的关注度要远远高于对广告的关注。新闻与其他话题不同,新闻不仅需要吸引网民关注,更重要的是在得到众多网民的关注后能够引起媒体的注意。

③概念炒作。概念炒作其实没有一个完整的定义。概念和事件炒作一直都是并行的。对于网民最关注的概念和事件,可以按周期设计话题,引导舆论。将事件与企业相联系,则可有效地通过网络媒体大幅提升企业网站的商业价值。

④内幕炒作。内幕炒作是通过披露企业内部情况,以吸引公众注意力。一般来说,披露出来的内幕都是一些负面的信息。在经过一段时间的传播后,企业再主动出来澄清这些事情或者表明事件的处理结果。在突发事件的处理上,需要快速反应并解决所出现的问题。

(2)网络炒作的方法

网络炒作是企业宣传不得不考虑的一个重要手段。好的炒作能够让企业的知名度迅速增长,引来大量的关注。那么企业在平时的经营活动中,有哪些好的炒作手段能够加以利用呢?我们在这里对几种常见的炒作方法进行介绍。

①悬念炒作法。悬念炒作是提炼一到两个所谓核心、卖点,然后根据事件进度慢慢公开消息。中华网便使用过这招。中华网曾放言要收购新浪、网易、搜狐三大网站,它虽有能力收购其他三家网站,但只是一厢情愿。最后事件不了了之,而中华网既实现了宣传目的,又树立了财大气粗的老大地位。

②第一炒作法。人们最易记住第一,比如人们知道世界第一高峰是珠穆朗玛峰,世界第二高峰是什么就不知道了。"第一"容易吸引公众眼球,容易被记住,还会使对手难以逾越,品牌形象脱颖而出。但是"第一"毕竟只有一个,绝大多数企业很难拥有"第一"。这就需要变通地策划出"第一",或者说"制造"出"第一"。如某企业的某种做法,在某行业尚属第一次;第一次发现了某产品的某种属性;某种行为使某人在某领域成为第一人;某种模式属首创等。企业可以对"第一"纵向追踪,挖掘"第一"背后的秘密,也可以围绕自身良好的信誉、产品质量、发展潜力等进行横向造势,统筹谋划市场营销,达到促销与品牌塑造的双赢。

③借势炒作法。所谓借势,是指企业及时地抓住广受关注的社会新闻及人物等信息,结合企业或产品在传播上欲达到的目的而展开的一系列相关活动。借势炒作就是借人们关注的焦点,让更多的人认识、关注自己,以此提高产品的知名度。

④名星炒作法。根据马斯洛的心理需求学说,当消费者不再把价格、质量当作购买产品时的唯一考虑时,利用明星的知名度来增加产品的附加值,可以培养消费者对该产品的感情,从而赢得消费者对产品的认可。

网络炒作是一种有效的营销推广方式,但又是一把双刃剑,只有加以合理利用才能取得好的效果。在炒作的同时,企业应该注意对社会道德观的把握,虽然争议能够迅速吸引眼球,但是炒作不当就很可能对企业形象产生负面影响,这对企业以后的发展肯定不利。

3. 网络炒作的技巧

(1)策划是网络炒作的灵魂

网络炒作通过借势和造势进行有效的策划,以树立企业或产品的知名度、美誉度及良好的品牌形象,最终达到促进销售的目的。网络炒作需要符合企业整体品牌策略,不能为了炒作而炒作,更不能夸大事实或造假。

策划之所以是网络炒作的灵魂,是因为策划时要找到事件的价值所在,也就是传播的价值。这些事要么是有趣的,是社会大众所关心的,要么能引起社会大众的广泛讨论,然后成为新闻,以达到甚至超过广告的宣传效果。

(2)新闻是网络炒作的手段

网络炒作是通过把握新闻的规律,制造具有新闻价值的事件,让媒体广泛传播,从而达到广告效应。

案例分析

奥巴马:互联网总统的整合推广营销

北京时间 2009 年 1 月 21 日,一位名不见经传的黑人——巴拉克·胡赛因·奥巴马成为美国历史上第 44 任总统,也是美国历史上第一位黑人总统。有意思的是,由于在竞选的过程中很大程度上借助了网络的巨大力量打败竞争对手约翰·麦凯恩,奥巴马也被很多人亲切地称为“互联网总统”。有人甚至说,没有网络,也许奥巴马就没有机会成为美国总统。

那么,奥巴马和他的竞选团队在大选期间是如何充分利用网络工具的呢?

1. 建立官方竞选网站

奥巴马的官方竞选网站(www. barackobama.com,图 7-1)内容丰富,充分利用博客、视频、投票等与选民互动,他的博客更新速度在竞选当天几乎是每十分钟一篇。这个网站的基调以“开放”为主,通过信息的共享与互动来达到争取舆论支持的目标。网站首页有两个主要内容,一个是博客,一个是竞选经费的筹集。网友可以在首页上很容易地找到发布建议和观点的新媒体工具。2008 年 9 月,网站访问人数就已经超过 2000 万人。

2. 购买搜索引擎关键词广告

奥巴马竞选团队购买了 Google 的关键词广告。如果一个美国选民在 Google 中输入奥巴马的英文名字 Barack Obama,搜索结果页面的右侧就会出现奥巴马的视频宣传广告以及对竞争对手麦凯恩政策立场的批评等。奥巴马竞选团队购买的关键词还包括热点话题,如油价、伊拉克战争和金融危机等。可以想象,美国人日常搜索的关键词都与奥巴马联系在一起,想不关注奥巴马都难。

图 7-1 奥巴马的官方竞选网站

据统计,从 2008 年 1 月到 8 月,奥巴马竞选团队在网络广告上的投入达 550 万美元,其中有 330 万美元被投入到搜索引擎营销中,即有 60% 的费用被投入到搜索引擎营销中。许多搜索引擎用户在看到相关的广告并点击后,都到奥巴马的竞选网站中注册成为志愿者,或者是发起当地的拉票活动,甚至是捐款支持。可以看出,搜索引擎的营销效果在竞选中发挥了重要的作用。

3. 借助视频疯狂传播

有资料显示,在最流行的视频类网站 YouTube 上,奥巴马的竞选团队在一个星期内就上传了 70 个奥巴马的相关视频。这些流传在网络上的竞选视频,是由专业的竞选团队为奥巴马量身定做的。它们看起来更平实,让人更容易接近。这些视频所获得的关注度不比那些制作精美的电视广告差。

4. 内置网络游戏广告

以往美国总统选举的宣传战场只是电视、广播和报纸,到奥巴马才大规模地使用了网络。为了进一步争取选民,奥巴马竞选团队更是有史以来第一次投入了电子游戏广告。他们在美国一些最热卖的电子游戏的网络版,如"疯狂橄榄球 09""云斯顿赛车 2009""NHL 冰球 09"等中置入竞选广告,并在最受欢迎的 9 个电子游戏内购买了广告。

5. 利用病毒式邮件争取支持

奥巴马的竞选团队甚至使用了病毒性营销这种形式,他们发出了一封名为《我们为什么支持奥巴马参议员——写给华人朋友的一封信》的邮件。邮件内容非常有针对性地采用了中文,详细阐述了奥巴马当选总统对美国当地华人选民的好处。他们说:"请将这封信尽快转发给您的亲朋好友,并烦请他们也能将这封信传下去。这是您在最后几天里能帮助奥巴马参议员的最为有效的方式之一。"这一招为奥巴马赢得了华裔的支持。

6. 博客营销树立形象

奥巴马在博客中旗帜鲜明地为自己树立起年轻、锐意进取、具有亲和力的候选人形象,拉近了选民与自己的距离。这一方式生动展示了博客在总统竞选广告战中的重要性。

7. 论坛热炒

奥巴马的竞选团队创建了一个社交网络来增加奥巴马在网络上的影响力。奥巴马在

Facebook 上拥有一个包含 230 万拥护者的群组。在 Myspace 和 Facebook 的奥巴马专题网站上聚集了数以百万计的忠实支持者,这些人活跃在各个社区,为奥巴马摇旗呐喊。借助一些话题,如共和党悬赏重金寻找奥巴马传说中的"私生子"等吸引眼球,奥巴马竞选团队影响了美国网络社群的舆论风向,为他的当选奠定了良好的基础。

调查数据显示,早在 2005 年,就有 64% 的网民认为网络在总统选举中的作用将越来越重要。而 2008 年奥巴马运用视频传播、搜索引擎关键词广告、网络游戏内置广告、病毒式邮件营销以及博客营销等各种网络营销手段成功当选美国总统,向全世界宣布了网络对人类社会的巨大影响力。现在,无论在科技、文化还是经济、政治等方面,网络都是不可忽略的一个重要工具和宣传渠道。

案例思考题

1.奥巴马竞选团队的推广营销策略有哪些?
2.本案例中推广营销策略运用的效果如何?
3.结合案例搜集整理网络推广的手段和方法。

思考题

1.网络推广的方法有哪些?
2.简述网站推广的阶段和任务。
3.网络广告的营销价值是什么?
4.分析网络软文推广案例。

第8章

网络整合营销

本章概要

本章介绍了网络整合营销的概念、特性,总结了网络营销的操作思路,重点探讨了网络整合营销的应用范围。

学习目标

- 理解网络整合营销的概念。
- 理解网络整合营销的特性。
- 掌握网络整合营销的操作思路。
- 掌握网络整合营销的应用范围。

8.1 整合营销与网络整合营销

8.1.1 整合营销

整合营销就是把各个独立的营销活动综合成一个整体,以产生协同效应。这些独立的营销活动包括广告宣传、直接营销、销售促进、人员推销、产品包装、事件炒作、赞助和客户服务等。

整合营销理论产生和流行于 20 世纪 90 年代,是由美国西北大学市场营销学教授唐·舒尔茨(Don Schultz)提出的。整合营销就是"根据企业的目标设计战略,并支配企业各种资源以达到战略目标"。传媒整合营销作为整合营销的分支应用理论,简单说就是从"以传者为中心"到"以受众为中心"的传播模式的战略转移。整合营销倡导更加明确的消费者导向理念,因而传媒整合营销理论对我国新形势下传媒业的发展具有重要指导意义。

整合营销以消费者为核心重组企业行为和市场行为,综合协调地使用各种形式的传播方式,以统一的目标和统一的传播形象传递一致的产品信息,实现与消费者的双向沟通,迅速树立产品品牌在消费者心目中的地位,建立产品品牌与消费者长期密切的关系,以更有效地达到广告宣传和产品行销的目的。

8.1.2 网络整合营销

所谓网络整合营销,是指以网络作为媒介,利用数字化信息和网络平台的交互性(网络营销中的信息传递是双向的)来辅助营销目标实现的一种创新型营销模式。它借助网络传

播的无界性与裂变性,在各平台展现产品或者服务的价值,精准满足用户
需求,最终实现营销价值。同时让传统企业通过网络运营打造出更高效、
更具有竞争力和更全面的商业模式。

网络整合营销
基本理论

网络的发展不仅使得整合营销更为可行,而且能充分发挥整合营销的特
点和优势,使顾客在整个营销过程中的地位得到提高。网络的互动性使顾客
真正参与到整个营销过程中,顾客不仅参与的主动性增强,选择的主动性也
得到加强。这样,网络营销首先要求把顾客整合到整个营销过程中来,从他们的需求出发开始
整个营销过程。不仅如此,在整个营销过程中要不断地与顾客交互,每一个营销决策都要从顾
客的角度出发,而不是像传统营销理论那样主要从企业自身的角度出发。

网络整合营销与传统营销的"以产品为中心"相比,更强调"以客户为中心"。它强调营销
即是传播,即和客户多渠道沟通,和客户建立起品牌关系。与传统营销中的 4P 理论相比,整
合营销传播理论的核心是 4C:相对应于"产品",要求关注客户(customer)的需求和欲望,提供
能满足客户需求和欲望的产品;相对应于"价格",要求关注客户为了满足自己的需求和欲望所
能支付的成本(cost);相对应于"渠道",要求考虑客户购买产品的便利性(convenience);相对
应于"促销",要求注重和客户的沟通(communication)。

传统的 4P 理论的基本出发点是企业的利润,而没有把顾客的需求放到与企业的利润同
等重要的位置上,它指导的营销决策是一条单向的链。网络营销需要企业同时考虑顾客需求
和企业利润。企业关于 4P 的每一个决策都应该给顾客带来价值,否则这个决策即使能达到
利润最大化也不会长久。企业如果从 4P 对应的 4C 出发(而不是从利润最大化出发),在此
前提下寻找能实现企业利益最大化的营销决策,则可能同时达到利润最大化和满足顾客需
求两个目标。这应该是网络营销的理论模式,即营销过程的起点是顾客的需求,营销决策
(4P)是在满足 4C 要求的前提下的企业利润最大化,最终实现的是顾客的满足和企业利润的
最大化。

由于顾客的个性化需求得到了较好的满足,对企业的产品、服务形成良好的印象,在他第
二次需要这种产品时,会因为对企业产品、服务的偏好而首先选择该产品和服务。随着不断地
交流与互动,产品和服务可能会更好地满足他的需求。如此重复,一方面顾客的个性化需求不
断地得到越来越好的满足,建立起对企业产品的忠诚意识;另一方面,由于这种满足是针对差
异性很强的个性化需求,就使得其他企业的进入壁垒很高。这样企业和顾客之间的关系就变
得非常紧密,甚至牢不可破,这就形成了"一对一"的营销关系。上述这个理论框架称为网络整
合营销理论,它始终体现了以顾客为出发点及企业和顾客不断交互的特点,它的决策过程是
一个双向链,如图 8-1 所示。网络整合营销是一种对各种网络营销工具和手段系统化结
合,并根据环境进行即时性的动态修正,以使交换双方在交互中实现价值增值的营销理念
与方法。

以网络为载体,以符合网络传播理念的方法开展营销活动,成为企业增
强品牌公信度和影响力、增加经济效益的有效途径。整合营销正切合当下企
业营销的需求,是领先的营销方式。整合营销可以让每个营销渠道互相促
进,达到 1+1>2 的效果。

网络营销组合策略

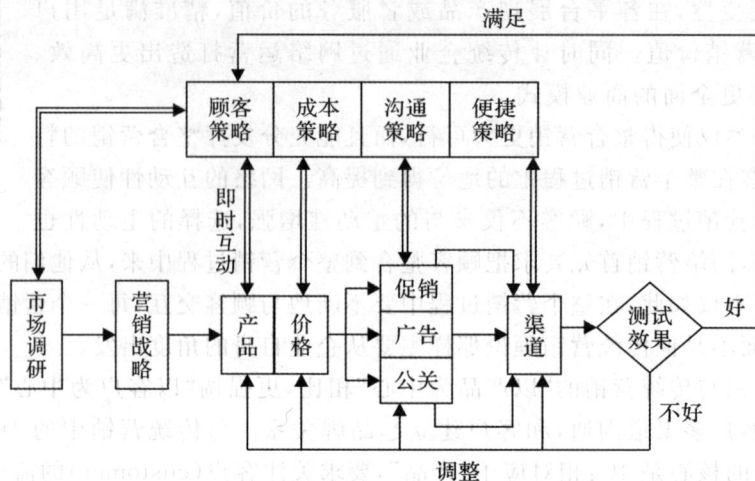

图 8-1 网络整合营销决策过程

8.2 网络整合营销的特性

8.2.1 传染性

网络的传染性让网络营销具有滚雪球的效应,使营销第一次具有了无限放大的可能。利用社会性事件、突发性事件,以及人们关注热点人物和反常事件的心理,可以有效发挥网络营销传染性的作用。

8.2.2 重合性

重合性不同于重复性。就广告而言,所谓的重复性是指在同一个媒体上重复出现同样的广告。虽然广告的重复有助于加深受众的印象,但重合或许比重复更有价值。重合性是指在不同的媒介上以统一的形象或者是在同一媒介上以不同的形式进行营销。

理解了"重合性"和"重复性"的差异后,对网络营销人员来说,除了重复进行宣传外,还需要考虑利用多种形式和多种媒介的整合宣传来提高营销效果。

8.2.3 背书性

"背书"指一个权威的或者可信的媒体传递某种信息,为另一个媒体之前披露的信息进行确认和佐证。网络宣传也需要"背书",需要与其他媒体整合宣传式的背书。

网络的开放性,使得人人都可以在网络上散播消息。在进行网络营销时,很有必要利用"背书性",通过更有公信力的媒体来进行整合宣传,以弥补网络的不足,达到最好的宣传效果。

8.2.4 落地性

只有"落地"的营销才能促进销售。很多快速消费品企业在做大规模的电视广告的时候,首先会做好分销网点的广泛覆盖以及铺货工作。网点的可见率将会直接决定客户对企业的信心。网络营销落地的方式还包括销售网点的 POP 广告及随时可以拨打的销售热线等,最终通过这些方式让网络营销得以从线上走到线下。

网络整合营销的这四大特性,通过"传染性"达到滚雪球的效应,通过"重合性"快速建立客户印象,通过"背书性"强化公信力,通过"落地性"最终实现销售。在网络整合营销中,若能很好地突显以上四个方面的特性,将产生很好的营销效果。

8.3　网络整合营销的操作思路

8.3.1　以整合为中心

网络整合营销要将消费者作为中心,整合利用企业的各项资源,实现一体化的营销模式。整合的内容包括各个方面,如营销的过程、营销的方式、营销的渠道等,从而实现一体化的管理。

8.3.2　讲求系统化管理

网络整合营销要对企业资源进行有效的合理分配和系统化管理,合理调动各个部门、子公司等的资源,最终形成有力的竞争优势。

8.3.3　强调协调与统一性

网络整合营销主要的操作思路之一便是营销的协调与统一性,只有对企业内部的各环节、各部门进行统一管理,才能发挥出更好的营销效果。

8.3.4　注重规模化与现代化

网络整合营销要求企业进行规模化、现代化的管理与经营,这样能够将企业的行业资源进行整合和重新利用。同行之间可以实现信息互通,共同发展。然后通过现代化的管理方式对资源进行有效管理。

8.4　网络整合营销的应用范围

8.4.1　搜索引擎优化

对一个新网站的搜索引擎优化推广而言,"词汇"的选择很重要,如关键词是否恰当、关键词密度是否合理等。搜索引擎推广不应以网站的经营模式为中心,而是以用户为中心的终端推广。企业应针对消费者浏览网页时搜索关键词的习惯,分析和选择最合理的关键词,进行搜索引擎广告投放。

8.4.2　FEA 网络整合营销

"FEA"是 focus、event、activity 三个单词的首字母,即话题营销、事件营销与活动营销。FEA 营销模式以话题营销、事件营销与活动营销为主,通过多个话题、事件、主题活动的创意性设计与策划，综合网络媒体、地区新闻媒体、行业网站、博客、网络社区、E-mail、短信平台、搜索引擎、电子商务平台、电子发行物等传播渠道，构建整合营销传播体系，从而避免单一营销渠道或工具在传播范围、受众、影响力上的局限性。

FEA整合营销传播受到众多大胆借助网络营销推动市场拓展的企业的青睐。这种营销方式既保留了传统经典营销方法的优势，同时把传播渠道更多地引向网络，借助话题营销、事件营销与活动营销引发病毒式传播与口碑传播，实现营销传播的"蜂鸣效应"。

在整个操作中，"推什么"被放在了整个体系的第一位，而不仅仅是针对企业的产品进行网络公关、论坛发帖、广告创意设计；也不是简单地根据企业推广需求选择搜索引擎关键词，而是对各种营销渠道进行整合，发挥各种渠道的协同性。这种营销模式不局限于大流量平台，而是组合各种优质的传播渠道资源。

8.4.3 FEAVA整合营销传播

"FEAVA"是通过理论总结、实践检验及市场反馈而得出的一套行之有效的快速消费品网络整合营销方法。它是五个单词的首字母组合，即focus（话题）、event（事件）、activity（活动）、video（视频）、animation（动漫），这构成了五种营销模式，即话题营销、事件营销、活动营销、视频营销和动漫营销。

FEAVA依托多种网络传播平台与渠道，采取文字、图片、声音、动画、视频等形式，开展内容多样化的互动式参与及病毒式传播，无限扩大品牌和产品信息的传播范围，以加深品牌和产品在目标受众中的印象。同时与目标受众形成深度沟通，使他们对品牌产生信任、对产品产生兴趣，从而形成购买意向，促成购买行为的发生。

FEAVA是比较适合快速消费品行业的网络营销体系，将给企业带来至少五方面收益：一是快速提升品牌知名度和认知度；二是扩大产品消费人群，增强年轻人对品牌的认同和消费意识；三是通过动漫、视频等娱乐化和时尚化的营销方式，使品牌更年轻、更有活力，与潜在消费人群保持良好沟通，增进他们对品牌文化的认同；四是为区域品牌进军全国市场打先锋，通过低成本、高收益的网络整合传播取得营销上的优势；五是建立或扩大企业的网络销售渠道，提高利润率。

网络整合营销模型

案例分析

卫龙辣条的刷屏级整合营销

你一定好奇，一包辣条什么时候也这么高大上了？卫龙辣条持续霸屏，已然成为朋友圈的一个产品运营热点。

从一些媒体报道当中可以看到，卫龙辣条的线下旗舰店仿照苹果线下体验店的模式建设。在苹果7手机上市的时候，卫龙用苹果手机网店的设计风格打造自己的天猫旗舰店，也进行新品发布。这让它在人群中成为了新的话题，创造了更多的可能性。

辣条这个产品给人的印象是肮脏、低廉、小作坊生产、垃圾食品等。但卫龙在不断颠覆着我们对辣条的印象。在两年中，卫龙开展了12次各类营销活动（表8-1）。

表 8 - 1　卫龙的营销活动

时间	营销活动	时间	营销活动
2015 年 4 月 12 日	奔跑吧，辣条	2016 年 7 月 11 日	张全蛋直播厂区
2015 年 10 月底	逃学卫龙	2016 年 9 月初	模仿苹果 7
2015 年 10 月底至 11 月	LOL(《英雄联盟》竞猜)	2016 年 9 月	奢侈品辣条
2015 年 11 月	寻找天蝎座	2016 年 9 月 30 日	辣条危机
2016 年 4 月 5 日	逃学卫龙	2016 年 10 月 15 日	仿苹果风线下体验店
2016 年 6 月 8 日	旗舰店被黑	2016 年 10 月底	辟谣整合

1. 借势跑男

2015 年 4 月份，卫龙辣条搞了一个"奔跑吧，辣条"的活动，活动内容主要以软文形式呈现。核心思想是初高中学生的学习压力大，爱吃零食且最喜欢辣条，进入大学之后，不要忘记曾经陪伴自己日夜奋战的零食界的"好基友"。这一活动延长了辣条的生命力。

2. 借势电影《逃学威龙》

2015 年 10 月底，卫龙借周星驰的电影《逃学威龙》之名，做了一个校园短片《卫龙大电影之逃学卫龙》。卫龙希望借助视频影响主要消费群体，传达零食也能变成校园抢手货的信息，激起目标对象的校园回忆。但是这个视频内容并不丰富，总体点击量很少，没能产生更多的话题。

3. 借势 LOL，做竞猜游戏

2015 年 10 月底至 11 月，卫龙做了一个《英雄联盟》的胜负竞猜游戏。他们先在微博上发表了一篇文章《假如我离开了〈英雄联盟〉》，然后开展了一次竞猜赠礼活动。这篇文章与游戏相结合进行集中宣传，用户针对性很强。通过竞猜游戏卫龙覆盖了更多喜欢零食的游戏用户。

4. 借势"双 11"做活动

2015 年 11 月，卫龙围绕"双 11"搞了一个"寻找天蝎座"的活动。他们用沙画视频的形式策划了两集沙画故事，但内容有些平淡，跟"寻找天蝎座"的主题没有密切联系，也跟"双 11"没有直接关系。沙画突出的仍然是校园情结，结尾说"双 11"请继续期待这个故事的后续，但是之后并没有新的内容。卫龙持续进行校园营销，强调口味的始终如一。

5. 二次借势《逃学威龙》

2016 年 4 月，网上再次出现了"逃学卫龙"的软文，但内容没有新意，重点预告第二部校园短片。这个剧情极为简单的小制作作品生命力有限，并没有充分展示产品。

6. 旗舰店被黑

2016 年 6 月之后，营销事件本身的趣味性、目的性和话题性越来越强，卫龙的创意有了整体提升。6 月 8 日发生天猫旗舰店被黑事件。旺旺聊天截图中显示，收货人的地址非常远，而且写的是 32 棵白杨树。但不能因为地址远而不发货，难道只能退货吗？后来知道了这个买家是一位程序员。这个事件营销落实到产品销售层面上，把店铺拉入了事件营销当中，通过用户的搜索、围观，直接把人们的关注度引向了店铺。

阿里巴巴最担心的就是安全问题，如果天猫旗舰店这么容易被攻破，对于天猫来说并不是好事,会产生一定的负面效果。所以在营销后期,卫龙在官方微博中解释了自己的营销行为,及时解决了可能出现的危机。

7. 网红张全蛋直播辣条生产厂区

接下来,卫龙让富士康流水线的工人、暴走漫画签约演员张全蛋进厂直播。卫龙始终在塑造一个健康、快乐、积极、活泼的品牌形象,邀请网络红人张全蛋到生产车间进行淘宝直播增加了与粉丝的互动。

网红达人直播网红产品,到底能产生什么样的火花?张全蛋夹杂着方言的英语让众多"吃瓜群众"捧腹。他在视频中吐槽过小米,也创造过流行语,向广大网友诠释一个质检员的职业操守。当张全蛋进入卫龙厂区,通过一个流水线工人的视角观察厂区时,网友从内心觉得这是可以接纳的。张全蛋的身份和定位,对于厂区观察来说的确是非常合适的。

7月11日晚,在直播高峰时期,直播间的观众数量达到了20万人。直播中能看到干净、整洁、安全的流水线,以及像无菌室医生那样全副武装的工人,整个操作流程都非常符合一个品牌企业应具备的规范。这带给网友与传统辣条完全不一样的感受。结合产品本身,从视觉到营销,卫龙一步步颠覆人们对辣条的原有认识。

8. 模仿苹果

9月份苹果7手机上市阶段,卫龙模仿苹果7的广告设计同样赢得了公众的注意力。在2015年"逃学卫龙"的短片当中,卫龙辣条简洁的包装风格并没有引起太多注意。这是因为2015年是营销的积累期,卫龙将更多的精力投入在讲情怀故事中,很多人看到了辣条外包装却没有被引入相关的话题讨论。2016年的热点是苹果手机。在苹果7上市时,卫龙主动利用这一热点,设计模仿苹果手机营销的宣传海报(图8-2),使传统的廉价零食得以变身为可以细看和细品的美食。

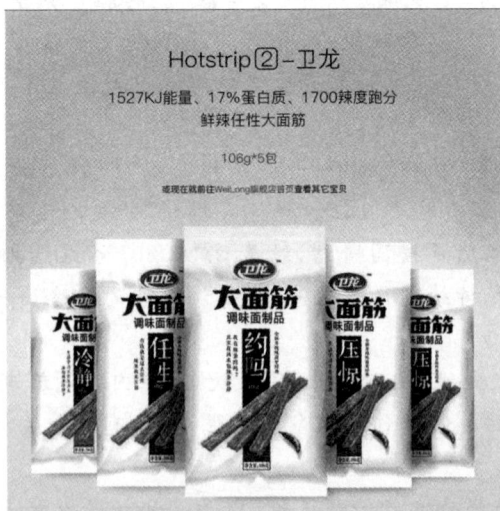

图8-2 卫龙模仿苹果手机营销的宣传海报

9. 奢侈品辣条

9月份又出现了一个热词"奢侈品辣条",所有人都感受到了一种强烈的矛盾冲突。奢侈品和辣条怎么能共存呢? BBC拍了一部三集的纪录片叫《中国新年》,介绍中国人过春节的风俗习惯,其中就提到了辣条,说辣条是中国 25 岁以下年轻人最喜爱的零食。对于外国消费者来说,他们对辣条非常好奇。除了老干妈,竟然也能找到在美国销售的辣条。奢侈品辣条的概念把辣条包装成了一种在国外颇有身价的零食。

10. 顺利化解辣条危机

9 月 30 日,在社交媒体上出现了关于食品安全的内容,说辣条不能再吃了。对于出现的危机,卫龙希望既能利用这个热点,又能解决这一危机。他以真实的告白,用了一个令人惊讶的"再见",向粉丝宣告:"封杀辣条,跟我有什么关系?"

11. 模仿苹果线下旗舰店

从 9 月份开始,卫龙的模仿秀得到了广泛关注,苹果手机成为卫龙极致模仿的标杆。在"双 11"前,热点还需要持续,一次展会带来了机会。10 月份,卫龙模仿苹果手机设立"线下旗舰店"(图 8-3)。到处洋溢着苹果气息的辣条店里,细节的模仿一丝不苟,反倒多了很多喜感。卫龙通过模仿使自己区别于其他同类产品。

图 8-3　卫龙的"线下旗舰店"

12. 辟谣整合

随后,卫龙表示所谓的"线下旗舰店"是糖业烟酒会的一个展厅,又把过去的事件整合后重新进行炒作,既顺应人们追求新奇、独特的关注点,又形成热门的话题实现了有效传播。在不断增加品牌曝光度的同时,引导潜在消费者关注产品,最终转化成了实际的销量。

案例思考题

1. 卫龙辣条成功营销的原因是什么?
2. 卫龙辣条广受欢迎,给我们带来了哪些启示?

思考题

1. 什么是网络整合营销?
2. 网络整合营销的特性有哪些?
3. 网络整合营销的应用范围是什么?

第 9 章

网络营销策划

本章概要

  本章主要介绍网络营销策划的概念、方法、内容,包括网络营销策划的原则、步骤,网络营销策划案的结构、撰写方法等重要内容。

学习目标

- 理解网络营销策划的内容。
- 熟悉网络营销策划的作用。
- 掌握如何进行网络营销策划。

9.1 网络营销策划概述

  互联网的出现在全球范围内掀起了一场新的经济革命。这场以高科技及其产业为主要突破口的技术革命,激烈地冲击着传统的生产方式和产业结构,将社会生产力推到一个前所未有的发展阶段,促进了人类社会物质文明和精神文明向更高层次发展。作为电子商务内容之一的网络营销,也伴随着这场技术革命向更高层次发展。

9.1.1 网络营销策划的概念

  所谓策划,是指对未来将要发生的事情所作的当前决策,即根据已经掌握的相关信息,推测事物发展的趋势,分析需要解决的问题和客观条件,在行动之前对目标、战略、战术、步骤、人员安排、经费开支等做出总体构思和设计,并形成系统的、完整的方案。换言之,策划就是预先决定做什么、何时做、何地做、何人做、如何做的问题。

  市场营销策划是企业对未来将要进行的营销活动进行整体、系统策划的超前决策,以未来的市场趋势为背景,以企业的发展目标为基础,设计企业的行动和措施。营销策划是营销管理活动的核心。网络营销是市场营销的一种方式,它借助网络、计算机通信和交互式媒体来实现营销目标。因此,和其他营销方式一样,在网络上开展营销也必须进行一系列的策划,只有经过精心的策划才能取得良好的效果。

  网络营销策划是遵循营销策划的一般原理、法则和技巧,结合现代营销新环境、新理论、新规划和新策略,并抓住围绕消费者行为变化而出现的新特点所进行的符合网络经济特点的营销策划。它是对网络营销活动的全面运筹和规划,从属于企业市场营销战略计划和行业总体战略计划。美国《革命》杂志社总编辑曾指出:"在互联网变化的风暴中,起决定作用的是市场营销人员,而不是金融家。企业将目光转向市场营销人员,询问他们如何将钱花在刀刃上。企业如何对自己的网上在线业务给予定位,然后又怎样传播出去? 如何留住客户,同时赢得客户? 建立网络品牌的最佳途径是什么? 这些问题不仅对传统的企业,而且对互联网企业很有意义。"他所谈到的如何以消费者为中心,利用数字化的传播手段(如互联网、互动电视、触摸屏及移动电话网络等),对互联网企业及其产品和服务进行有效的市场营销推广,都属于网络营销策划的范围。

网络营销策划大致可以分为两种情况:一种是单独对一个或几个方面的内容进行策划,如网站营销策划、网络广告策划、市场调查策划等;另一种是系统地、大规模地对企业网络营销行为进行统一规划,即整体网络营销策划。整体网络营销策划的基准点是满足企业的业务需要,符合企业长期的发展目标,并深入到企业的经营管理内部,寻找网络营销的正确途径和方法。它使企业从原有单一的传统营销,过渡为传统营销和网络营销兼顾。通过挖掘企业市场竞争的决胜点,充分利用互联网的商业优势整合现有的营销体系,真正提高企业的市场竞争力。它包括对企业现状及市场环境的分析,对企业网络营销目标的确定,以及对网站推广、网络广告、公共关系等网络营销策略和战术的策划等。

综上所述,我们可以把网络营销策划理解为企业以电子信息技术为基础,以计算机网络为媒介和手段,对将来要发生的营销活动及行为进行超前决策,在特定的网络营销环境和条件下,为达到一定的营销目标而制定的综合性、具体性的营销策略和活动计划。

总之,网络营销策划是一项复杂的系统工程,属于思维活动,但它是以谋略、计策、计划等理性形式表现出来的思维运动,是直接用于指导企业网络营销实践的。它包括对网站页面设计的修改和完善,以及对搜索引擎优化、付费排名、与客户的互动等诸多方面的整合,是网络技术和市场营销经验协调作用的结果。它也是一个相对长期的工程,期待网络营销效果在一夜之间有巨大的转变是不现实的。一个成功的网络营销方案的实施需要有细致的规划设计。

根据不同的网络营销活动以及要解决的问题制订的营销策划方案会有很大区别。一般来说,应根据目前国际流行的电子商务和网络营销观念制定行之有效且符合企业自身条件的网络营销方案。但从网络营销策划活动的一般规律来看,其基本内容具有相似性。

9.1.2　网络营销策划的涵义

1. 网络营销策划是事前行为

任何一个企业都有各种各样具体的业务环节,但策划绝不是这些具体业务,它是针对这些具体业务提出的基本原则和战略指导,是在整个经营活动开始之前对将要开展的经营活动的预先谋划与部署,是行动开始之前的打算。

2. 网络营销策划是指导性行为

如果没有策划,企业经营活动的各个环节就是分裂的,各部门就会各自为战,在战略与战术的配合上难免出现不和谐,整体效果也将难以把握。策划为整个企业提供奋斗的目标、行动的依据、评价的标准,对全部经营活动起着重要的指导作用。离开了策划的指导,所有活动都将失去方向和依据,并失去评价成败的标准。而且,作为策划结果的策划方案,体现为详尽、周全的计划书,而不是关于经营活动的大致方针和纲领性意见,因此其指导作用是具体而又切实的。

3.网络营销策划是全局性行为

策划涉及活动的方方面面和每一个细节,贯穿于活动全过程,常常体现为组合型或系列化活动,要求对全局有具体的设计和准确的把握,因此我们说策划是一种全局性行为。它所有的目标都要贯彻到全部业务环节中去,各种战术、策略都要协调一致,服从于统一的产品形象和企业形象。

企业要赢得商战胜利,就要讲究战略战术,讲究策划与谋略。策划是一种科学活动,它建立在科学的调查研究的基础上,运用多学科知识以及科学手段,就一系列实际问题提出切实可行的解决方案,并谋取最佳经济效益。它是企业从低级阶段走向高级阶段的一个标志。

9.1.3 网络营销策划的特点

有营销活动就有策划活动。策划是立足现实,面向未来的活动。它是根据现实的各种情况及所掌握的信息,判断事物未来的发展趋势;它是围绕一个中心,也就是一个特定的目标,全面构思、设计和选择合理可行的行动方法,从而形成正确决策并高效工作的过程。

企业为了更好地满足目标市场,实现交换,针对目标市场所作的分析、判断、预测、构思、设计、安排和部署等便是市场营销策划,而针对网络营销所作的上述策划即为网络营销策划。它有以下特点。

1.预见性

网络营销策划是对企业未来的市场营销行为的筹划。这种筹划借助于丰富的经验和高超的创造力,将各种营销要素进行优化组合,形成各种营销方案和行动措施。

2.系统性

网络营销策划是企业在整个营销过程中,分析、评价、选择可以预见到的机会,系统地形成目标和开发可以达到目标的各种项目与行动的一种逻辑思维过程。

3.动态性

策划是事先决定做什么、如何做、由谁做、何时做,但营销是企业可控因素与环境的不可控因素之间的动态平衡过程。

4.具体性

网络营销策划是一种思维过程,但不能只是一种空想,必须具有很强的可操作性,是经过努力可以实现的设计。

5.可调适性

营销方案必须具有弹性,能因地制宜。如果方案不能集灵活性和变通性为一体,就不能适应市场变化,也就不能实现预期效果。

9.1.4 网络营销策划的种类

网络营销策划涉及企业经营活动的全部领域,为各种有机联系的活动设定了努力的方向、行动的依据和评价的标准。由此我们不难看出它在企业经营活动中的核心地位和统帅作用。按照不同的标准,网络营销策划分为不同类型。

1.按企业现有网络营销的进度分类

(1)网络营销改进型策划

企业曾经进行过网络营销,但在网络发展迅速和产品更新频率加快的情况下,现有的网络营销机制已经无法满足大众需要,多个方面受到了影响;产品负面新闻直接影响产品在市场的受追捧程度;同一产品新厂商的出现加剧了企业间的竞争;网络营销中的推广环节过于拥挤,导致产品无法得到消费者的信任等。这时曾经实施过的网络营销方案可能会被淘汰,需要改进现有方案。这就是我们说的网络营销改进型策划出现的前提。

对于改进型网络营销策划,应着重考虑原有方案中受制约的因素,不仅要跟上网络市场的步伐,更需要洞察对手在网络营销上采取的各种方法。对于一个企业在发展过程中遇到的问题,必须结合网络营销的特点加以解决,才能在大市场中占得一席之地。

(2)网络营销创业型策划

任何一个网络营销人员和企业管理者都必须有创业型策划的意识。创业型策划包含的内容有项目发起、项目预测、项目预实施、不可预见性因素预测、项目投放、项目评估、项目改进、具体实施等,最后转向改进型策划。项目预测中需要做线上市场和线下市场调查,使发现的问题及时得到解决,确保网络营销的顺利进行。其中的不可预见性因素是非常重要的,需要结合同类或者其他产品在投入网络市场之后所遇到的各种问题,考虑创业型策划的全面性,确保整个网络营销计划的成功。

(3)网络营销辅助型策划

应利用各种网络手段,如搜索引擎优化技术,加强企业在网络营销上的力度,以获得更好的效果。利用各种技术及手段而作的策划称为网络营销辅助型策划,这类策划需要企业协调各部门之间的关系,优化在新的网络市场中的营销活动。

(4)网络营销效益型策划

网络营销效益型策划大多为中小企业所采用,包含综合网络推广、效益型网站建设及优化、营销效果跟踪管理等综合顾问式的策划。这种策划特别适用于需要开展网络推广,且对网络营销效果的需求较为迫切的中小企业。企业无论原来是否拥有网站和专业的网络营销人才,都可以选择效益型网络营销策划。

2. 按企业网络营销的目的分类

(1)销售型网络营销策划

销售型网络营销策划的目标是为企业拓宽销售渠道,借助网络的交互性、直接性、实时性和全球性为顾客提供方便快捷的网上销售点。目前许多传统的零售店都在网上设立销售点,如北京图书大厦的网上销售站点。

(2)服务型网络营销策划

服务型网络营销策划的目标主要是为顾客提供在线咨询和网上售后服务。目前大部分信息技术型企业都建立了此类站点。

(3)品牌型网络营销策划

品牌型网络营销策划的目标主要是在网上建立企业的品牌形象,加强与顾客的直接联系和沟通,增加顾客的品牌忠诚度,配合企业现行营销目标的实现,并为企业的后续发展打下基础。目前大部分企业站点属于此类型。

(4)提升型网络营销策划

提升型网络营销策划的目标主要是通过网络营销替代传统营销手段,全面降低营销费用,提高营销效率,促进营销管理和提高企业竞争力。如戴尔、海尔等企业的站点属于此类型。

(5)混合型网络营销策划

混合型网络营销策划的目标是力图同时达到上述目标中的若干项。如亚马逊通过设立网上书店作为其主要销售站点,创立世界著名的网站品牌,并利用新型营销方式提升企业竞争力。这种网络营销策划既是销售型,又是品牌型,同时属于提升型。

9.1.5　网络营销策划的作用

一般来说,企业网络营销策划的作用有以下几个方面。

1. 强化网络营销目标

网络营销策划可以使企业确立明确的网络营销目标。企业的网络营销活动有了方向,就可以进行人力、物力、财力等资源的优化配置,朝着目标努力。

2. 提高网络营销活动的计划性

策划为企业的网络营销活动提供了纲领和指南,确立了未来的网络营销行动方案,使未来各项网络营销活动有计划、有步骤、有方法地进行,保证各项工作有章可循、有条不紊。

3. 提供新观念、新思路、新方法

在策划营销方案时,要对已掌握的情况进行判断分析。为了寻找解决问题的方案,要进行充分的创造性思维,从而产生很多新观念、新思路、新方法。网络营销策划要求企业确实树立以消费者为中心的思想,从消费者的角度出发,由外而内地重新设计企业与消费者的互动关系,形成消费者参与及互动合作的新理念和新的运作方式。

4. 降低成本

网络营销策划对未来的网络营销活动进行了周密的费用预算,并对费用进行了最优化的组合安排,使企业可以用较少的费用取得较好的效果。

5. 增强企业竞争力

网络营销策划为企业提供了最新的市场销售方式,将传统营销方式和网络营销方式结合起来,有效地传递信息、沟通客户、降低成本、扩大品牌宣传、提高交易机会和工作效率,从而增强企业竞争力。

9.2　网络营销策划的原则和层次

9.2.1　网络营销策划的原则

网络营销策划一般应坚持下列几项原则。

1. 真实性原则

所谓真实性原则,是指策划中应该讲究诚信。所以,我们将真实性作为网络营销策划的第一原则。

2. 针对性原则

针对性原则有两重含义:一是吃准商品;二是吃透市场。吃准商品是指在充分研究商品的基础上,抓准商品最令人心动的特点(一定要抓得准才行)。吃透市场是指充分研究潜在顾客及其消费心理,通过网络实现有针对性的营销。例如,现有的网络技术可以按照受众群体所属行业、居住地点、兴趣、消费习惯、操作系统和浏览器类型等对其进行选择,在尽量减少投入的同时,切实提高营销效率。

3. 亲近性原则

策划的亲近性原则,是指策划应该力求贴近消费者,将亲善、坦诚、友好的态度贯彻到全部行动中来,加强对消费者的感染力和亲和力,将亲密无间的情感氛围融化到消费者心中。例如,康柏电脑在互联网上发布的横幅广告,逢新产品上市总打出标题"它还没有改变你的生活吗?",下面再设计系列问题。访问者只要按下鼠标,就能得到更多极富吸引力的信息。网络作为互动渠道,只有具有强大的亲和力才能引起人们的兴趣。因此,网络营销策划要讲究亲近性。

4. 效益性原则

策划的效益性原则就是要注意省钱。省钱不是不花钱,也不一定少花钱,而是在取得尽可能大的效果的前提下,尽量少花钱。人们的一切活动,包括一切策划活动,实质就是在谋求效益。没有效益,就不可能有策划的动机。也就是说,在确定策划目标时,效益性原则就在起作用。而在整个策划过程中,效益性原则都在影响创意灵感的产生及策划涉及的各个要素。

5. 创新性原则

大卫·奥格威说过一句名言:"我最反对的就是规矩。"它非常适合于策划这项工作。策划追求的是不断创新,这项工作的挑战性也正在于它的创造性。策划应该注意创新、灵活多变。如果只是盲目地仿效那些产生很大影响的著名策划案和人们已经多次实施过的策划案,则会失去策划的神秘性和吸引力,达不到预期的效果。所谓"攻其不备,出其不意",是策划的出发点和立足点。

6. 系统化原则

策划是一个系统,它包括了目标、对象、时间、地区、战略、战术、主题、媒体、预算、效果测评等多方面的内容,牵一发而动全身。因此,在策划过程中,要把上述内容看作一个整体,从整体与部分之间的互相依赖、互相制约、同生同灭、共进共退的关系出发,进行系统分析。

就企业促销组合、营销策划的大系统而言,网络营销策划又是一个子系统。它和公关策划、营业推广策划、人员促销策划、产品策划、价格策划、销售渠道策划等共同构建了营销整体策划。策划是一种战略决策,一旦确定,就不能轻易变动。因此,任何策划首先必须站在全局的高度来设计与实施,局部应服从全局,以全局带动局部。其次,策划还必须具备长期性。策划的着眼点是未来,而不是当前,不能为了眼前利益而牺牲长远利益。最后,策划还应注意整体性。不同层次的系统有不同层次的策划,要体现不同层次的整体性。全局和局部的划分是相对的,子系统的全局相对于母系统来说只是一个局部。因此,考虑策划下一个层次的营销方案时,应该同上一层的战略要求相符合,而不能相背离。

总之,从系统化角度来看,策划者应站在企业全局的立场上,重点检验策划目标与营销目标、策划目标与企业目标是否一致,策划活动与企业其他活动是否同步与协调。要把个别计划放到总体计划当中去权衡比较,并注意协调系统内外多方面的关系,力争形成有效组合,尽量减少内外摩擦,从而获得最佳营销效果。

7. 数量化原则

策划对于效果的追求,决定了它必须是切实可行的,必须有明确的目标和切实的承诺。策划的各项内容,不仅要有质的规定性,还要有量的规定性。比如对活动规模、预算资金、推出时间、对象估量、频率、市场占有率、预期销售额等,都需要有明确、严格的数量规定,这是策划方案的科学性的证明和标志。缺乏数量规定性的策划方案不可能是科学的方案,也无法执行。这就是策划的数量化原则。

8.可行性原则

在策划过程中,要注意策划目标及整体方案的现实性和可能性。企业投入是必需的,但要从企业自身实力出发,量力而行。不能一味考虑效果的达成,而不顾企业实际条件的限制。在策划过程中,要适时进行可行性论证。可行性论证不是一般的评估,而是要进行定量和定性分析。分析内容一般有:目标的可行性研究;实现目标所需要的内外部条件的科学性分析;对具体方案的可行性研究;对广告的分析研究。总之,在策划过程中,坚持可行性研究是对企业负责、对活动负责的一种体现。策划不是哲学理论,而是一种实在的策略规划,必须是可行的和有效的。

可行性原则要求策划方案能够并易于操作,不能操作的方案,创意再好也没有价值。如果操作过程中出现一系列无法解决的难题,则必然耗费大量的人力、物力和财力,也使管理复杂化。所以,策划必须面对现实,将需要与可能统一起来,设计出务实的、操作性强的方案。

9.灵活性原则

由于市场环境瞬息万变,难以作出准确估计,即使是最完美的策划方案,也会因市场的变化而不得不加以调整。不仅是营销策划,任何策划都需要随着有关条件的变化而不断修改、调整。世界上不存在一成不变的计划。因此,策划必须坚持灵活性原则。策划方案一出台,就要对进展情况、消费者态度、竞争对手反应以及市场变化等进行密切监视,及时收集反馈信息,并以定期检查的管理体制作为组织上的保证。一旦市场环境与经营条件发生变化,使实施中的方案受挫,难以实现预期效果,就应尽早作出调整和改变,或转用其他预备方案,甚至准备拟制新方案。不难看出,坚持策划的灵活性原则的关键:一是实施方案时保持适当弹性;二是要预先制订若干预备方案,有备方能无患。

在灵活机动上,网络独具优势,但是不能因此就忽视先前的策划。如果没有成熟的策划方案,只靠事到临头随机应变,就走向了另一个极端。

灵活性原则的另一个含义是具体问题具体分析。一个企业有自己的特点,一种产品有一种产品的特点,一方销售区域也必然有其地域上的特点,更加重要的是网络媒体也有网络媒体本身的特点。强求一致,显然难以达到。因此,针对不同的具体情况策划不同的营销方案,是十分必要的。

10.保密性原则

策划方案当然要让与营销活动有关的各部门知晓,并在企业全体人员中加强沟通,但是对外则要坚持保密性原则。商场如战场,特别是要防止策划方案流入竞争对手手中。因为营销方案一向被视为商战的大型武器,一旦方案泄露,为竞争对手所得,其势必采取相应对策,攻我所短、制我所长,令我方目标落空,这会给企业带来难以估量的损失。因此,在策划过程中,一定要做好保密工作,尽量在制度、人员两方面都有所约束,这一点十分必要。对于网络营销策划而言,更需强调保密性原则。

上述10项原则既是一般策划的原则,也是网络营销策划必须遵循的基本原则。除此之外,网络营销策划还必须坚持合作的原则,即与其他营销渠道相互配合。

9.2.2　网络营销策划的层次

目前中国企业的网络营销策划大致可分为三层。

1. 信息应用层策划

这是最简单、最基本的一层。在这个层次上,企业主要通过网络来发布信息,并充分利用网络优势与外界进行双向沟通。在这个应用层中,不需要企业对信息技术有太多的了解,只使用最基本的功能。比如,通过发 E-mail 与客户进行沟通、交流,定期给客户发各种产品信息邮件、产品推荐邮件、电子刊物等,加强与客户的联系;建立企业网站,将企业及产品、服务的介绍信息放在上面,再配以精美的图文,供访问者浏览。

2. 战术营销层策划

(1)网络营销调研

利用网络在线调研可以轻松地完成大量复杂的调研工作,能够充分满足各种统计数据的要求,提高营销调研的质量。使用电子问卷可以大大减少数据输入工作,减少了错误,缩短了调研时间。

(2)网上销售

数以万计的企业在网上"安营扎寨",销售种类繁多的产品。网上销售是一种信息时代的销售手段。

(3)营销战术系统

它主要包括管理库存的子系统,宣传产品、维护网站的子系统,以及回复用户意见、收集反馈信息的子系统等。决策者们利用网上的这些分析工具,进行各种各样的决策活动。

3. 战略营销层策划

这个层次是建立在战术营销层基础上的,它将整个企业的营销组织、营销计划、营销理念等完全融入网络,包括依靠网络制定方针、开展战略部署、实现战略转移、缔结战略同盟等战略决策。

9.3　网络营销策划的内容和步骤

9.3.1　网络营销策划的内容

策划的内容是策划要做的工作,要解决的问题。一般而言,网络营销策划应该完成若干工作内容,下面以模板的形式进行介绍。

1. 前言

(1)本案策划目的。

(2)整体计划目标。

2. 网络营销环境分析

(1)市场环境分析。

(2)企业形象分析。

(3)产品分析。

(4)竞争分析。

(5)消费者分析。

3.SWOT分析

(1)营销目标和战略重点。

(2)产品和价格策略。

(3)渠道和促销策略:

①门户网站的建立;

②网站推广方案。

(4)客户关系管理策略。

4.网络营销方案

5.实施计划

6.费用预算

7.方案调整

网络营销策划案样本

一、方案封面

××××全程网络营销方案。

二、方案目录

将方案中的主要项目列出。

三、方案内容

1.客观环境

(1)宏观环境:政治环境、法律环境、经济环境。

(2)区域环境:社会文化环境、技术环境、自然环境、人口环境。

(3)上述环境现状及趋势所带来的机会与威胁。

2.竞争对手基本情况

(1)竞争对手概况:市场占有率、销售额、利润等经济指标。

(2)销售理念及文化:公司哲学、共同价值观、经营方针、经营风格、企业使命、目标等。

(3)策划项目概况。

3.市场分析

(1)市场调查。

(2)市场研究:研究题目、研究方法、研究结果(数据、图表)。

(3)市场规划。

(4)市场特性。

(5)竞争对手排序:上位、同位、下位竞争对手(以市场占有率或销售额为依据)。

(6)竞争格局辨认:是否形成市场领导者、挑战者、追随者、补缺者等。

(7)主要竞争对手的市场表现、营销方案、竞争策略、竞争优势等。

(8)本项目的营销机会。

(9)周边同类项目市场分析:特定区域行业市场规模及其趋势、特定区域行业市场结构、特定区域行业市场环境形势。

(10)项目综合市场分析:市场占有率、销售额等行业市场统计数据。

(11)项目优劣势分析:总体上的优势与劣势,在市场营销方面的优势与劣势,在市场营销上做得最好的与做得最不好的方面,在市场营销上最擅长、最成功的方面或领域。

(12)市场机会点与障碍点。

4.项目定位

(1)项目定位点及理论支持。

(2)项目诉求及理论支持。

5.市场定位

(1)主市场(目标市场)定位及理论支持点。

(2)副市场(辅助市场)定位及理论支持点。

6.网络用户情况

(1)用户分类/分布。

(2)用户特点:这些用户是什么样的;他们怎样生活、怎样接受相关服务?

(3)用户数量。

(4)用户消费行为/心理:购买动机,在购买过程中寻求何种特性;购买过程及购买前的影响因素。

7.营销活动的开展

(1)营销活动的目标。

(2)目标市场。

(3)面临的问题。

(4)竞争策略、竞争优势、核心能力。

(5)营销定位(竞争差异点的确定)。

8.营销策略

(1)企业战略规划,包括品牌与包装规划。

(2)价格策略:

①定价思路与价格确定方法;

②价格政策;

③价格体系的管理。

(3)渠道策略:

①渠道的选择;

②渠道体系建设/管理;

③渠道支持与合作;

④渠道冲突管理。

(4)促销策略:

①促销总体思路;

②促销手段/方法的选择;

③促销概念与主题;

④促销对象;

⑤促销方案/计划、广告计划、广告策略、广告脚本;

⑥促销活动过程;

⑦促销活动效果;

⑧促销费用。

(5)营销活动策略:

①活动时机;

②应对措施;

③效果预测。

9.营销/销售管理

(1)营销/销售计划管理。

(2)营销/销售组织管理:

①组织职能、职务职责、工作程序;

②职员招聘、培训、考核、报酬;

③销售区域管理;

④营销/销售人员的激励、督导、领导。

(3)营销/销售活动的控制:

①财务控制;

②商品控制;

③人员控制;

④营销/业务活动控制;

⑤营销/业务活动控制指标、方法以及使用的表格。

10.销售服务

(1)服务理念、口号、方针、目标。

(2)服务承诺、措施。

(3)服务体系:组织结构、职责、程序、过程、资源等。

(4)服务质量标准及控制方法。

11.总体费用预算

12.效果评估

根据以上方案,我们可以将网络营销策划的内容汇总如下。

网络营销策划方案

1.目标策划

所谓目标,是指企业通过本期或本次活动要得到的结果。目标分为两种:一种是直接目标;一种是间接目标。所谓直接目标,也叫心理目标,是直接作用及影响,它表现为知名度、认知度、信任度、偏爱度等;间接目标是经济目标,是指企业层面的营利目标和营销层面的销售目标,它表现为销量、销售额、市场占有率等。间接目标只有通过直接目标才能实现。直接目标依靠活动本身方可达成。间接目标的实现容易受其他因素的影响,如供求状况、价格因素、产品质量、其他促销手段的配合等。单方面因素无法保证经济目标的实现,因此所谓合理地制定目标即目标策划,应该结合市场营销的多方面因素,对活动能够达成的心理目标进行规定和策划。目标策划有以下三方面的要求。

(1)时间要求

活动应为有目的、有计划的活动。没有时间限定的活动势必是空洞和不切实际的。

(2)多重性要求

企业营销也会有远期目标、近期目标、即时目标等,目标应该是多重的,不止一个。因此,

在表述上就要标明其多重性。

（3）量度要求

目标无论是心理目标，还是经济目标，都要以量化形式表现出来，力求精确。越是精确越会给人以信心。

网络营销策划在目标的制定上与一般策划完全一样。只是网络营销策划目标的实现，更需要其他手段的配合协作。因此，网络营销的目标策划应纳入企业整体目标的策划中。

2. 对象策划

营销对象即企业在市场营销战略中确立的目标市场，也就是产品的潜在顾客，它是细分市场的结果。企业要找到属于自己的策划对象，就要认真研究市场。经过市场细分，基本确定了对象之后，就要深入调查和分析这些消费者与活动相关的情况，如性别、年龄、职业、文化、爱好、收入、家庭环境、生活方式、思维方式、购买习惯、消费心理、平时接触媒体的习惯等，然后将所得的结果用文字明确表达出来。

在对象策划中常犯的毛病是对象不明确、不具体，这样易造成无的放矢。因为关心企业商品的只可能是一部分人，在茫茫人海中找出这部分人来绝非易事，只有找到他们对症下药、有的放矢，才会收到好的效果。

策划中另一个常见病是对营销对象的了解不够深入，缺少详细的调查。抓不到对象的关注焦点，就挠不到痒处，无法与之达成有效交流并引发共识，也就无法实现策划目的。随着网络技术的进步，通过技术手段了解和细分对象已具有现实可操作性。要做好网络营销，就得重视对象策划，以准确找到顾客群，拓展企业的市场，提高竞争能力。

3. 地区策划

所谓地区策划，是指企业准备在哪些地区面向顾客进行营销活动，或者说要覆盖哪些地区。地区与营销市场是密切相关的，两者之间最好是一一对应的关系。在进行地区策划时，必须对下列各项进行研究分析：

①在该地区同类产品的知名度；

②同类产品在该地区的普及率或市场占有率；

③购买者层、使用者层及其对产品的关心程度、购买动机、购买情形等；

④本企业产品在该地区的市场占有率；

⑤消费者对本企业产品及竞争产品的评价；

⑥该地区竞争产品的推广可能性以及本企业产品达到的销售数量；

⑦有哪些销售的阻碍；

⑧把重点放在什么地区，其比重如何分布；

⑨占有率较低的地区在何处，为何低，解决的可能性如何。

上述条件因地区不同，可能会有很大差距，操作中应细致分析、认真研究。网络的覆盖范围极广，然而地域范围太过宽泛会使地区策划难以进行。好在一对一的网络宣传模式一定程度上弥补了地区策划的劣势。

4. 时间策划

时间策划包括四个方面的内容。

①时间策划，即从什么时间开始，到什么时间为止；是集中时间迅速造成声势，还是细水长流、反复持久；是抓住销售旺季，还是利用节假日，这些都属于时间策划范畴。

②时序策划，即营销活动安排在商品进入市场之前，还是安排在商品进入市场之后，或是尽量保持同步；是先安排提示性广告，还是先安排详情广告；是先上电视，还是先上专业杂志，这些都属于时序策划范畴。

③时点策划，即开始的具体时间。

④频率策划，即在一定时限内进行营销的次数。频率的变化方式大致有五种，即水平式、递进式、递减式、交替式与波浪式。水平式是指每一时段内（如每月、每季度、每年）的营销次数相同；递进式是指每一时段内的营销次数逐渐增加；递减式是指每一时段内的营销次数逐渐减少；交替式是使两个成比例的频率交替出现，如在某电视连续剧中插播广告，第一天播两次，第二天播一次，第三天再播两次，第四天再播一次，如此循环往复；波浪式是由递进式与递减式结合而成，营销次数先是逐渐增加，到一定限度之后，再逐渐减少至起始水平，然后再重新开始另一循环。

5. 战略策划

营销战略策划不研究营销活动的每一环节和每一步骤，它是对活动的全局性指导思想的谋划。因此应该充分注意营销的战略策划。

网络营销战略策划的主要任务是配合整体营销，为企业提供高屋建瓴的战略思想指导。根据目标市场情况运用的战略有市场开发战略、市场渗透战略和集中优势战略；根据产品分析运用的战略有优势产品战略、产品生命周期战略和产品系列化战略；根据实际情况运用的战略有全方位战略、多媒体战略和集中战略。实战中常见的战略有集中进攻战略、侧翼进攻战略、封锁战略、迂回战略、游击战略、阵地战略等。总之，战略问题是关于整体思路的设计，是心力、智力、魄力、实力的综合体现。

战略是个很大的问题。网络营销策划要纳入企业的整体策划，要融入企业的营销战略中，接受其指导，并无条件地与之保持步骤协调，共进共退。在这个意义上，网络营销策划就不能不考虑战略策划问题，而且应将其放在足够的高度予以重视。

6. 战术策划

和战略策划相比，战术策划就是一个十分具体的内容，如实证法、印证法、引证法、反证法、悬念法、诱导法、比较法、征询法、提示法、夸张法、承诺法等。实战中具体采用哪一种或哪几种方法，需要从整体策划的角度来考虑，经过充分论证之后择善而行。所有战术都可为网络营销策划所用，但不一定都是合适的。因此，要创造性地使用已有战术，创造出更加适合网络营销的属于自己的独有战术，只有这样才能在激烈的竞争中立于不败之地。

7. 主题策划

主题策划是通过分析产品及市场，为企业的活动确定一个重点，该重点就是主题，通常也叫卖点。主题有舒适、漂亮、优雅、经济、时髦、美味、健康、聪明等。主题策划不能离开产品、离开企业抽象地谈论主题，这样不利于主题的确立。主题应该是具体的、切实的，是建立在广泛调查和科学研究的基础之上的。主题不能求多求全、面面俱到。说得越多，越不能给人以突出的印象。最好的办法是只强调一个，这样既容易说又容易记。

主题在内涵把握上要深入准确，在表述的形式上要明快清晰。主题还应该是统一的，这有两重含义：一是说主题要和产品定位、市场定位相吻合，要无悖于企业营销的统一战略思想；二是指同一产品或同一企业应保持主题的一致性或连续性。最重要的是，主题应贴近潜在顾客的消费心理，能引起他们的充分注意，并促成他们的购买行为，从而实现营销目标。曾有人说，主题策划就是为消费者寻找购买理由，因此充分重视消费心理的研究显得十分重要。策划者应该从引起注意、刺激欲望、加深记忆、坚定信心等方面多加考虑。

总之，主题是灵魂，因此主题策划应该力争建立在科学的基础之上，慎重从事。网络营销策划同样有确定主题、进行主题策划的问题。在这一点上，它和一般的营销策划完全一样。而且因为网络具有信息量大的特点，所以更应突出主题策划。

8. 媒体策划

网络本身就是媒体，因此所谓的媒体策划除了网络还包括与其他媒体的配合。如果就网络来谈论媒体策划的话，应该考虑在网络上如何选用、搭配不同的营销方式。如网幅广告、简明的分类广告、多文字的详情广告或带画面的提示广告等应该怎样选择、怎样搭配，怎样在不同的站点综合运用等，这些都是很细致、很有讲究的工作。要想做得好，就得认真分析研究才行。网络媒体策划在选用不同网站以及不同广告形式时，应该考虑点击率、应时性、保存性、易受性、效益性等内容。

9. 预算

预算是提前计划为策划活动支付的费用。它是策划的重要组成部分之一。实际操作中有两种情况：一是根据预算来制订计划；二是根据计划来制订预算。从效果方面说，应该以后一种情况为好；但从企业实际情况，特别是资金受限情况看，前一种方法更为常见。

10. 效果测评策划

在策划阶段，应该预先考虑营销策划的效果如何测评的问题，这就是效果测评策划。如果策划的结果是无结果或亏损，企业是不会将资金投入到这样的策划活动中去的。网络营销策划是企业整体策划的补充，因此所有网络营销策划的问题都应该是企业策划的问题。

9.3.2　网络营销系统

1. 网络营销系统的组成

企业开展的网络营销是一项系统性工程，它需要企业调动人力、物力和财力等资源进行系统的组织。网络营销系统的组成主要包括基于网络的企业管理信息系统、网络营销站点和企业经营管理组织人员。

2. 网络营销系统的功能

网络营销系统作为电子商务系统的有机组成部分，包括这样几大功能：信息发布与沟通、数据的传输、网上支付与结算、货物配送以及网上售后服务。

3. 网络营销系统的开发

网络营销系统的开发和建设涉及很多企业、部门和环节，因此必须遵循一定的开发方法和建设步骤，需要认真地策划。

9.3.3　网络营销策划的步骤

网络营销策划作为营销策划的一部分，其操作流程和步骤与营销策划基本上是一致的。但由于其是通过网络这一虚拟平台进行的营销策划活动，所以在具体内容上与传统的营销策划又不尽相同。

1. 确立策划目的

策划目的部分要对本次网络营销策划所要实现的目标进行全面的描述。既然投入大量的人力、物力和财力进行营销策划，就要解决一定的问题。企业的网络营销策划目的一般有以下几种：

①企业还未涉足网络营销，尚无一套系统的营销方案，因而需要根据市场特点策划出一套可供遵循的网络营销方案；

②企业发展壮大，原有的网络营销方案已不适应新的形势，因而需要重新策划；

③企业经营方向改变或调整，需要相应地调整网络营销策略；

④企业原有的网络营销方案严重失误，需要对原方案进行重大修改，或重新设计网络营销方案；

⑤市场行情发生变化，原有的网络营销方案已不适应变化后的市场；

⑥企业在总的网络营销方案下，需要在不同的时段，根据市场特征和行情变化，设计新的阶段性方案。

2. 拟定营销策划计划书

（1）策划的进程

策划的进程大致有四个阶段。

①准备阶段。这一阶段是为正式策划作前期准备，包括物质准备、人员准备和组织准备等。这一阶段时间不宜太长。

②调查阶段。这一阶段是为正式策划收集资料。

③方案设计阶段。方案设计是基于大量调查，借助理论知识和实践经验所进行的思考和创意过程，这是营销策划的核心。

④方案实施阶段。策划方案实施阶段的时间长短，由营销方案的性质来定。营销方案有两种：一是企业的营销战略方案，该方案涉及企业的全局营销，其实施阶段的长短要根据预期市场和产品状况来决定；另一种是企业的营销战术方案，该方案仅涉及企业某一次、某一段时间或某一方面的营销活动，其实施阶段的长短由活动的目的和性质而定。

（2）预算策划经费

一般而言，用于策划的费用包括以下几项：市场调查费、信息收集费、人力投入费、策划报酬等。

（3）效果预测

在拟定营销策划计划书时，必须对营销策划方案实施后的可能效果进行预测，主要包括两部分：

①预测直接效果，即预测方案实施后可能产生的直接经济效益；

②预测间接效果，即预测方案实施后企业可能因此而提高的知名度、美誉度等。

3. 编写策划方案

编写策划方案的过程，实际上与策划的过程是重叠的。策划方案不可能凭空而来，也不可能一挥而就。随着策划人员在市场调查与研究的基础上，对最初策划思路的不断修改、完善，策划方案也逐渐成形并接近它的最终形式。因此可以说，策划的全过程就是针对企业营销中存在的问题和所发现的市场机会，提出解决问题的战略方案和战术方案（根据策划的目的，可能是战略性的规划，也可能是一项具体工作的行动方案），并进行实施的过程。

4. 实施方案

经过企业决策层的充分论证(一般为战略策划)或批准(多是战术策划),最终定稿的策划方案即成为网络营销活动的指导纲领,经过细化后成为企业不同阶段的努力目标与行动计划,指导企业的网络营销活动。

5. 测评效果

方案实施后,就应对其效果进行跟踪测评。测评的形式主要有两种。

(1)进行性测评

这是在方案实施过程中进行的阶段性测评,其目的是了解前一阶段方案实施的效果,并为下一阶段更好地实施方案提供一些建议和指导。

(2)终结性测评

这是在方案实施完结后进行的总结性测评,其目的是了解整个方案的实施效果,为以后制定营销方案提供依据。

总的来说,我们可以把网络营销策划归纳为以下几步:

①明确方案要解决的问题是什么,执行方案后要实现什么样的目标,能创造多大的价值;

②谁负责策划方案的创意和编制,总执行者是谁,各个部分由谁负责实施;

③执行方案时涉及哪些关键点,推广中存在什么问题;

④为什么要提出这样的策划方案,如何执行;

⑤时间是怎样安排的,营销方案的执行需要多长时间;

⑥各系列活动如何操作,如何及时解决在操作过程中遇到的新问题;

⑦实施方案需要多少资金、多少人力(这犹如打仗,要做到精打细算)。

案例分析

品牌网站网络营销策划方案

绝大多数企业网站只是信息发布平台:对内有助于企业管理,对外是展示企业及其产品、服务的窗口;或者加上电子商务功能模块,以便更好地促进销售。但是,这样的网站是否切实支持了品牌的传播与深化呢? 有一些做得比较好的网站,比如可口可乐、耐克等,在互动方面有所改进,页面设计也更为吸引人。但是其实质并没有很大变化,无非是弱化企业,以品牌为直接载体,尚未完全为品牌服务。为便于说明,以下我们将这类传统网站统称为企业网站,以区别于我们提出的"品牌网站"概念。品牌的传播应该面向所有的关系利益人,从企业内部的员工到外部的消费者,从上游的供应商到下游的客户,从相关政府机构(工商、税务)到其他社会公共组织都是品牌的关系利益人。

品牌好比生存于一个大的生态圈中,我们应该利用一切可用资源,整合相关信息,持续地打造品牌,建立品牌资产。由此,我们提出构建品牌网站的设想。这一网站摆脱传统企业网站的模式,创造一种品牌运作的全新理念,配合整体品牌营销战略,实现深化品牌传播的目的。网络的发展为品牌的整合传播开辟了一条新途径。网络的最大优势在于快速、便捷、低廉、高效,且具有互动性。如今上网的人越来越多,信息传播面广,传播速度快。我们可以充分利用这些特点,为品牌服务。品牌网站以独特的网站风格、主题突出的栏目内容,体现品牌核心价值。通过这个以品牌传播为导向的网络平台,访问者可以亲身体验、感受产品,获得对品牌核心价值的感性认识,进而接受、认同产品,最终产生购买行为。品牌网站主要具有以下作用。

①品牌网站可以提升、拓展品牌的形象、价值及外延。

②品牌网站能够提供亲切的"客户关系管理",包括普通来访者、消费者,以及生产经营活动价值链上各环节的相关者。

③品牌网站是实现线上推广的根据地。一方面,它可以配合广告、公关、促销等营销方式开展系列营销活动;另一方面,网站本身就是一个互动的平台,有关活动的反馈沟通可在网站上实现。

理想的品牌运作应整合所有资源、信息,以品牌核心价值为基点展开,以完满体现品牌核心价值为目标,确保品牌传播的一致性、持久性,实现品牌在消费群体中的内化,最终获得更大的市场份额和更强的竞争力,以及品牌长远、稳定的发展。

1.网站推广计划

(1)全面登录搜索引擎

统计表明,网站60%的访问量来自各大搜索引擎,因此品牌网站科学登录各大搜索引擎,是进行网站推广的首要步骤。

(2)参加许可邮件营销

邮件营销是快速、高效的营销方式,但应避免成为垃圾邮件广告发送者。开展可信任的许可邮件营销,向目标客户定期发送邮件广告,是有效的网站推广方式。此外,建设自己的邮件列表,定期制作和更新品牌网站电子杂志,向会员俱乐部的会员和其他订阅用户发送,能有效地联系网站访客,提高用户忠诚度。

(3)投放网络广告

网络广告是投入较大,效果也较为明显的网站推广方式。广告投放对象的选择要符合网站访问群的特征,并根据网站不同推广阶段的需要进行调整。网络广告主要分为网站广告和即时通信广告两种。

(4)网站互动推广

策划开展网站互动活动是有效的网站推广手段,且能提高访客忠诚度,持续深入地传播网站和品牌。可由网友自发开展各类户外活动,由网站提供物质支持和奖励,引导网友创新各种有意思的玩法。创意可以作为广告题材,为品牌所用,并奖励提出创意者,这有助于吸引更多的人参加活动,从而扩大影响。

(5)会员制营销

注册成为网站会员俱乐部成员,可用奖励积分兑换网站纪念礼品。

(6)信息发布

有偿信息发布是有效的网站推广方式,主要分为网络媒体信息发布和专业信息发布平台的信息发布两种。

(7)媒体合作

网站要推广,宣传报道不可少。品牌网站可与线上线下媒体展开充分合作,撰写公关文稿,使媒体关注网站发展动态。

(8)网站合作

同其他网站进行各种合作是效果明显的网站推广方式,可以借合作伙伴的力量促使品牌网站的系列活动有效开展。此外,扩大网站外部链接活力,能增加网站的搜索引擎曝光率,获得理想的排名。

2. 品牌网络传播计划

(1)网站图标、横幅有奖征集

某品牌网站新近推出,为使网站形象贴近大众、深入人心、富有新意,现向社会公开征集网站图标、横幅设计方案,欢迎关心网站的广大网络工作者、美术爱好者踊跃参加。征集细则如下:

征集内容:①征集网站横幅一套;②征集网站图标设计稿。

征集要求:①横幅设计要求加入网址,主题词琅琅上口,体现网站品牌特色;②网站图标设计要求既具有品牌的特点,又醒目、富于时代感。

投稿方式:所有参选作品均通过 E-mail 提交,投稿内容含作品、文字说明、作者详细联系方式等。

奖项设置:一等奖 1 名,奖励现金 5000 元;二等奖 2 名,奖励价值 2000 元的纪念礼品;纪念奖若干名,奖励价值 300 元的纪念礼品。

(2)网络护绿计划

为培养网友维护生态平衡的观念,某品牌网站将以省市一级为单位,开展网络护绿计划。主要思路如下:联合地市学校、团委、政府机构、绿化委员会等单位,开展认养小树活动,并制作铭牌;认养人定期给小树拍照,上传到网上进行评比;由网站定期选出护绿明星,给予奖励。此活动可长期开展,并逐步由小范围扩展到全国范围内,主要针对对象是热爱大自然的网友。

(3)会员俱乐部

会员俱乐部将成为一个线上线下互动的组织。只要成为俱乐部成员,就可以参加俱乐部和网站定期推出的各种活动;参与活动可获得会员积分,达到一定积分后可以进行星级评定,还可兑换由品牌网站提供的纪念礼品。

(4)全国网络小说有奖大赛

品牌网站组织开展以"×××的故事"为主题的全国网络小说有奖大赛,旨在推广网络原创文学,为众多爱好文学的朋友提供一展才华的网络空间,让更多的网友汲取丰富的文学营养,互帮互学,共同提高。同时促进品牌的传播,在网友中展开品牌联想,扩大品牌的知名度和影响力。

为了突出"网络文学"的特点,所有稿件均要在网站上发表,以网友的访问次数、跟帖评语作为初评的依据;通过初选进入复赛的文章,将由专业人士进行评审;优秀文章将被推荐到有关报纸上发表。

3. 网络市场调研计划

网络市场调研也是网络营销的基本职能之一。与传统市场调研方法相比,利用网络进行市场调研有很多优点,主要表现在缩短调研周期、节约费用、不受地理区域限制等方面。因此,网络调研成为一种不可忽视的市场调研方法。从市场调研的程序上来说,网络调研与传统的市场调研没有本质的区别,只是采用的信息收集方式有所不同,通过在线调查表或者 E-mail 等方式来完成调研。相对传统市场调研而言,网络调研常用于产品调查、消费者行为调查、品牌形象调查等,是获得第一手市场资料的有效调查工具。

(1)调研内容(主题)

①网络市场情况调查。

②主要竞争个案调查:竞争个案背景、规划、管理模式、销售策略、宣传策略、销售现状等。

③客户调查:客户分析、客户关系整理等。

(2)调研形式

在市场调研的整个过程中,收集市场信息的工作量最大,耗时最长。网络为获得第一手资料提供了良好的途径。

①在线调查表。在品牌网站或其他合作调查网站上设置调查表,访问者在线填写并提交到网站服务器。若其留下自己的真实姓名和联系方式,将获得一定的奖励。这是网上调查最基本的形式,广泛应用于各种内容的调查活动中,它实际上是问卷调查方法在网上的延伸。

②E-mail调查。合理设计品牌网站调查表单,将设计好的调查表直接发送到被调查者的邮箱中,或者在E-mail正文中给出一个网址链接到在线调查表页面。这种方式在一定程度上可以对被调查者加以选择,并节约被调查者的时间。若调查对象选择恰当,往往可以获得相对较高的问卷回收率。

③海量数据库搜索调查。根据调查内容的需要,如进行竞争个案背景、规划、管理模式、销售策略、宣传策略、销售现状等的调查,可通过网上的海量数据库搜索调查来实现。在调查之前,根据品牌网站战略发展规划的需要,设计竞争个案调查参数指标,并逐项展开海量数据库搜索调查。

④会员数据库分析调查。品牌网站通过网站推广工作的实施和会员俱乐部的经营,将会有为数可观的俱乐部会员和其他网站数据,这些对于网上目标客户调研、客户分析以及客户关系整理均有重要意义。在进行会员数据库的分析之前,要做好会员资料的收集整理工作,并根据客户关系管理需要进行取舍和增删,为科学进行调查分析作好准备。

进行品牌传播是企业开拓新市场、稳定市场占有率的有效方法,也是众多国内企业在营销中不遗余力在做的一件事情。

案例思考题

1. 品牌网站网络营销策划方案的整体目标是什么?

2. 在对客户进行调查时,除了策划方案中的方法之外,你认为还可以使用哪些方法?

3. 你认为对于品牌网站较为有效的网站推广策略是什么?

思考题

1. 什么是网络营销策划?它与传统的市场营销策划是否存在区别?

2. 网络营销策划的种类有哪些?

3. 网络营销策划的原则是什么?哪些是企业进行网络营销策划时必不可少的?

4. 网络营销策划的内容和步骤是什么?

第 5 篇

策 划 篇

第 10 章

品牌传播策划案

10.1 营销任务

康师傅茉莉饮品在某地区上市,要求扩大消费人群,进行全国品牌推广。

10.2 营销环境分析

1. 产品定位

康师傅茉莉饮品的产品定位是享茉莉清香,品生活新味。除了"清新优雅"之外,还可在其中加入时尚、活力、轻松、惬意等元素,以满足消费者的各种需求。

品牌调性:悠闲惬意、温馨亲切、时尚有品位、轻松自在。"清新优雅"作为康师傅茉莉清茶的基本色调,体现在茉莉清茶的各个方面且被消费者所认知。

2. 目标群分析

目标群:15～28 岁的大学生(兼顾白领)和一些"心态年轻"的人,他们受过良好的教育,乐于在娱乐、社交、旅行中花钱。

(1)目标群活动特点

①喜欢和朋友或同学去吃快餐、唱歌。

②经常在网上浏览信息、聊天及下载音乐。

③喜欢逛商店。

④喜欢玩电脑游戏,崇尚享乐主义。

⑤喜欢参与新体验,追求新潮流。

⑥有冒险精神,认为想成功就要承担风险。

(2)饮料购买情况

这些人在休闲时,在城市、效区甚至农村有超市或小卖部的地方,只要有需要都会随时购买饮料。

(3)媒体接触习惯

①看娱乐节目、体育比赛和电影等。

②常常上网收集信息、听/下载音乐,使用 QQ、微信聊天。

③常常看有关音乐、娱乐、数码、体育或流行、时尚类信息。

④在闲暇或周末外出时听音乐或看娱乐节目。

10.3　营销目标

通过网络宣传扩大消费人群,提高市场销量。

1. 策划思路

QQ 用户中 16～30 岁的人群占 80％以上,与康师傅茉莉饮品系列理想的品牌支持者达到 100％重合。QQ 的用户特质是追求时尚的同时对生活质量有相当高的要求。这与目前茉莉蜜茶的消费群体极为吻合。本次品牌传播可针对学生,在开学期间结合学生群体关注的热门话题进行炒作,传递康师傅茉莉饮品清新优雅的品牌个性,提升品牌知名度。腾讯地方网是强势网络媒体,覆盖密度高,价格低,具有极高的性价比。

2. 创意出发点

活动中传递的信息必须符合品牌个性;活动形式必须便于所有广告资源的曝光;线上活动必须能与线下活动相结合。

10.4　具体策划方案

1. 网络营销方案 A

(1)线上部分:我的校园——我来 SHOW

在网上开展首届康师傅茉莉清茶校际风尚节,比比谁的校园最优美、谁的校园最有趣,倡导优雅的校园生活。

①校园情趣生活图片大征集。无论是自己原创的还是身边发现的,只要你觉得自己的校园足够美丽,自己的校园生活情趣十足,用图片怎么 SHOW 都行! 每周评选一次,每天根据点击和回帖量进行自动排名。

②校园生活随笔。用心感受时尚有趣的校园生活,试着表达对生活的点滴感悟,讲述在校园的某个地方发生过的趣事。由网友填写校园生活随笔,传给自己的好友、同学、老师分享。

③作品要求。图片要有生活情趣,能代表学校的风格、个性等。文字只要讲述与校园有关的趣事和心情感悟即可。可在上传图片时附随笔,也可在文字区用纯文字讲述校园趣事。

康师傅茉莉清茶活动营销过程如图 10-1 所示。

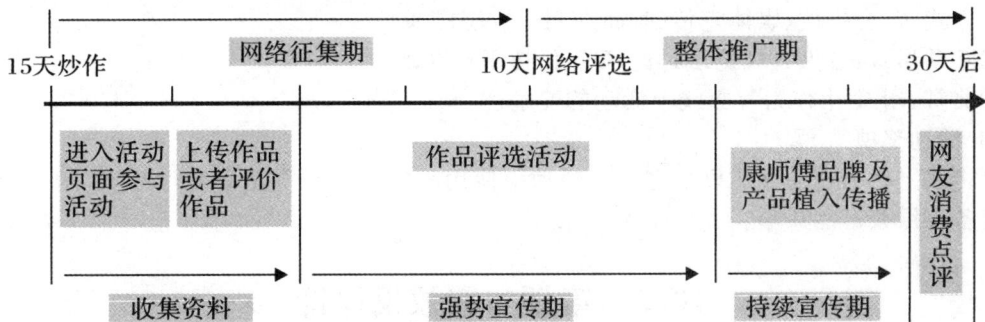

图 10-1　康师傅茉莉清茶活动营销过程

(2)开展风尚大使选拔赛

①任务:联络组织各个学校参与本次活动,促进学生关注活动内容,并营造学校间比赛的氛围。

②选拔:学生在网上按校区自愿报名(限大三或大四的学生),填写详细的个人资料信息,经过筛选和面试后,每个学校最终选定一人。

③奖赏:向授予"茉莉风尚大使"荣誉称号的学生颁发聘书,并奖励电话充值卡及 10 箱饮料;经过本次活动的考评,成绩优异者,可直接参加康师傅年度招聘的面试,同等条件下优先录取。

(3)线上线下整合互动活动

①在各校开展网上优秀作品的巡展。

②举办迎新晚会、各院系文艺表演等活动。

具体执行计划如表 10 - 1 所示。

表 10 - 1　具体执行计划表

造势期(80%)	执行期(10%)	延续期(10%)
①80%的资源集中在前 15 天的炒作上,广泛覆盖目标消费群,强势推出网络优势资源; ②前期告知,加入报纸、校园 BBS、电台的炒作; ③在学校进行前期海报宣传造势; ④选择上传大量图片,引起话题,覆盖前期确定的学校	①将参与学校提交的作品直接转化为推广素材; ②在线上营造比拼氛围; ③线下落地活动要成为开学期间的一个关注热点; ④时尚报刊联合网络媒体持续报道活动内容	①公布获奖名单; ②刊登优秀获奖作品; ③总结活动,延续话题,为明年再次开展活动奠定基础

2. 网络营销方案 B

(1)活动主题:首届大学生环保袋 DIY 设计大赛

①方式:软广告,包括话题炒作+论坛发帖+互动参赛+校园传播。在活动全程,根据活动内容制造学生关注的话题,借助"首届大学生环保设计"引起社会关注。

②目的:表现品牌的时尚、年轻化。

③合作伙伴:时尚周刊。

④表现方式:搞笑、时尚的创意设计和分享传播。

(2)硬广告投放:茉莉绿茶主背景+活动主题

①方式:广告投放、媒体宣传(时尚周刊+校园广播)。

②互动形式:各大人气论坛讨论;QQ 传播平台互动。

③奖赏:用 Q 币作为每天线上活动的奖励。

(3)活动奖项

可将线上优秀作品做成模板在线下活动中使用。按投票数决定获奖作品,奖励名牌户外旅行装备及绿茶产品 4 箱。

10.5　策划方案效果评价

方案实施后,调查了解在以学生为中心的群体中,康师傅茉莉饮品的知名度是否上升,销量是否增加。再配合一些校园活动,掀起康师傅茉莉饮品的购买热潮。

第 11 章

公关活动策划案

11.1　营销任务

湖北格力电器有限公司想扩大格力电器的区域知名度,进一步提升格力品牌形象。

11.2　营销环境分析

企业知名度在业内和国内都较高,开展了很多促销推广活动,有一定的市场份额。要想扩大区域影响,就要采取创新思路,利用目前最受欢迎的网络媒体的参与性和互动性来策划活动,实现营销目标。

11.3　网络营销策划方案

1. 营销目标

通过公益捐助活动吸引眼球。采用网络公共关系活动,选择网民代表参与,树立品牌形象。

目前中国网民人数位于世界第一。庞大的用户数量和用户接触度已经使网络彻底跃升为与传统四大媒体并驾齐驱,甚至超过了传统媒体的重要媒体。网络媒体具有亲和力和互动性强、受众年轻化、费用低廉等特点。网络公共关系活动对于企业品牌影响力来说,有放大效应,具体表现在以下几点。

①受众广泛,传播迅速。传统媒体受众范围不确定,传播范围受时间、空间限制较大。而且企业选择影响力大的传统媒体进行宣传的成本较高,可以选择的传播方式较为单一。网络媒体受众较为广泛,而且多为主动获取信息。

②人际传播更具亲和性,兼具时效性、互动性优势。网络传播类似于口碑传播,信息迅速在各大论坛、即时信息群落间扩散,影响力巨大。

③可以跟踪浏览者行动,通过统计数据准确把握受众信息。传统媒介信息传播的一大弱势,是受众分散且被动。信息发布后,无法得知传播到什么层面、什么程度。而在网络形式下,网民浏览某信息基本出于兴趣或需要而主动进行搜索,加上信息命中率高,所以传播效果好。

2. 网络营销方案的主题

网上有个"多背一公斤"网站(www.1kg.org/public),如图 11 - 1 所示,是由爱聚(北京)

咨询有限公司运营的关注于乡村教育的公益网站。通过提供基于社区的帮扶信息,实现大众的参与,让每个人成为改变社会的力量。

图 11-1　多背一公斤网站页面

结合格力重视公益事业的特点,策划一个主题为"爱心一公斤"的爱心助学活动,吸引广大市民的关注。

一公斤意味着什么? 四五本书、两三件衣服、一包文具?

一公斤也许只是你行李中很小很小的一部分重量。可是,这小小的重量对于一个贫困的学生来说,会是一份珍贵的礼物!

"爱心一公斤"活动由湖北格力电器有限公司与大楚网共同举办。通过网络征集城市志愿者,在大家背负的行囊里多带一公斤的书本、文具,一起走进淳朴乡村,与孩子们面对面交流,为孩子们开一扇看世界的窗。之后我们会将大家的感受和心路历程通过网络与更多人分享,让更多的人参与其中。

第一站,我们将走进鄂东大别山,让一公斤爱心成为"一公斤快乐"。帮助贫困孩子并不困难,您只需要多背负一公斤!

3. 具体安排

湖北日报传媒集团与腾讯集团共同创办"最武汉、最生活"的本土网站,利用腾讯 QQ 的技术,与《楚天都市报》搭建深度互动平台,为湖北受众提供更实用、更贴近生活的资讯服务。该网站以武汉为中心,覆盖湖北全省,共有 1300 万活跃的 QQ 用户。内容定位为本地新闻、消费资讯、生活信息、兴趣社区。利用这一地方门户网站组织实施"爱心一公斤"爱心助学活动,将活动声势做大,扩大品牌的区域知名度。

活动参与人数:50 人,其中包括两个爱心家庭,相关工作人员不算在内。

活动目的地:黄冈市罗田县匡河乡付家庄小学。

活动准备时间:8 月 25 日至 9 月 12 日。

活动开展时间:9 月 13 日(周六)。

活动后续交流时间:9 月 14 日至 9 月 20 日。

打造活动专题页面(图 11-2),详细介绍本次活动的背景、意义、参与条件和办法,并接受网友报名。在 8 月 25 日至 9 月 8 日期间,面向大楚网所有网民广泛招募参与者:7~13 岁的少年儿童(5 个名额,未成年人需在家长陪同下参与活动,并以爱心家庭名义参与);18~50 岁的社会人士(45 个名额)。参与者通过网上报名系统进行报名,需填写相关报名表。除赠送的物资外,需填写志愿服务的种类,包括卫生防疫、引导教育、游戏组织、体育运动、乐器音乐、心理辅导、手工制作等。根据志愿者提供志愿服务的种类筛选志愿者,力求比例平衡。报名筛选在 9 月 9 日完成。

图 11-2 "爱心一公斤"活动宣传页面

9 月 10 日,统一召集筛选出的志愿者,并在格力总公司召开志愿者说明会。一是让大家面对面交流,了解活动流程,给大家提供一个互相认识和沟通的平台;二是对志愿者进行第二次筛选,确定最终参与活动的志愿者。

在 9 月 13 日活动当天,早上 7 点到达汉口西北湖广场,于车内领取并换上统一服装;7 点 30 分整装出发;经过两个半小时的路程,10 点到达匡河乡,然后下车准备;10 点 10 分抵达付家庄小学。经过 20 分钟准备以及与学校领导的沟通,10 点 30 分以升国旗仪式拉开活动序幕。11 点至 11 点 30 分志愿者与老师和学生自由沟通。11 点 30 分至 12 点 30 分与学生共进午餐,我们会为各位志愿者准备干粮,志愿者也可拿出自己准备的食品与孩子们一起分享。

11.4 网络营销方案实施效果

1. "爱心一公斤"爱心助学活动推广效果

采用多种推广方式,吸引更多关注。在大楚网首页、搜索栏旁、新闻页按钮、首页新闻链接、新闻页顶部通栏等位置宣传活动(图 11-3 和图 11-4)。

图 11-3　首页新闻链接

图 11-4　新闻页顶部通栏的宣传信息

新闻中心顶部通栏广告曝光次数、点击次数及点击率如表 11-1 所示。

表 11-1　广告流量统计表 1

广告商	广告形式	日期	曝光次数	点击次数	点击率
格力	新闻中心顶部通栏	9 月 1 日	72275	335	0.46％
		9 月 2 日	46384	145	0.31％

　　"爱心一公斤"爱心助学活动在大楚网选择的广告位均属于优势广告位，不仅在曝光率极高的首页（图 11-5）和内容页第一时间将信息展现给湖北所有 QQ 用户，更在专题页面中以最明显、最直观的形式将内容传达给网民，极大地积累了人气。新闻中心右侧按钮广告曝光次数、点击次数及点击率如表 11-2 所示。

图 11-5　网站首页的广告信息

表 11-2　广告流量统计表 2

广告商	广告形式	日期	曝光次数	点击次数	点击率
格力	新闻中心 右侧按钮	9 月 8 日	361566	1012	0.28%
		9 月 9 日	315926	790	0.25%
		9 月 10 日	301369	633	0.21%

首页全屏广告如图 11-6 所示。

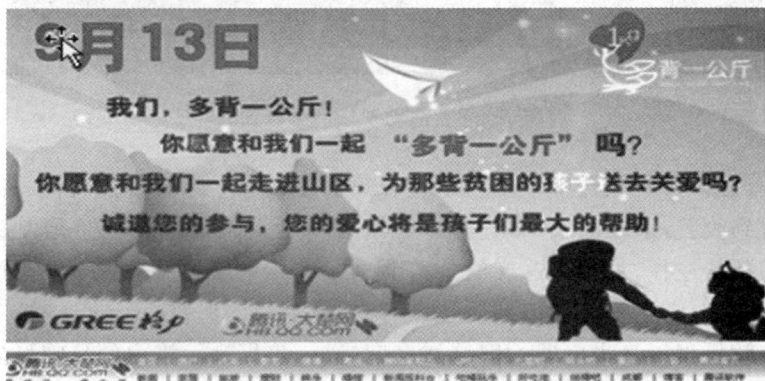

图 11-6　网站首页的全屏广告

首页"IT 数码·家电"栏目中的文字链广告如图 11-7 所示。

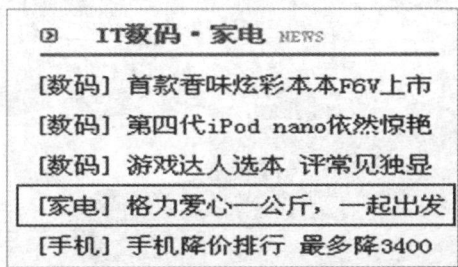

图 11-7　网站首页的文字链广告

2."爱心一公斤"广告设计

专题页面设计新颖,采用 flash 格式,用绿色、黄色等鲜艳色调彰显出活力与生机,给人以想象。这样的表现形式吸引了网民和志愿者的眼球,也是增加点击率的必要因素之一。

3."爱心一公斤"活动效果

通过大楚网报名的人数达到了 1000 多人,活动对大楚网的形象宣传、格力的品牌推广都达到预期的效果。

11.5　方案效果评价

格力公司和大楚网共同举办的"爱心一公斤"公益活动,在网上招募了各行各业的志愿者

50名，他们于9月13日到达湖北省黄冈市罗田县匡河乡付家庄小学，与乡村学生进行交流互动，传播知识，分享快乐（图11-8）。

图11-8　活动现场部分画面

　　目前，湖北有近3万所农村中小学校。随着政府在教育上的持续投入，农村学校的校舍等硬件条件逐步得到改善，但在图书、师资等方面依然不足。而城市人群拥有大量潜在资源，却往往缺乏有效的帮扶途径。因此，这样的公益活动是非常有实际意义的。"爱心一公斤"的重量绝对不止"一公斤"，它是爱心的传递，让大家共同享受爱的温暖。

　　这一活动有效扩大了格力电器的区域知名度，进一步提升了格力的品牌形象（图11-9）。

图11-9　活动相关报道

第 12 章
网络营销组合策划案

12.1   营销任务

谭木匠专卖店在各大城市落户,品牌形象基本树立。为进一步提高销量,发挥专卖店优势,拟实施网络营销,以发挥网络的优势。

12.2   营销对象分析

重庆万县的谭木匠工艺品有限公司成立于 1993 年,主要着眼于木制品市场,陆续开发出木梳、角梳、工艺镜、扇子系列、雕刻产品、桃木剑等上百种产品,其中黄杨木梳为其主导产品。这些产品不仅是景点的特色产品和礼品,还是日常生活用品。

产品的目标顾客有游客、女学生、城市里的上班一族,还有老人等,基本上囊括了各个年纪的女性消费者。"谭木匠"品牌定位为古老、天然、精美和神奇。经过十几年的发展,已经成为这一行业主要的品牌。

在广告策划上,其形象定位是"谭木匠,梳子王",希望成为中国梳子行业的第一品牌。当人们游三峡经万县时,60 米的巨型广告牌"谭木匠,梳子王"将吸引顾客上岸,而且谭木匠的"梳子博物馆"已成为三峡一景。

1998 年谭木匠采用特许连锁的经营模式,营销网络遍及全国三十多个省、市、自治区,部分产品已销往东南亚地区等海外市场。多年来谭木匠人热心公益事业,积极回报社会,得到了社会各界的一致好评。谭木匠享有较高的市场知名度和社会美誉度。谭木匠拥有自己的网站,但功能还不是很完善,基本上未涉及真正的网络营销,网站提供的主要是一些信息服务。正因为如此,我们希望通过系统和周密的网络营销策划,进一步发挥网络的优势。

12.3   网络营销的必要性

网络营销引发了企业营销的速度革命。对于谭木匠主营的梳子等日用消费品,更是要加快营销速度,靠快速增长的市场份额来增加企业的利润。

梳子的销售价格和利润都不会太高。即使作为礼品来赢得诉求,其利润也并非暴利。如果采取网络营销,就可以缩短分销环节,拓展销售范围,降低广告等促销成本,还能减少库存甚至达到零库存。企业的营销成本大大降低,因而开展网络营销是必要的。

尽管谭木匠在市场上占有优势,但是目前木梳、镜子等产品同质化比较严重。谭木匠要想从众多的竞争者中脱颖而出,就应该从传统的大规模、同质化营销方式转变为个性化的一对一营销。通过网络,企业可以与顾客进行良好的沟通,顾客可参与产品的设计、开发、生产,满足个性化需求,最终成为谭木匠品牌的忠实顾客。

谭木匠拥有几百家连锁店,如果按照传统的联系方式进行联系,既会耗费大量的成本还耽误时间。通过建立网上的库存供货系统,谭木匠就能在第一时间与各个合作伙伴取得联系,保证有效的沟通,针对市场的变化及时做出相应的反应,稳定与合作伙伴的关系,构建高效的顾客驱动供应链。

完善的网络营销系统是企业的核心竞争力。通过建立自身的网站,开展网络营销,谭木匠能够有效地抵御竞争者对网络市场的渗透。与此同时,谭木匠还可以把领先的优势扩大到网络市场当中,进一步巩固自己的市场领导者地位。

结合网络消费者的特征,我们可以将 25 岁左右的年轻消费者作为消费对象,他们购买产品可以送给父母、爱人和朋友。消费者又可以进一步细分为学生、年轻的上班一族、海外友人。可以针对他们的不同特点细分市场,定制个性化网页。

12.4　网络营销思路

1. 针对学生市场的网络营销思路

学生(主要是高中生、大学生)的消费能力不是很高,所以产品价格不能定得太高。产品定位为小巧可爱,童趣中不乏个性;产品类型可分为自己随身携带的方便梳、恋人间互赠的情侣梳和朋友间的友情梳;产品可以设计为星座、生肖等形状;包装可以突出花样,颜色多样。

另外,学生中的口碑宣传效果特别明显。在促销上,可以进行一些节日促销、价格促销、事件营销。可以对学生的活动进行赞助,特别是女生文化活动或者是传统文化活动,以产品作为奖品,同时宣传自己的网站。

在网页设计上,以青春亮丽的颜色为主色调,如粉红色等,主要设置产品介绍和销售、在线交流以及女生心情日记等版块。

2. 针对年轻上班一族的网络营销思路

这部分人更看重产品的品位、个性,对价格不是很敏感,对产品选材、包装的要求较高。产品定位为时尚、健康、友爱。

可以组建爱梳俱乐部,促进相互交流。在生日、节日当天可以做适当的促销,比如随礼物寄贺卡,将送礼物者的祝福写在上面。

产品除直发梳、护发梳、雕刻梳等,还包括送给结婚朋友的幸福、温馨、吉祥之梳,送给女朋友的公主梳等。礼品类产品选用上等的檀木(黑檀、玉檀等),包装讲究。

在网页设计上,主色调以蓝色为主,给人一种宁静的感觉,主要设置分类产品介绍和销售、时尚话题、梳友俱乐部等版块。在时尚话题版块可以组织讨论如何护发,并请专业人士提出有参考性的建议。梳友俱乐部主要是提供一个互相交流的平台。

3. 针对国外消费者的网络营销思路

这部分消费者更多的是看中木梳的收藏和装饰功能。产品定位为古色古香、悠久的历史、古老的文明。在包装上也要突出这一风格。

国外消费者注重产品中的中国文化，崇尚中国工艺，所以宣传产品时应在这方面多做文章。价格可以采取适当的高价策略。应该注重产品本身的艺术和收藏价值。在选材、造型、雕刻上坚持精益求精、精雕细琢，可以把中国的龙凤等形象附加到产品中去。

在网页设计上，不光有中文版，还应该设计英语、日语和韩语等版本，这是考虑到梳子的主要海外消费者在东南亚、欧洲等地。网页的主色调以咖啡色为主，主要宣传梳子的历史文化、独特的木梳工艺等。

12.5　企业网络品牌策略

1. 网络市场的品牌定位

谭木匠的网络营销主要针对的是国内外的经销商，还有一部分经常上网的青年男女（国内外）。特别针对国外市场，将品牌定位为传统、健康、精致和个性。

①传统主要是宣传中国古老的民间文化。博大精深的文化内涵不光对国人，对外国人而言也是一个极好的卖点。

②健康不光体现在黄杨木这一材质上，同时提倡对头发的关爱。

③精致和个性的定位可以开拓梳子作为装饰品和收藏品的市场，并与西方人的个性理念相吻合。同时强调定制，消费者可以拥有一把独一无二的梳子。

2. 网上品牌的建设

从品牌的属性、价值、文化、个性等方面，我们要把谭木匠打造成一把实用、时尚又富有浓厚文化底蕴的木梳，而且是一种礼品、一件装饰品。

品牌有两方面的特征：实用功能和感性符号。如今的消费者更多地看重品牌的感性符号特征，即看重品牌的内涵和象征意义。在木梳市场上，随着保健、防静电等功能的出现，木梳和牛角梳逐渐成为主流，并且有朝着礼品、保健等高端市场需求发展的趋势。人们在选购梳子的时候，往往要与自己的品味相投、地位相称。谭木匠将实用和艺术很好地结合起来，创造了多样的梳体造型，赋予其艺术的美，以独特的文化品位塑造品牌个性，而个性的品牌大大推动了市场的扩展。

"谭木匠"这一名字使产品充满了个性，从而区分于市场上其他竞争者，吸引着潜在的购买者。从网站 Logo 的个性化设计到网站页面的色彩、风格，都应该给人以淡淡的幽静的感觉，从而充分区别于带有商业气息的同质化产品。同时广泛地向顾客宣传谭木匠品牌的文化色彩，建立一种独一无二的"木匠"文化。

谭木匠在全国统一推广了新设计的连锁店装潢风格，以红檀木色为标准色，具有沉着、古朴、传统、自然的特质，象征着活力、喜庆和吉祥，投射出品牌形象。而门外牌匾"千年木梳，万丝情缘""一段家史，品味生活"体现出独特的店铺文化，如同在向消费者诉说着一种美的感受，为谭木匠赢得了好的口碑。这种风格也应该同样体现在谭木匠的网络品牌上。

12.6　网络营销组合策略的实施

1. 网站设计的总体思路

首先对目标用户的需要进行分析，然后建立起适合不同用户群体需要的网站功能结构（图

12-1)。谭木匠利用网络营销能够达到两个目标:一是扩大市场机会,提高品牌知名度;二是增加消费者对产品的了解,特别是建立起产品和品牌在消费者心目中的形象。

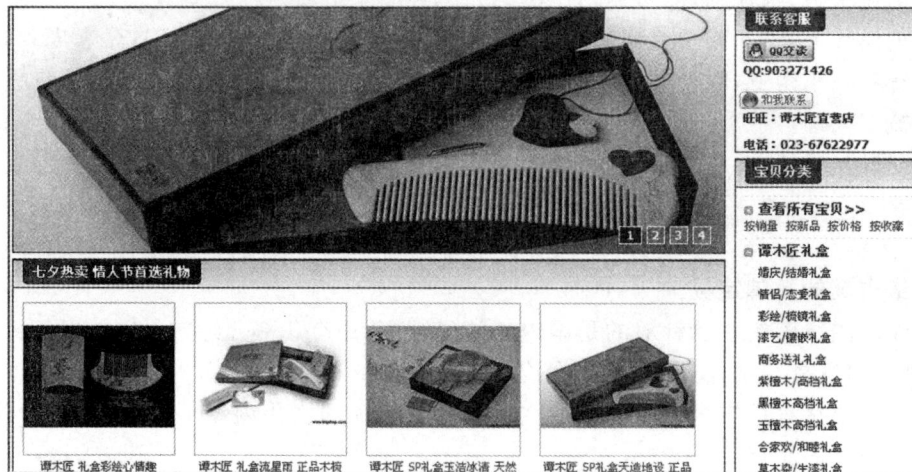

图 12-1　营销网站首页

企业通过网站让消费者了解产品和品牌形象,扩大在消费者中的知名度。从谭木匠的发展来看,目前企业希望能够从现有的单一产品扩展到家具、镜子等相关的行业,这就需要让消费者建立起对谭木匠品牌更高的忠诚度,保证在企业进行品牌延伸后仍有足够的消费者支持。

2. 具体的网络营销策略

(1)产品策略

谭木匠网络营销的总思想是建立产品生产与消费的连接,具体地说,就是根据顾客对梳子的个性化要求来进行生产,并适当地请顾客参与设计,为顾客提供定制化的产品和服务。

首先要让消费者成为网站的注册用户,然后根据用户的实际需要(给自己购买梳子,把梳子作为礼品送给朋友或是要定制梳子等)进行相关的产品介绍。在介绍梳子的同时,还可以介绍一些护发知识。

在核心利益层次,谭木匠梳子的核心功能是头发健康护理。从顾客角度出发,根据产品的特点,我们还增加了收藏和装饰功能。而且在不断地与顾客交流中,我们会考虑顾客的个性化需求。

在有形产品层次,首先要保证产品的品质,用材和做工应精益求精,并推出每月销量排行榜和每月推荐产品。在式样和包装上,邀请顾客参与设计和修改,针对不同年龄的顾客设计不同式样,并且根据顾客要求进行不同的包装。当然,式样和包装要遵循标准化、个性化相结合的原则。最后,使用统一的商标。谭木匠的商标在各种产品和包装上都要明显,而且在网站等各种场合都要进行宣传。当然,在这个统一的商标下,也可以进行二级商标的注册,设计不同的主题。产品展示如图 12-2 所示。

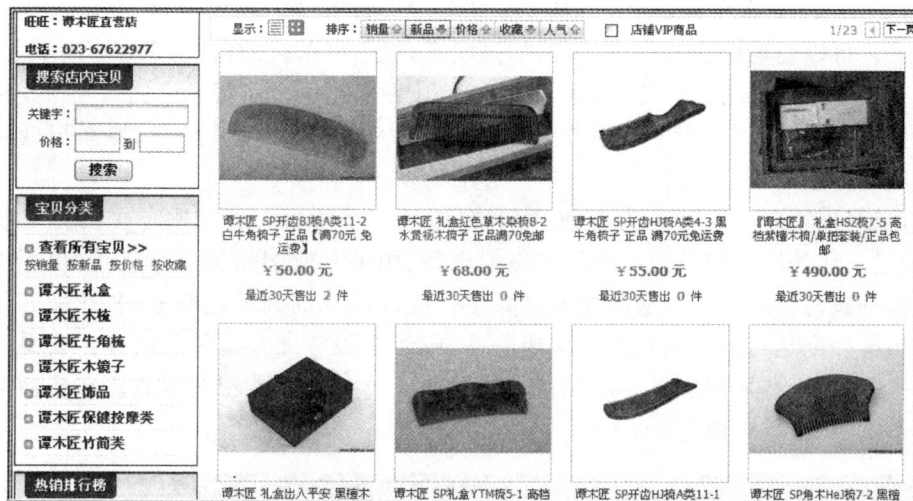

图 12-2　产品展示页面

在期望产品层次,主要是允许顾客提出自己独特的要求。比如将梳子作为礼物送给他人时,可以在梳子上刻一些内容,比如名字、生日或一段祝福的话等。对于企业来说,也可以借此收集相关信息。

在延伸产品层次,主要是突出产品的差异化,这体现在送货和质量保证、售后服务等方面。要使线上市场和线下市场很好地结合起来,具体的操作问题将在服务策略中论述。

在潜在产品层次,除了梳子之外,还可以为顾客提供诸如个性化书签、卡片以及健康知识等附加产品,使顾客买到的不只是一把普通的梳子。

网站是一个互动的环境,我们可以在开发某些新产品的过程中利用网站来搜集用户意见,这可以通过两种方式进行。首先是根据用户在论坛中参与的投票活动得到用户意见;其次是向用户中的忠诚顾客,特别是对谭木匠有较高喜好度的顾客,发送相应的产品信息,并且搜集他们的意见,以随时改进产品。企业还可以进行产品限量版的设计,开发线上预定的限量版产品,充分调动起顾客参与的积极性。

营销人员应及时发现顾客的需要,与顾客保持密切的联系,不断地进行产品检验和改进,并在网上进行各项测试和调查,甚至试销。这比在传统市场上的效果可能更好,而且可以节约成本。在新产品的推广上,应与各大知名网上商城合作,还可以在中国梳子网上进行试销,也可以在一些拍卖网站上进行拍卖,目的是提高产品的知名度。

(2)服务策略

总的服务思想是以顾客为导向,为顾客了解产品、进行购物等提供方便,使顾客轻松、放心、愉快。网站可以给顾客提供充分的售后服务支持,并能够让顾客及时对产品进行评价。网站上设置的“我的谭木匠”栏目,实际上就是为消费者提供个性化的服务。

网络营销服务依据深度的不同,可以分为四个层次,即从介绍产品信息、解决问题、接触顾客到展示全过程。在第一个层次,要让顾客能快速、方便地找到自己需要的产品。解决问题主要是提供一些常见问题的答案,也可以让顾客互相交流,以获得帮助。对于特殊的问题,可以邀请公司员工参与。通过定期举办一些活动,邀请部分网友参与,可增强企业与顾客之间的接触。同时,实现部分产品的定制化,也是接触顾客的一种方式。展示全过程,需要线上和线下市场的整合。可以邀请顾客参观工厂,以加强联系;提供订单查询,这也是顾客所关心的;还可以提供一些个性化和定制化的服务,并做到透明,让顾客了解全过程。营销人员应定期给注册用户提供健康知识,尤其是头发护理方面的内容,努力做到不只是卖梳子,更重要的是成为顾客头发健康的护理专家,时刻关心和呵护顾客的秀发。

简单地说,网络产品服务分为售前、售中和售后三个阶段。售前服务主要是一些信息服务,可以通过企业的网站和其他一些网上虚拟市场、相关专业网站等进行宣传,也不能忽略传统市场的辅助宣传作用。售中服务主要是提供一些订单查询和配送服务,要让顾客很容易地了解相关情况。配送可以与当地的专卖店联系,或者将服务外包。售后服务主要是产品支持和技术服务,以及一些增值服务。应配备一些专业人员专门负责相关事宜。在售后服务页面应说明详细的服务条款(图 12-3)。

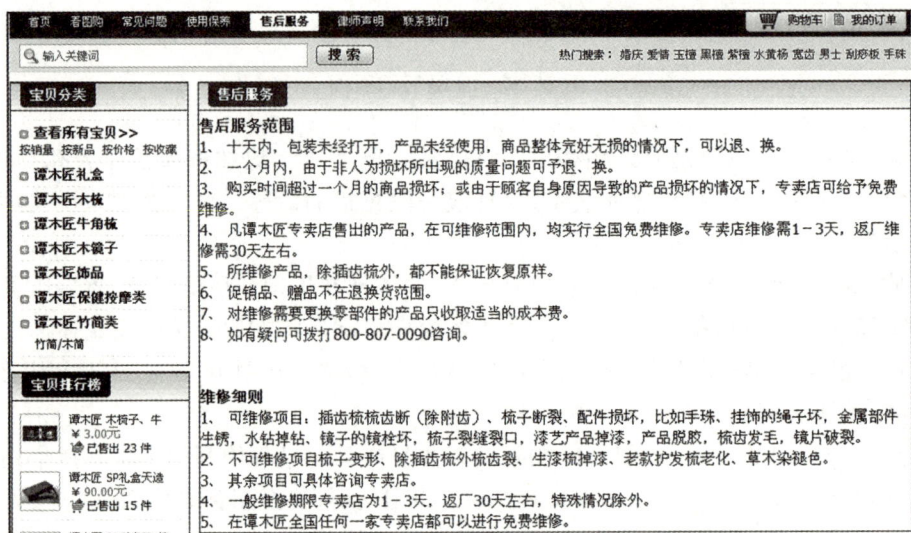

图 12-3　售后服务页面

(3)定价策略

总的定价思想是充分利用网络的优势,实行固定定价和灵活定价相结合,主要采取以下价格策略。

①会员优惠价和优先购买权。这主要是鼓励用户注册,既便于企业管理用户,也可以建立用户数据库。优先购买权是指对于限量发售的产品,会员可以优先购买。

②珍品收藏限量发售价。对于一些特殊日子销售的带有特殊图案的产品,企业实行限量生产,主要供顾客收藏。对于这些产品,实行特殊定价。

③奖励价。对于访问次数比较多,对企业提出宝贵意见的顾客,可以考虑给予其更优惠的价格,或者适当的奖励。

④拍卖价。这主要是针对新产品或一些特殊产品实行网上拍卖。通过引入 C2C 的拍卖模式,针对限量发行的某些特别的产品,以网站拍卖的方式吸引消费者购买。

⑤定制产品定价。根据顾客对产品的式样、图案、包装的特殊要求,实行特殊的定价。不过对于每项服务,都应事先公开价格。

产品价格页面如图 12-4 所示。

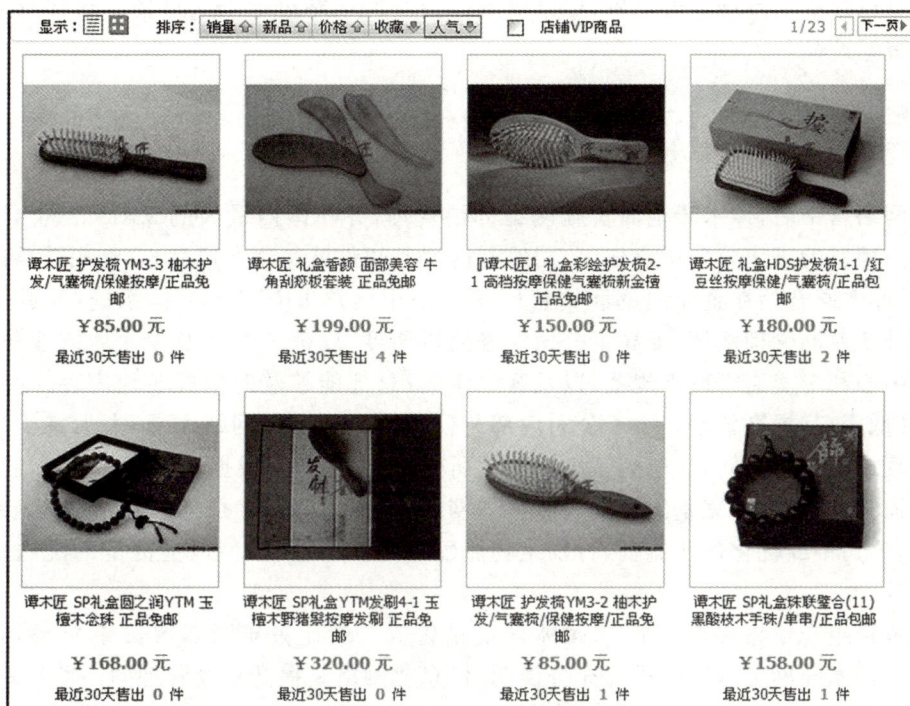

图 12-4　产品价格页面

（4）分销策略

由于目前谭木匠无法建立自己的专业配送网络，而且一直在传统市场上实行专卖店加盟，所以总的分销思想是，对于经销商采取直销的形式，而对于个人消费者，企业只负责将定单发给当地的专卖店即可。对于一些特殊的定制产品，在产品生产出来以后，由本地的专卖店负责配送，实行货到付款。针对企业的经销商，关键是规划好各地的经销商分布，对经销商进行考核和培训，以及开展相关的推广活动。

（5）促销策略

目前谭木匠的网络销售还处于成长期，因此注重宣传产品的特点，以吸引更多的顾客，同时建立网络品牌形象。网站促销的主要作用在于：

①告知功能，告知顾客有关谭木匠的最新产品、价格、活动等信息；

②说服功能，通过介绍木梳的功能、品牌价值等说服顾客购买产品；

③反馈功能，通过订购信息、E-mail、网上论坛等及时收集汇总顾客需求和意见；

④创造需求，发掘潜在顾客，扩大销量。

除了在企业网站上做一些广告，还可以在梳子的相关行业网站上定期有选择地投放少量广告。对于一些网上商城，在专门的购物网页上，也要适当加强广告宣传。

在一些特别的节假日（母亲节、情人节等）采取有奖销售，针对顾客的特殊需求在梳子上留下特别的记号，做成特别的形状。还可根据顾客的要求，发送生日、节日专用贺卡等。

与相关的护发用品企业进行合作。比如宝洁公司在国内曾经进行过"飘柔之星"的选拔活动,我们可以与宝洁公司合作,在活动中使用谭木匠的梳子,借此扩大产品的知名度。这样的活动不仅可以在活动现场取得效果,也可以通过企业的网站进行二次宣传。这样更多的顾客就可以了解到产品。

12.7　网络营销组合的效果

开展网络营销后,谭木匠全面实施网络分销管理,并与国内最大的 ERP(企业资源计划)软件供应商用友的重庆分公司合作(公司原有的财务软件就是用友产品)。在用友重庆分公司的帮助下,谭木匠开始在企业内部和销售网络中采用用友 ERP-U8 分销系统,并通过分销系统全面提升企业的管理水平,提高了公司业务的透明度,规范了配送及专卖店的业务流程;避免了配送中心和专卖店管理不规范,以及客户流失;总部能够及时把握各地库存,确保及时供货,同时降低库存,提高效率。由于公司内部与公司之间都通过网络沟通,大大减少了公司管理信息失真或者延迟的问题,避免了纸面工作所带来的差错,并根据系统自动处理的数据进行全面的调控;同时建立了完整的客户服务管理网络,提高了公司核心竞争力。在实施网络分销的过程中,公司不断优化作业流程,特别是物流配送的业务流程,使以前混乱的配送程序变得清晰和有效。

网络营销组合策略实施一个月,谭木匠的销售收入就比去年同期增长了 25%,幅度之大十分明显。谭木匠网络营销的成功充分说明,信息化网络是提升企业管理的一种有效的途径,它不仅能够提高效率、降低成本,还能保证业务流程的规范化、透明化,使企业的管理信息畅通,保持良性、高速的发展。

第 13 章

促销活动策划案

13.1 营销任务

暑期促销即将打响,各厂商都蓄势待发。联想作为信息科技和产业的领军人物,推出系列促销政策,主要面向在校学生及年轻人进行宣传。联想集团(重庆)公司想在当地的数码卖场搞个大型促销活动,以提高联想系列产品的销量。

13.2 营销环境分析

暑期促销主要针对的是在校学生。这部分人群的特点是 17～25 岁,对科技及数码产品兴趣浓厚,习惯在购买产品前通过网络进行对比,同时很注重性价比。他们大多受过良好教育,是中国社会最活跃的人群之一,比较容易接受新事物,崇尚自由,思想活跃。本次营销的目标人群可以定位为在校大中学生及刚踏入社会的青年。

13.3 网络营销活动策划方案

1. 市场定位

针对目标消费者,全面宣传联想暑期促销的信息,直接拉动各款促销机型的销售,提升联想品牌形象。本次活动以大渝网为主要媒体,覆盖重庆所有 QQ 用户,其中学生网友数量庞大,能确保本次宣传信息有效传达到目标消费者。

以"三重好礼,本次活动独享"为口号,刺激消费需求。通过两周推广,为团购聚集充足人气。

2. 推广宣传

活动形式:网络宣传＋人员征集＋现场团购。

时间安排:7 月 3 日至 16 日线上推广;7 月 17 日至 18 日人员通知及现场准备;7 月 19 日(周六)现场团购;7 月 21 日后续线上总结报道。

对目标消费者的吸引点:"三重好礼送不停,独享特惠邀你享";"探底惊曝价——2999 笔记本";"联想的国际品质＋金牌服务＋市面最低的笔记本价格,只在本次抢购,机会有限";"购买团购的任意机型,均有机会再获得一台笔记本,中奖率高达 10％";"有买就有礼——礼包价值高达××"。

3. 网络营销活动实施

以专题活动方式,在大渝网首页等高曝光位置进行有计划的宣传,扩大影响面。同时,通过移动端精确定位目标人群,将宣传信息直接传递给消费者。

活动参与者登陆大渝网上的联想暑期促销专题网页进行报名,输入个人基本信息,并在指定时间和地点参加现场团购,以2999元的超低价抢购联想指定笔记本电脑。所有在网上报名并现场团购联想促销机型者,均可以在暑期特惠价基础上获赠大礼包一个(价值××元,仅本次团购可以获得),学生还可凭学生证再获得暑期好礼一份。同时,在团购现场举行幸运抽奖活动,购机者凭发票及有效证件参与现场抽奖,学生凭学生证有两次抽奖机会,有机会免费获得一台笔记本电脑。

每两天统计一次最新报名人数并在网上公示,活动前一天应电话通知所有报名者,确保现场人数。活动现场应单独设立团购区,制作醒目标识,确保现场秩序井然,并及时统计实际购机数量。通过网络公示、跟踪报道、现场采访等进一步炒作活动。

活动具体安排:
①时间为7月19日19:00—21:00;
②地点为重庆劲力大酒店大厅(暂定);
③酒店外设置大型宣传海报,现场布置分为签到台、展示区、抽奖区;
④18:30前完成现场布置,准备好充足的待售产品;
⑤18:50主持人介绍活动规则,到场网友在签到台登记,领取小礼品;
⑥19:00—20:50网友试机、购机,联想工作人员带领购机网友到抽奖区抽奖,并广播中奖情况,吸引全场关注;
⑦20:50—21:00统计全场销售量,感谢网友参与,宣布活动结束。

13.4　活动效果评价

本次营销活动持续两周,关注度高,促销专题网页总点击量超过82000次,网友参与踊跃。活动全面宣传了联想暑期促销的信息及热销机型。报名参与团购的网友共429人,现场签到网友超过100位,实际到场人数近400人,销售笔记本电脑上百台,相当于专卖店周末两天的销售量。活动现场人声鼎沸,联想工程师忙着为网友现场装机,如图13-1所示。活动产生了广泛的影响,为后期推广打好了基础。

图13-1　活动现场部分照片

第 14 章

事件营销策划案

14.1 营销任务

通过前期的调查准备,以及对郑州整体消费市场的分析,考虑到一汽大众汽车需要进一步树立品牌美誉度和提升品牌形象,拟举办"一汽大众全系车型品鉴"活动。

营销任务是锁定爱车者进行市场推广,招募试驾者并促成销售。

14.2 营销环境分析

被看好的汽车"金九银十"月份里的销售结果并不如人们的预期,但一汽大众一直呈逆势而上之势,已经连续三个月(7~9月)勇夺厂商销量榜冠军。成都车展全新亮相的捷达汽车在一汽大众的发展战略体系中具有重要作用。河南郑州的汽车消费市场潜在消费人群规模大,需求持续。但市场竞争激烈,因此吸引及稳固河南郑州的消费群体,提升一汽大众的美誉度十分必要。

1. 目标群体特点

①25~45岁,有稳定收入,以男性为主。

②大多受过良好教育,是中国社会中较活跃的人群,比较容易接受新事物。

③崇尚自由,思想活跃,追求新奇事物。

④敢于提前消费,对于未来较为乐观。

2. 目标群体的兴趣点

①体验驾驶的快感。

②健身、旅行。

③网上娱乐,如玩游戏、聊天等。

④通过各种渠道结交朋友。

14.3 网络营销策划方案

1. 营销战略重点

网络信息量大,如何能引起营销对象的注意,成为这次营销策划的战略重点。要想吸引眼球,就要利用网络媒体制造营销事件进行网络营销,从而达到企业的推广目标。

所谓事件营销,就是把握新闻的规律,制造具有新闻价值的事件,并通过具体的操作让这一新闻事件得以传播,从而达到广告的效果。新闻的传播有着非常严格的规律。当一件事发生之后,它本身是否具备新闻价值就决定了它能否在一定的人群中进行小范围的传播。只要它具备足够大的新闻价值,就可以通过新闻媒体向公众传播。新闻媒体有着完整的传播流程,他们有新闻专业人员,将迅速扩大事件的传播范围。

事件营销最重要的特征是利用现有的媒体渠道来达到传播的目的。新闻是免费的,事件营销应该归为企业的公关行为而非广告行为。虽然绝大多数的企业在进行公关活动时会列出媒体预算,但从严格意义上来讲,一件新闻意义足够大的公关事件会充分引起新闻媒体的关注和采访的欲望。

事件营销应该有明确的目的,这一点与广告的目的性是完全一致的。事件营销策划的第一步就是要确定自己的目的,然后明确通过什么样的新闻内容让受众接受并达到自己的目的。新闻事业发展到现在,媒体已经细分化了。通常某一领域的新闻会有特定的媒体关注,并最终进行报道,而这个媒体的受众也是相对固定的。

2. 网络营销方案

(1)活动目的

活动的目的是回馈郑州新老客户,进一步树立一汽大众汽车在郑州的品牌形象,提升品牌美誉度,扩大郑州地区的潜在消费群体,增加品牌展厅的集客量,提高一汽大众汽车的整体销量。

(2)活动主题:一汽大众全系车型品鉴会

郑州网是郑州市综合信息的门户网站,提供郑州概况、地图、旅游、特产、购物、企业黄页、房屋出租出售、二手交易、招聘求职等信息,以及问事、法律在线服务等,能精确统计曝光量和点击量,受众关注度高。

针对本次活动可设计专题页面,通过形式多样的网上专题介绍、网上活动、在线访谈、在线调查等实现与目标群体的互动交流。

(3)推广策略

通过网站和微信公众号进行专题宣传,寻找品鉴者。

事件一:一汽大众俱乐部试驾会。

活动时间:8月下旬。

现场试驾:1天。

线上宣传:10天。

活动地点:郑州及周边景区。

活动形式:通过网络征集试驾者,成立一汽大众网上俱乐部,吸引、培养忠实客户,今后不定期举行车友会活动,引导网友参加现场试驾。

吸引点:专业汽车知识培训+交友+各项活动+幸运礼(例如汽车模型)。

试驾车型:一汽大众新款车。

目的:通过媒体炒作引起目标群体关注,通过现场试驾促成销售。

事件二:通过前期精细的活动策划及网络宣传,邀请爱车族参加红酒品鉴会,品酒论车,以车会友。

活动时间:9月22日。

活动地点:郑州铭嘉红酒会所。

活动形式:红酒品鉴、全系车型鉴赏、节目表演、爱心捐助。

14.4　活动效果评价

在线推广活动页面和推广活动现场分别如图 14-1 和图 14-2 所示。

图 14-1　在线推广活动页面

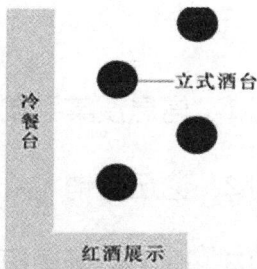

图 14-2　推广活动现场

　　活动当天在会场设立冷餐区,来宾签到后可到冷餐区休息。结合红酒体现的尊贵与品位,凸显全系车型的独特与尊享身份,配合销售顾问讲解和模特展示。现场气氛热烈,从观众脸上洋溢的微笑能够看出,整个活动取得了圆满的成功。

第 6 篇

实 训 篇

实训 1

信息搜集与发布

1. 实训目的

掌握信息搜集的方法,体验供/需双方的角色特点等;通过对信息发布过程的了解,认识网络营销信息传播的特点,通过信息传播实现营销目标。

2. 知识要点

①查看阿里巴巴导航条,了解找产品、找企业、找加工、找二手商品等的搜索选项,了解供求信息平台的界面。

②了解网络营销环境,熟悉信息搜集的渠道,总结网络营销信息发布的渠道和相关内容。

③掌握同一产品在不同网络渠道发布内容的不同,并比较不同的效果,总结如何能引起潜在客户的兴趣。

3. 实训内容

①注册阿里巴巴会员,发布商品信息。

②进入中国互联网络信息中心,了解网民的基本情况,以及他们对网络营销的影响。

③通过搜索了解网络营销相关网站,并向其他同学介绍你选择的网站及理由。(如艾瑞咨询网 www.iresearch.com.cn)

④根据企业对网络营销人才的要求分析网络营销人才需求。

⑤为某企业、某产品或者某个人建立词条,或修改百科词条。要求内容系统,有一定逻辑性。

实训 2

论坛营销

1. 实训目的

了解网络社区注册的流程和需要提供的信息;了解论坛栏目管理的方法和栏目内容;掌握论坛栏目设置的原则;了解论坛网站的常规管理项目;掌握论坛常规管理的方法。

2. 知识要点

①登陆论坛管理员系统;添加一个栏目;在刚添加的栏目中发帖;删除刚添加的栏目。

②修改论坛基本设置;管理论坛日志;修改积分设置;管理论坛公告。

3. 实训内容

①登陆天涯社区(www.tianya.cn),注册会员,参与话题讨论,策划能吸引流量的话题。

②登陆销售网互动社区(bbs.xiaoshou.cn),创建论坛组。要求围绕某一主题开展话题讨论,由小组成员跟帖。

③登陆1688商人社区(club.1688.com)并注册,选择感兴趣的商务项目,发表相关论坛话题。

④围绕一个营销对象策划实施论坛营销。

实训 3

网络市场调研

1. 实训目的

了解网上调研的一般过程;掌握调研计划的制订与实施;掌握调研表的设计;掌握利用网络工具发布商务信息的方法;根据商务信息撰写调研报告。

2. 知识要点

①能够根据企业经营需要制订适合的市场调研计划。

②能够根据调研任务,选择合适的调查方法,并设计、制作调研问卷。

3. 实训内容

①在爱调研网(www.idiaoyan.com)注册用户,用手机登陆并收集问卷信息。

②在一调网(www.1diaocha.com)根据调研任务和目标,设计新产品宣传的调研问卷并投放。

③在问卷星网(www.sojump.com)设计商品满意度调查表,实施网络市场调研活动,并进行数据整理和分析。

④根据明确的调研目标,撰写网络市场调研报告。

实训 4

病毒性营销

1. 实训目的

认识和了解病毒性营销;掌握利用病毒性营销进行商业信息传递的方法,理解其对提高产品关注度的作用;认识开心网的病毒传播形式,思考这种形式是否能达到预期效果。

2. 知识要点

①了解即时通信工具的类型和营销方式。
②认识利用 QQ 进行病毒性营销的方法。

3. 实训内容

①在网上查看"即时通信"的调查研究报告,初步了解、分析网络即时通信工具的发展和现状。

②给 QQ 上 10 个好友和 2 个好友群发送某个页面的信息,看看什么时候能传回到你这里。

③登陆开心网,导入 E-mail 通讯录邀请朋友加入,或通过发送链接进行邀请(可以复制不同的链接发给特定的朋友,每个链接打开的内容是不一样的)。

④制作病毒性营销源信息,重复以上操作,检验病毒性营销效果。

实训 5

营销网站诊断

1. 实训目的

运用网络营销中的市场细分、目标市场、市场定位三要素,分析网站内容和风格;分析网站定位的特色;学会对营销网站进行营销诊断。

2. 知识要点

①分析网站定位和功能,掌握营销网站的特色。
②掌握营销网站的设计和评测。

3. 实训内容

①登录麦当劳中国网站(www. mcdonalds. com. cn)、可口可乐中国网站(www. coca-cola. com. cn)、亨氏中国网站(www. heinz. com. cn)、立顿台湾地区网站(www. lipton. com. tw)、百事可乐中国网站(www. pepsi-cola. com. cn),分析其目标市场营销战略。

②分别进入综合服务类网站(如搜狐、网易、新浪等)、商务类网站(如西单商场网站 www. xdsc. cn)、金融类网站(如东方财富网 www. eastmoney. com)、生活服务类网站(如人才招聘网 www. 51job. com、携程网 www. ctrip. com)等不同种类网站,熟悉不同类型网站内容与风格的异同。分析这些网站的目标市场分别是什么。

③分析京东、唯品会、苏宁易购、1 号店的营销模式,它们各自的成功要素是什么?

④关注某网站 3 个月以上,查看网站的更新、变化和网友对它的评价,并给出自己的改进建议。

实训 6

软文营销

1. 实训目的

了解软文推广和新闻稿发布的主要手段;熟悉软文的形式和写作要求;掌握软文标题、内容的编写要点;学会运用软文开展营销活动。

2. 知识要点

①掌握软文写作要素和软文营销技巧。

②了解策略性软文的写作步骤。

③了解软文营销的特点。

3. 实训内容

①登陆猪八戒网(www.zbj.com),查看软文营销任务。

②根据网站任务撰写一篇品牌软文,并参与网站的评选。

③选取任务,撰写论坛软文和微信、微博软文,比较文案有何不同。

实训 7

微博营销

1. 实训目的

能运用微博发布信息；能运用微博进行营销活动。

2. 知识要点

①掌握微博营销要素和营销技巧。
②掌握微博博文的写作要点。
③分析优秀博文的影响和作用。

3. 实训内容

①在网站上建立个人账户，体验微博的创建过程。
②撰写微博内容并发布，一周后看看浏览量、跟帖等的变化。
③总结如何提高微博的点击量，以及微博营销的技巧和方法。

实训 8

网络营销 4P 策略

1. 实训目的

分析顾客购买行为及特征;理解定价策略和促销策略的应用;能够选择网络产品销售渠道。

2. 知识要点

①了解网络营销产品的种类和特点。

②了解影响网络产品价格的主要因素。

③掌握网络销售渠道和促销方式。

3. 实训内容

①了解不同网站的经营模式及特点、用户的心理特征等,预测其发展趋势(200 字以上)。

②在当当网、亚马逊网、京东商城搜索同一本书,如《网络营销基础与实践》,比较价格差异和促销策略。

③了解玩具、化妆品、汽车三类产品的网络销售渠道是什么,比较有何不同之处。

④了解玩具、化妆品、汽车三类产品的网络促销方式有哪些,比较有何不同之处。

参 考 文 献

[1] 杨雪.网络营销[M].西安:西安电子科技大学出版社,2017.

[2] 段建.网络营销实训[M].北京:机械工业出版社,2017.

[3] 江礼坤.网络营销与推广:策略、方法与实战[M].北京:人民邮电出版社,2017.

[4] 魏兆连.网络营销[M].2 版.北京:机械工业出版社,2017.

[5] 何晓兵.网络营销基础与实践[M].北京:人民邮电出版社,2017.

[6] 夏雪峰.全网营销:网络营销推广布局、运营与实战[M].北京:电子工业出版社,2017.

[7] 王鉴.深度营销:解决方案式销售行动指南[M].北京:机械工业出版社,2017.

[8] 科特勒,凯勒.营销管理[M].上海:格致出版社,2017.

[9] 秋叶,刘勇.新媒体营销概论[M].北京:人民邮电出版社,2016.

[10] 冯英健.网络营销基础与实践[M].北京:清华大学出版社,2015.

[11] 昝辉.网络营销实战密码[M].北京:电子工业出版社,2009.

[12] 李春雷.互联网运营实战手册[M].北京:人民邮电出版社,2017.

[13] 高振宇.网络营销之道:行业大咖带你玩转营销圈[M].北京:人民邮电出版社,2018.

[14] 李成钢.网络营销基础与实践[M].北京:中国纺织出版社,2016.

[15] 宋俊骥,孔华.网络营销与策划实务[M].北京:人民邮电出版社,2018.

[16] 何晓兵,何杨平,王雅丽.网络营销:基础、策略与工具[M].北京:人民邮电出版社,2016.

[17] 刘宇涵,韦恒.网络营销实务[M].北京:机械工业出版社,2015.

[18] 钱旭潮,汪群.网络营销与管理[M].北京:北京大学出版社,2002.

[19] 王玮.网络营销[M].北京:中国人民大学出版社,2018.

[20] 纪亚楠,臧胜利.网络营销与推广[M].北京:人民邮电出版社,2019.